国家出版基金项目

围棋与国家系列丛书

林建超 著

围棋与战略

中国财经出版传媒集团
经济科学出版社
Economic Science Press

图书在版编目（CIP）数据

围棋与战略／林建超著．—北京：经济科学出版社，2017.12（2018.8重印）
ISBN 978-7-5141-8858-5
Ⅰ．①围⋯ Ⅱ．①林⋯．Ⅲ．①围棋-研究 Ⅳ．①G891.3
中国版本图书馆CIP数据核字（2017）第 317239 号

项目策划：龚　勋　杨　戎
责任编辑：龚　勋　燕十三
特约编辑：张东江　周晓宇
责任印制：王世伟

围棋与战略

林建超　著

经济科学出版社出版、发行　新华书店经销
社址：北京市海淀区阜成路甲 28 号　邮编：100142
总编部电话：010-88191217　发行部电话：010-88191522
网址：www.esp.com.cn
电子邮箱：esp@esp.com.cn
天猫网店：经济科学出版社旗舰店
网址：http://jjkxcbs.tmall.com
北京新华印刷有限公司印装
787×1092　16 开　19.5 印张　180000 字
2017 年 12 月第 1 版　2018 年 8 月第 2 次印刷
ISBN 978-7-5141-8858-5　定价：56.00 元
（图书出现印装问题，本社负责调换。电话：010-88191510）
（版权所有　侵权必究　举报电话：010-88191586
电子邮箱：dbts@esp.com.cn）

《围棋与国家》系列丛书

作　　者：林建超
项目推荐：王汝南　林　泰
编审指导：罗超毅　聂卫平　华以刚　刘思明　杨俊安
　　　　　刘明晖　陈祖源　何云波　周　刚
项目策划：龚　勋　杨　戎
编写协助：袁巍伟　张振华　李　莉　张大勇　燕十三
　　　　　杨　诚　刘宝东　李　喆　刘知青　刘莲英
　　　　　左　兴

作者简介

林建超,作为长期在战略机关工作的将军,同时也是中国围棋文化公认的领军人物,中国围棋事业的参与者、支持者、组织者。

生于 1952 年 11 月。祖籍陕西大荔,出生湖北汉口,成长首都北京。1955 年至 1966 年,受教、就读于军委保育院、北京十一学校。1968 年参加中国人民解放军,1971 年加入中国共产党,1979 年参加边境自卫还击作战并立战功。在野战部队 14 年,从战士至正营。参战后入军事院校学习,大学学历。1984 年调入总参谋部工作,1994 年任总参谋部政治部宣传部部长,1998 年任总参谋部政治部副主任,2000 年晋升少将军衔,2001 年至 2011 年任总参谋部办公厅主任,正军职,同时为总参谋部党委委员。党的十七大代表,国防大学特聘教授、研究生导师,军队战略规划咨询委员会委员。2012 年 12 月退休。

从少年时起即热爱围棋。11 岁学棋,入伍后在艰苦条件下自制围棋与战友对弈,曾被中央电视台报道。1994 年获授围棋 5 段。公憩偶暇弈棋可通宵达旦,翌日正常工作。积极参与、支持和推动中国围棋事业发展。对围棋有深刻见解并作出多方面贡献。从事围棋文化研究近 20 年,撰写、发表重要围棋文论 50 余篇,包括《将军棋谋》《思维制胜》《围棋与国家》《围棋与战略》《中国围棋的战略》《围棋申遗研究报告》《围棋思维与海洋战略博弈》《从围棋思维解读习主席治国理政思想》《围棋人机大战对指挥决策智能化的挑战与抉择》《从"围棋脑"到"指挥脑"的跃升》《兵棋·兵圣·兵经》《围棋与当代世界》《围棋的战略智慧与改革》《围棋市场化运营的特殊规律》《围棋大数据研究》《围棋与工匠精神》《智能围棋时代的文化解读》《新时代中国围棋文化之路》，等等。其中，《围棋与国家》入选2012年全国高考语文试卷，并获中国围棋年度大奖文化奖。关于围棋人机大战与指挥决策智能化的研究受到中央、军委有关领导重视，获2016年度军事科研成果奖。其余均在业界乃至社会产生较大影响。从2013年起，主撰、主编国家出版基金项目《围棋与国家》系列丛书，十部360万字，为当代中国围棋文化理论奠基之作。筹划组织中国围棋反击"韩流"的重要步骤——国家围棋队首次军训；推介促动中国围棋队获CCTV"体坛风云人物"评委会大奖；参与筹划推进央视"谁是棋王"中国围棋民间争霸赛32界别全覆盖电视直播系列工程；论证提出中国围棋改革发展的战略目标和总体构想。先后为国家围棋队，中央、国家、军队机关，地方有关机构，大中小学，社会各界，以及各种重要围棋活动，作围棋文化理论和实践发展问题的主旨讲话、学术报告、理论讲座、专题讲课200多场。

先后兼任第七、第八届中国围棋协会副主席，第九届中国围棋协会副主席兼围棋文化委员会主任。经中央军委政治工作部、中央军委联合参谋部批准同意，国家体育总局批准，2017年12月中国围棋协会换届会议选举，出任第十届中国围棋协会主席。

《围棋与国家》系列丛书
前 言

一

《围棋与国家》系列丛书为首个围棋主题的国家出版基金项目。这部丛书是第一次从围棋与国家相互关系的高度进行全方位系统研究的系列专著；是从围棋思维角度学习理解习近平新时代中国特色社会主义思想包括治国理政新理念新思想新战略的研究探索；是把围棋置于中华文化大系的整体背景下进行定位性研究的宝贵尝试；是把围棋文化与哲学文化、政治文化、历史文化、战略文化、才艺文化、宗教文化以及人生感悟，等等，结合起来进行综合研究的创新成果；是对围棋发展本身所涉及的一系列根本性问题，包括起源、特质、内涵、功能、价值、地位、思维、形态、传播、沿革、衍生等进行深入诠释与解答的理论教科书；是以当代文化视野为背景，全面梳理古今浩瀚围棋史料的集大成实用平台；也是以21世纪科技发展带来的冲击性影响为参照，对围棋竞技与文化发展进行前瞻式分析展望的思想窗口。可以说，《围棋与国家》系列丛书，构建了当代围棋理论崭新、独特的学术体系，为围棋文化的创新发展奠定了重要基础。《围棋与国家》系列的问世不是偶然的。

她是时代的产物，是实现中华民族伟大复兴的中国梦在围棋领域的必然响应，是揭示围棋数千年发展客观规律的理论探索，是当代蓬勃发展的围棋实践在思想认识上的再现与升华，是满足社会特别是广大围棋爱好者对于围棋文化迫切需求的回馈工程；同时，也是当代中国围棋界集体智慧的结晶。

二

围棋在当代中国是一件大事情。中国围棋的发展正际临盛世强国到来的大背景、大趋势。新时代我国社会主要矛盾已经转化为人民日益增长的美好生活需要和不平衡不充分的发展之间的矛盾。美好生活需要由很多内容组成，能使数千万爱好者愉悦、快乐、受益的围棋也是内容之一。以习近平同志为核心的党中央大力倡导弘扬传承中华民族优秀传统文化，而围棋在其中占有特殊的位置。古代"四艺""六艺""八雅"，都离不开围棋。从一定意义上说，围棋是特殊形态的"国学"，是树立中华民族文化自信的一项重要内容和精神支撑。喜爱围棋是我党我军领导层从革命战争时期就形成并传承至今的优良传统，是党领导人民创造的革命文化的一个组成部分。从毛泽东到习近平，党的主要领导人都下围棋并有重要论述。党政军许多高级领导干部喜爱围棋，是新中国成立后，推动当时社会上已经濒于衰亡的围棋重新走上振兴之路的主要力量和基础。在当代中国，围棋是一项为国家争得巨大荣誉的智力竞技运动。30余年前，以中日围棋擂台赛的胜利为标志，新中国围棋获得了新生，不仅彻底改写了当代围棋的走向，而且为叫响"振兴中华"的口号立下了汗马之功。进入21世纪，中国围棋创造了新的辉煌。从2008年到2017年的10年中，共产生围棋世界冠军44个，中国夺得其中的29个；从2013年到2017年的5年中，共产生围棋世界冠军21个，中国夺得其中的18个。特别是2013年中国包揽当年举行的所有6项世界围棋大赛的个人冠军，标志着中国围棋已经重回世界围棋的巅峰。围棋最重要的是为"两家"，即国家和大家。在当代中国，围棋是给广大人民群众带来精神快乐和心理愉悦的智力活动，具有广泛的群众基础。当代围棋的发展体现了以人民为中心，以快乐围棋、大众围棋为基础来推动和普及。围棋作为中国的国粹，是中华文明和智慧的结晶，凝聚了民族的思维特征和精神特质，是提升民族整体思维素质，特别是提高青少年智力水平与心理品质的特殊教育模式。围棋已经成为国家智力形态的重要内容，在国民生活的各个领域衍生和延伸，围棋智慧中的哲学思维、战略文化和治国之道，与当今党和国家治国理政的思路和举措内在相通。围棋是整个中华民族大家庭共同的精神财富，不仅是在汉族地区，而且在其他民族地区包括西藏、新疆、内蒙古、宁夏等地早有传播。在宝岛台湾也一直有围棋的传承，特别是近些年来，两岸围棋和围棋文化交流更加密切，实显我中华民族融合、兴盛的运势。围棋作为中华民族对人类文明和世界文化的重要贡献，成为国家"软实力"的有机组成部分，是世界人民认知中华文化的窗口，是世界各国和平外交的桥梁，是大国战略博弈的平台。当代人工智能围棋迅猛发展，新的围棋智能时代已经开启，在这个过程中，中国将成为最大的受益者，并终将成为这台大戏的主角。当代围棋的发展，凸显了围棋在国家文化建设中的价值、功能和地位，迫切需要拓宽视野、提高境界，把思想认识上升到国家层面来看待和研究围棋。

三

围棋史上新的文化高峰期正在来临。围棋从诞生之日起，就是竞技与文化的统一体。中国古代围棋文化的博大精深和浩瀚繁荣，达到了今人难以想象的程度。在系统研究整理的过程中，往往令人掩卷称绝，叹为观止。近代以来，棋运随国运沉浮，围棋文化也一度陷于萧寂。新中国的成立，改革开放的兴起，特别是实现中华民族伟大复兴中国梦的实践，使际临盛世强国的中国围棋及其文化走向了全面振兴。在新时代，推动社会主义文化繁荣兴盛，也包括围棋文化的繁荣兴盛。对于围棋文化复兴发展的历史机遇以及围棋史上新文化高峰期的到来，习近平总书记早有洞见，并做出重要指示："围棋文化要进一步提高运作水平，开展一些有影响的活动。"[①] 这具有行动指南的意义。围棋是思想性、文化性、艺术性最高的智力竞技运动。在围棋竞技高度发展的今天，围棋文化在曾经辉煌过的基础上再度出现复兴和高潮，这既是一种回归与宿命，更是一种发现和飞跃。人们在充分享受围棋竞技带来的快乐和愉悦的同时，也在重新深入思考着围棋文化的本质与功能，感受着围棋史上新文化高峰期到来的震撼。新时代围棋文化由三个方面的基因组合构成，即传统文化基因、红色文化基因和时代文化基

---

① 《全面贯彻落实党的十六届四中全会精神，推动欠发达地区经济社会加快发展——习近平同志在衢州调研时的讲话》，载中共衢州市委办公室通报 2004 年第 70 期。

因。在当代中国，围棋文化作为围棋本身所具有的思想艺术内涵和精神成果，日益被社会所重视和关注；围棋竞赛活动与围棋文化活动融合举办成为新的时尚；更多的人在喜爱和享受围棋竞技的同时，崇尚和欣赏围棋文化；围棋文化研究的新成果不断涌现，围棋文化研究正在向前所未有的高度和深度发展。当前，无论是从思想认识、理论阐述还是推进举措上，围棋文化建设特别是文化理论研究，都面临新的形势、新的目标、新的需求。实践的发展，呼唤和期待具有更深层次、更高立意、更具代表性、权威性和体系性的扛鼎之作。

四

围棋文化研究的核心是价值研究，而围棋价值的最高境界表现为国家和民族意识。围棋是高度个性化的智力活动，但从事围棋的人都是社会的人，都是在国家属性和范畴内存在和生活的人。正所谓围棋没有国界，棋手有祖国。认识围棋的价值不能只从个人情趣、需求出发，而必须着眼相关的国家、民族文化属性。正确解释围棋价值关键在哲学思维。围棋的哲学体系包含宇宙论、认识论、方法论、审美论、道德论和价值论，围棋的价值研究是围棋文化论研究的本原和终极课题。围棋在本质上是一种思维博弈游戏和工具，围棋的原生价值直接与它的博弈本质相关联。博弈和竞技是围棋的表层价值，围棋具有更深层的文化战略价值。围棋与不同领域的思想内容相结合呈现出多样的价值形态，而围棋价值的多样化反映了文明升华的历史进程。围棋既是中华文明发展历程的亲历者，又与国家、民族文化主体具有高度的一致性，使得围棋在发展过程中凝结了中国文化的精华，成为中国文化的经典形式，围棋价值上升为国家和民族意识。在当代，围棋以里程碑的形式与人工智能相结合，而目前的智能围棋仍然遵循人类的规则和价值体系，从根本上说仍然是人类智慧的产物和延伸，如何让智能围棋更好地服务于人类、更好地凸显围棋文化的价值，是智能围棋时代的重要课题和发展方向。围棋的价值地位，反映的并不仅仅是对围棋的认识，而是国家、民族的精神状态和文明程度，反映和测度了整个民族的心态状况、理性水准、智力渴望、包容程度和文明追求。围棋的价值认识，是伴随着民族精神的成熟而发展前行的。正确认识围棋价值的出发点，应当是"国艺"价值观。围棋是国艺，围棋的价值与国家民族有深厚渊源，能够反映国家和民族的精神需求。"国运盛，棋运盛"，只有通过对围棋文化的研究和阐释，充分地发掘围棋的丰富价值，更好地对待围棋、享受围棋、发展围棋，才能让更多的人从围棋中受益，进而有益于国家社会，有益于人类文明的升华进步。

五

《围棋与国家》命题的产生始于2011年6月林建超将军在中国棋院给国家围棋队和围棋工作者所作的报告。这个报告，第一次明确、系统地提出了围棋与国家思想理论体系的基本观点，包括：围棋的价值在文明进步中深化和升华、围棋集中体现了中华民族的思维特征、围棋已成为国家智力形态的重要组成部分、围棋的命运与国家的命运紧紧相连、围棋承载着对国家民族的特殊责任。报告引起了强烈反响，各大媒体和网站争相连载。2011年7月1日《围棋天地》杂志特稿全文刊登；2011年8月至9月，《中国体育报》以8个专版全文刊发；2011年10月10日，根据国家体育总局领导指示，《中国体育报》以头版头条半版篇幅刊登对《围棋与国家》作者的专访；《新华文摘》等权威媒体以上万字篇幅刊登文章精要；2012年，《围棋与国家》入选全国高考语文试卷（山东卷）。在这期间，网上点击率和网友评论高达200余万次（条）。之后，林建超将军陆续发表了《围棋与战略》《围棋申遗研究报告》《围棋思维与海洋战略博弈》《从围棋思维解读习主席治国理政思想》《兵棋·兵圣·兵经》《从"围棋脑"到"指挥脑"的跃升》等几十篇力作，将围棋研究拓展到国家层面与战略视野进行深入系统探讨，正式提出当代中国围棋的战略目标是中国要重新成为世界围棋中心性大国，引起高度关注。林建超将军的创新性研究成果获得第二届"陈毅杯"中国围棋年度大奖首设的文化研究奖。中国财经出版传媒集团深刻理解《围棋与国家》的重大学术价值和社会意义，迅速筹划决策出版《围棋与国家》系列丛书。中国围棋协会王汝南主席和清华大学年秩八旬的林泰教授郑重推荐。该丛书于2015年成功入选国家出版基金项目。《围棋与国家》系列丛书是围棋界与文化界、出版界高效合作的成果，成为当代中国围棋文化史上的一道亮丽风景线。

六

《围棋与国家》系列丛书共十部，360万字。其中，《围棋与国家》《围棋与战略》《围棋与哲学》《围棋与文化》《围棋与人生》五部为文论原创作品,《弈史》《弈论》《弈诗》《弈画》《弈典》五部为史料文献作品。《围棋与国家》:是丛书的核心著作和主纲主线。从围棋与国家关系的角度,从围棋是中华民族思维标本的高度,从中国是世界围棋中心性大国的定位出发,系统阐述了围棋发源于中华文明母体、中国长期居于世界围棋之巅、围棋在国家民族的精神生活中占有特殊位置、围棋集中体现了中华民族的思维特征、围棋已成为国家智力形态的重要组成部分、围棋在国家文化软实力中的一席之地、围棋在国民生活各个领域的衍生与延伸、围棋的命运与国家的命运紧紧相连、围棋承载着对国家民族的特殊责任、大数据和智能化时代中国围棋的发展等,涉及围棋产生、发展的根本性问题。该书立意高远、逻辑严密、分析精辟、创新开拓,是当代围棋文化研究的领军之作。《围棋与战略》:用战略的眼光看围棋,从围棋的角度讲战略,围绕围棋的战略特质与属性、围棋战略思想的来源、围棋战略理论的发展、传统和最新的围棋战略理念、围棋的战略体系与谋略元素、围棋战略思维的影响与延伸,以及围棋人机大战的战略思考等内容,深刻阐述了21世纪围棋战略思想、战略艺术和战略素养的根本性问题。《围棋与哲学》:首次构建了围棋哲学体系。围棋的数千载传承和超越国界的全球风靡,不仅仅是因为其自身的无穷魅力,更重要的是围棋蕴含着中国传统哲学宇宙论、认识论和方法论的精华;西方哲学、日本的围棋哲学也在某些方面引领和帮助人们深化对围棋的认知。许多的"棋理"富含哲理,表现为对辩证法的高度理解,具有很强的普遍性,从而可以作用于各种事物。

这些围棋哲学思想的精华,充分体现了中华民族的思维品质与高度。《围棋与文化》:宣示了围棋史上新文化高峰期的到来。系统分析了围棋文化的本质与功能,围棋文化的历史演进,围棋文化与其他文化形态的关系,围棋文化的体系结构、主要载体及其表现形式,提出围棋申遗的历史任务和战略对策,做出了智能围棋时代的文化解读。《围棋与人生》:全书分为真谛篇、品性篇、智慧篇、阅历篇、修养篇和情趣篇,深入探讨围棋与人生境界的广泛话题,从围棋棋理与人生哲理诗意的融合,漫谈和围棋相关的种种人生况味,既神游局内,又出乎局外,超越于棋枰之上,悠游于人生之天地胜境。《弈史》:从浩如烟海的古籍文献中,辑录与围棋相关的史料分类汇编而成,分为综合编、人物编、事例编、文化编、著述编五部分,所收史料之广泛丰富,梳分之合理适用,为现有出版物中所罕见。《弈论》:专注于围棋历史和思想文论的汇集,按照体裁分为五编:言论、辞赋、文论、序跋、传记。各编之内以时代为序,依次排列,共收录围棋文论620余篇(条)。其时代范围,上起先秦,下迄民国。所收数量为迄今同类书籍之最。《弈诗》: 古往今来,弈人好诗,诗人好弈。所选弈诗依朝代而分,按作者生年先后排序。上起两汉,下迄晚清,跨越两千余年,总计收录诗家758人,诗作3600余首。重在存诗,对作者、出处作简要介绍。所收数量,为迄今同类书籍之最。《弈画》:收录以围棋为题材的画作180余幅,按先唐、唐代、五代、辽代、宋代、金代、元代、明代、清代、民国,共分为十编。所收数量,为迄今同类出版物之最。《弈典》:选录三国魏晋至今两千年中的100局围棋谱成书。以中国棋手对局为主,日韩经典名局为辅,加入最新人机大战棋谱。其中,前20局为古代、近代棋谱,后80局为现当代棋谱。中国棋手对局70局,外国棋手30局。遴选原则侧重于棋局的代表性、典型性,考虑其对围棋历史进程、对当时棋界更替变迁的影响,兼及棋谱内容的精彩程度等因素,力图真实还原历史,凸显围棋精神流脉。

七

《围棋与国家》系列丛书既是一个重大的文化出版工程,也是当代中国围棋文化研究的重量级作品,得到了各方的重视与支持。中央党政军机关和省市区有关领导给予了很大的关注和帮助;国家体育总局、棋牌运动管理中心、中国围棋协会等行业领导机构给予了大力支持;各新闻媒体和网站长期跟进报道;围棋文化研究领域的专家学者们给予了重要的指导、教正;有关机构和相关人士提供了多方面的帮助,如敦煌研究院专门授权本书使用相关资料,侨居海外的前围棋国手寄来了当年的重要信函;欧洲围棋协会、美国围棋协会、日本棋院、韩国棋院领导多次表示期待早日读到《围棋与国家》的外文版。整个编写团队团结一心、夜以继日、刻苦工作,保证了全书编创的进度与质量。中国财经出版传媒集团精心组织《围棋与国家》申报国家出版基金,成为首个获得国家出版基金资助的围棋专项研究项目。可以说,《围棋与国家》的问世,是时代的产物;《围棋与国家》的出版,是集体智慧的结晶,是围棋界、出版界与各界共同合作的成果。

伴随新时代的到来,《围棋与国家》生逢其时。

导 语

一

战略是人类社会领域最高层次的智慧和艺术，围棋则是最具战略性的智力博弈运动。围棋所包含的战略要素，在所有智力博弈运动中是最丰富的、最完整的。在治国理政的战略指导上，习近平总书记多次强调要树立"全党一盘棋"①"全国一盘棋"②"军地一盘棋"③"世界大棋局"④"要有正确大局观"⑤"统筹推进'五位一体'总体布局，协调推进'四个全面'战略布局"⑥"下好先手棋"⑦"下好'精准'这盘棋"⑧"围棋中包含着人生的哲学和世界战略"⑨等思想，围棋战略内涵

---

① 《对照检查中央八项规定落实情况讨论研究深化改进作风举措》，载《人民日报》2013年6月26日第1版。
② 《落实创新协调绿色开放共享发展理念 确保如期实现全面建成小康社会目标》，载《人民日报》2016年1月7日第1版。
③ 《军队全力以赴全党全国大力支持推动国防和军队改革向纵深发展》，载《人民日报》2017年7月26日第1版。
④ 《习近平会见德国总理默克尔》，载《人民日报》2014年7月8日第1版。
⑤ 《对照检查践行"三严三实"情况讨论研究加强党风廉政建设措施》，载《人民日报》2015年12月30日第1版。
⑥ 习近平：《决胜全面建成小康社会 夺取新时代中国特色社会主义伟大胜利》，人民出版社2017年版，第3页。
⑦ 《习近平谈治国理政》，外文出版社2014年版，第122页至第123页。
⑧ 《习近平春节前夕赴河北张家口看望慰问基层干部群众》，载《人民日报》2016年1月25日第1版。
⑨ [美]熊玠：《大国胸怀与大国威严：习近平的国际新思维》，载《学习时报》2016年7月7日A3版。

的借鉴运用已融入贯彻总体国家安全观、统筹国家发展和安全，以及政治、经济、军事、外交、科技、文化等各领域理论与实践，成为习近平新时代中国特色社会主义思想的有机组成部分。认识、把握围棋与战略的内在关联、相互影响和运行规律，对于从根本上提高围棋竞技水平，对于强化优化各个领域的战略观念、战略思维，都有巨大的启发意义。

二

围棋起源于模仿军事的战争推演，其形制至简，象天则地，法之阴阳，变化无穷，蕴含矛盾对立统一的宇宙变化之道，天然具有战略的属性和特征。围棋所展示的黑白"围而相杀"，就是战争、战场、战斗在棋盘上的演绎和诠释。在所有智力游戏中，围棋博弈的战略思维特征是最为突出、最具代表性的，当之无愧地被冠以"战略游戏"的桂冠。围棋发源于中国，长期流传于中国，深受从古至今中国人民的喜爱，是中华民族集体智慧的结晶。中华民族历来以战略思维活跃、丰富、成熟著称，博大精深的中华文明中蕴含着深厚的战略文化宝藏。围棋在民族文化的母体中孕育、发展，深受中国传统文化包括儒、释、道和兵学文化的影响，其战略思想饱含中华民族的文化特征和精神品格，也在我们民族的思想文化中打下了自己深深的烙印，成为展示优秀传统文化和民族思维方式的独特载体。自春秋、战国有围棋文字记载的历史以来，弈道就与王政、兵道紧密关联，东汉至南北朝时的棋论文章"五赋三论"以及敦煌《棋经》，代表了古人对围棋战略内涵认识的逐步深化。一代代的围棋国手在纹枰对弈、激战搏杀中不断总结棋艺，升华围棋战略思想和理论。北宋张靖仿照《孙子兵法》撰写了《棋经十三篇》，代表了中国古代围棋战略理论的高峰。同时，围棋战略思想是一个开放的、动态发展的体系，在向朝鲜半岛、日本列岛、东南亚及至欧美的传播过程中，广泛吸取来自各个方面的思想精髓，兼收并蓄，不断创新发展，成为人类特别是东方文明共同的智慧成果。

三

学习围棋有益于提高人的战略思维能力。围棋的产生和发展，始终与弈者对自然、社会和人生的思考感悟联系在一起。中国历史上名君、名臣、名将、名士喜爱下围棋者灿若星辰，近现代以来喜爱下围棋的各方面名人更是不胜枚举，这种现象在人类智力博弈史上是罕见的，说明围棋与社会精英的素质修养和人生志趣有着内在的深层联系。围棋对于谋略运用、辩证思维、心理素质均有深远的启迪作用。在围棋对弈中，有战略构思、谋划作战方针和整体布局的广阔空间；有精确筹划、计算各个方向、各个局部战役战斗的客观可能；有辩证思考和处理战略展开各个阶段、战役战斗各个层面、各个环节复杂关系的充分机会；有磨砺和锻炼战斗意志、战斗精神的环境、平台。死活、弃保、得失、快慢、凶稳、攻守、大小、强弱、虚实、厚薄、主次，这些辩证关系在围棋中俯拾皆是，每一个辩证关系都可以作出一篇文章。军事家、战略家可以从围棋中得到辩证思维的锻炼：优势、胜势、均势、劣势、绝境，都是围棋和军事所共有的课题，是对情感、意志、品格、作风等心理素质全方位的考验。习近平总书记指出："全党要提高战略思维能力，不断增强工作的原则性、系统性、预见性、创造性。"①在党的十九大报告中，更强调要"坚持战略思维、创新思维、辩证思维、法治思维、底线思维"②。学习围棋，正是提高战略思维能力的一种独具魅力的途径。对军队来说，贯彻习近平强军思想，实现党在新时代的强军目标，学习借鉴围棋战略思维和战略理论也具有重要的意义。

四

围棋与战略的关系，从来都是围棋博弈思想和竞技艺术研究中最受关注、也是最高层次的内容之一。近些年来，随着围棋竞技和文化建设的发展，这方面的问题进一步引起了人们的极大关注和深刻思考，包括21世纪的围棋还有没有战略问题，围棋战略意识和能力在博弈艺术中居于什么地位，围棋战略思想是如何起源与发展的，当代围棋战略理念的内涵和实质是什么，围棋博弈中的战略与谋略是怎样的关系，围棋所包含的战略思想对社会其他方面有什么样的影响，怎样培养提高围棋的战略素养，等等。特别是2016年后人工智能围棋在"人机大战"中完胜人类顶尖棋手，引发全球关注，而机器智能的落子选择，表现出极强的通观全局、把握全局的战略思维特点，客观印证了围棋先天、本原所具有的战略特质和规律，促使人们进一步

---
① 《习近平谈治国理政 第二卷》，外文出版社2017年版，第62页。
② 习近平：《决胜全面建成小康社会 夺取新时代中国特色社会主义伟大胜利》，人民出版社2017年版，第68页。

深入思考和认识围棋博弈的战略问题。在中国特色社会主义进入新时代，中国开启全面建设社会主义现代化国家新征程、大步走向世界舞台中央之际，围棋战略思想正日益受到全球政治家、思想家和学者的关注，成为各国理解中国发展宏图大略的一把"金钥匙"，围棋的战略思想也恰恰能够为解决人类社会共同面临的风险挑战、建设人类命运共同体提供有益的智慧营养。因此，回答、弄清上述问题，研究、揭示围棋的战略品质、战略属性和战略特征，在新的历史时代显得尤为必要。围棋的战略具有双重属性，既是竞技性课题，也是文化性课题，需要从这两个方面深化研究、融合思考，才能真正认识和把握。以上是为本书的主题和宗旨。

目 录

《围棋与国家》系列丛书前言
导语

第一章 向战略回归：当代围棋战略意识的回归与重构

第一节 围棋主导竞技思想的时代变迁   2
一 古代围棋没有战略和大局观的概念，但却饱含战略和大局观的思想   3
二 以布局革命为标志的近现代围棋的发展，使围棋具有的战略特质得到充分释放与发挥   4
三 21世纪以来的十余年间，围棋主流竞技思想出现了重战术轻战略的一时变化   5

第二节 重新审视围棋博弈中的战略问题   6
一 从客观条件看，围棋竞技思想的发展变化，与它所植根的社会环境的发展变化紧密相关   6
二 从主观条件看，现在棋手的训练方法条件和智力发展基础明显改善，棋手在复杂战斗中的计算能力能够大幅跃升   7

三　从总体上看，博弈进程和结局的偶然性增加，必然性降低；突变性增加，渐进性降低；特殊性增加，一般性降低　　8

四　AlphaGo（阿尔法围棋）人机大战冲击围棋战略理念　　9

第三节　新挑战带来新定位　　11
一　年轻棋手因战略思维差距导致失利的现象在增加　　12
二　围棋技术风格流派的发展呈现螺旋式上升进程　　13
三　对战略素养的重视会在更高层次上实现回归　　15

第四节　不仅回归还要重构　　15
一　基于贯穿全局的攻抢战斗　　16
二　基于更快更强的计算能力　　17
三　基于个性特色的行棋步调　　17

第二章　战略的游戏：围棋的战略特质与属性

第一节　围棋起源于模拟战争的智力工具　　19
第二节　围棋包含全部的战略要素　　22
一　围棋博弈是抽象与具象的统一，具备了基本的战略特质　　22
二　围棋博弈是局部与整体的统一，包含着深刻的战略内涵　　24
三　围棋博弈是经验与创造的统一，体现了丰富的战略艺术　　25

第三节　围棋博弈思维的战略特征　　25
一　空间特征——无界战场　　26
二　时间特征——不确定性　　26
三　目标特征——比较效益　　27

四　层次特征——抽象形态　　　　　　　　　　28

五　进程特征——作战全程　　　　　　　　　　28

六　行动特征——发散组合　　　　　　　　　　29

第四节 战略智慧是围棋的核心价值　　　　　　30

一　古人最早的说法　　　　　　　　　　　　　30

二　古人成熟的结论　　　　　　　　　　　　　31

三　近代欧洲人的定义　　　　　　　　　　　　32

第五节 "战略游戏"与"策略游戏"　　　　　　34

一　围棋与象棋的比较　　　　　　　　　　　　34

二　围棋与桥牌的比较　　　　　　　　　　　　38

第三章　战略的起源：围棋战略思想的来源

第一节 中国古代战略文化的产物　　　　　　　42

一　兵学思想的角度　　　　　　　　　　　　　42

二　易经思想的角度　　　　　　　　　　　　　45

三　道家思想的角度　　　　　　　　　　　　　48

四　儒家思想的角度　　　　　　　　　　　　　49

第二节 古代围棋实践的升华　　　　　　　　　51

一　魏晋南北朝时期　　　　　　　　　　　　　52

二　唐五代时期　　　　　　　　　　　　　　　56

三　宋元时期　　　　　　　　　　　　　　　　59

四　明清时期　　　　　　　　　　　　　　　　63

第三节 东方博弈思维的结晶　　　　　　　　　　68

一　日本近现代围棋的发展，特别是20世纪30年代新布局革命以来的围棋理论与实践，对现代围棋战略思想的形成和发展产生了深远影响　　　　　　　68

二　韩国围棋的崛起，极大地冲击了传统围棋思维模式，促进了现代围棋战略思想的创新发展　　　　　　　70

第四章　战略的形成：围棋战略理论的发展

第一节　萌芽形态　　　　　　　　　　　　　　　72
一　春秋时期《左传·襄公二十五年》中的弈棋之喻　　73
二　春秋后期道家著作《关尹子》中的弈见胜负说　　74
三　战国时期道家著作《尹文子》中的围棋智力论　　75

第二节　文化形态　　　　　　　　　　　　　　　75
一　围棋文论　　　　　　　　　　　　　　　　　76
二　围棋诗　　　　　　　　　　　　　　　　　　87
三　围棋传说故事　　　　　　　　　　　　　　　90

第三节　经验形态　　　　　　　　　　　　　　　93
一　梁武帝萧衍的《棋评》　　　　　　　　　　　94
二　唐王积薪的《围棋十诀》　　　　　　　　　　95
三　宋刘仲甫的《棋诀》　　　　　　　　　　　　96
四　棋谱绪论中的棋理论述　　　　　　　　　　　98

第四节　理论形态　　　　　　　　　　　　　　　98
一　北周敦煌《棋经》　　　　　　　　　　　　　99

二　北宋张靖《棋经十三篇》　　　　　　　　　　109

第五章　战略的内涵：传统的和最新的围棋战略理念

第一节 传统的或经典的围棋战略理念　　　　　　119
一　多算先胜　　　　　　　　　　　　　　　　　120
二　主导在我　　　　　　　　　　　　　　　　　121
三　以势压人　　　　　　　　　　　　　　　　　121
四　照应全局　　　　　　　　　　　　　　　　　123
五　攻守平衡　　　　　　　　　　　　　　　　　123
六　效率至上　　　　　　　　　　　　　　　　　124
七　抢占先机　　　　　　　　　　　　　　　　　126
八　弃保转换　　　　　　　　　　　　　　　　　127
九　以强击弱　　　　　　　　　　　　　　　　　127
十　出奇制胜　　　　　　　　　　　　　　　　　128

第二节 当代最新的围棋战略理念　　　　　　　　130
一　整体联动　　　　　　　　　　　　　　　　　130
二　精准博杀　　　　　　　　　　　　　　　　　131
三　高效极限　　　　　　　　　　　　　　　　　131
四　实地取向　　　　　　　　　　　　　　　　　132
五　个性追求　　　　　　　　　　　　　　　　　132
六　灵活变换　　　　　　　　　　　　　　　　　132
七　快速反应　　　　　　　　　　　　　　　　　133
八　创新超常　　　　　　　　　　　　　　　　　133

第六章　战略与谋略：围棋的战略体系与谋略元素

第一节 围棋战略与谋略的辩证关系　　136
  一　战略离不开谋略的运用　　136
  二　围棋是透明的诡道　　137
  三　善变是围棋致胜的关键　　142

第二节 围棋谋略思维的性质与形态　　143
  一　意图表达的组合性　　144
  二　子力布放的多义性　　144
  三　谋略运用的随变性　　145

第三节 围棋谋略与棋德棋规　　148
  一　用谋略是不是"棋品低下"的表现　　149
  二　有的棋手谋略选择上表现明显的中庸性　　150
  三　纹枰心理战的合理运用　　151

第七章　战略的运用：围棋战略思维的影响与延伸

第一节 围棋是人类战略智慧的宝贵资源　　153
  一　围棋战略思维对古人练兵备战的启示　　154
  二　围棋战略思维对当今治国理政的启示　　157
  三　围棋战略思维对国际战略博弈的启示　　169
  四　围棋战略思维对军事战略运筹的启示　　171

第二节 围棋与军事战略指导的交集　　173
  一　淝水之战双方的围棋思维　　173

二　中国革命战争中的毛泽东围棋战略思想　175

三　当代中国和平崛起中的围棋谋略　180

第三节　围棋思维与海洋战略博弈　187

一　大局：经略海洋与国家安全、发展命脉　189

二　对手：认清、搞透博弈对象　190

三　围地：确保利益空间，力求比较效益　191

四　布局：筹划海上斗争的总体格局与基本样式　192

五　谋势：谋取、营造有利的态势　194

六　合战：依靠整体结构与联合作战制胜　196

七　做眼：建立海上堡垒与支撑体系　198

八　均衡：保持局面平衡可控　199

九　宽攻：保持一定间隔的威胁与攻击　201

十　算度：先算多算精算者胜　202

十一　厚薄：形成厚势攻击薄弱　203

十二　复杂：导向交错局面，形成战略牵制　205

十三　转换：利益的取舍与置换　207

十四　先手：争取先机，保持战略主动　209

十五　连络：保证交通线、保障线安全畅通　210

十六　引征：具有远见的战略预置　211

十七　双活：局部共存与全局胜利　212

十八　棋筋：随时空条件转化而生变的关键点　214

十九　鬼手：不拘定式敢用奇招　215

二十　气势：制胜的精神因素　216

二十一　收官：清醒定型，精细收局　217

第八章　战略新形态：围棋人机大战的战略思考

第一节 战略视角下的人工智能围棋　　　219
一　围棋人机大战的实质　　　220
二　人工智能围棋发展的战略背景　　　222
三　人工智能围棋技术上的突破　　　224
四　人工智能围棋没有改变围棋的战略属性　　　229
五　人工智能围棋提出的挑战　　　232

第二节 围棋博弈与兵棋推演　　　236
一　围棋是兵棋的重要起源　　　239
二　围棋博弈与兵棋推演的共同特点　　　242
三　兵棋的发展趋势体现了围棋的本质特征　　　243

第九章　战略素质论：围棋与战略素质的锻造

第一节 战略家大都下围棋　　　246
一　关于"人主"是否应下围棋的争论　　　246
二　古今帝王、领袖、名将、高士的围棋实践　　　252

第二节 围棋是战略思维的训练场　　　267
一　培养洞察力　　　268
二　优化判断力　　　268
三　提升抉择力　　　269
四　强化执行力　　　270
五　锤炼意志力　　　271

第三节 围棋战略素质的培养与提高   **272**

一 学习   273

二 研究   274

三 训练   275

四 实战   275

五 体悟   276

第一章 向战略回归：当代围棋战略意识的回归与重构

围棋是战略的游戏。战略是从军事战略起源和演化而来的，原意是指筹划和指导战争全局的方针和策略，简单地说，就是关系战争全局的方略。人们认识战略和制定战略都是围绕战争实践来展开。后来，战略的概念被广泛地运用于社会各个领域，诸如政治战略、经济战略、科技战略、外交战略、资源战略等等，这些广义的战略概念虽然在不同的教科书上定义各异，但都没有脱离战略的核心含义，即指筹划和指导全局的方针和策略。战略具有全局性、关联性、发展性、对抗性和谋略性等突出特点。18世纪普鲁士军事理论家比洛在其所著的《新战争体系的精神实质》（又译名《最新战法要旨》）中说过一句很有名的话："战略是关于在视界和火炮射程以外进行军事行动的科学；而战术是关于在上述范围以内进行军事行动的科学。"① 毛泽东有着更为丰富、深刻的战略思想，特别是他在《中国革命战争的战略问题》中对战略研究的主要内容作了经典定位，即战争中带有全局性的、眼睛看不见的、需要提到较高的原则性上去解决的重要问题。② 一个是"视界和火炮射程以外的"，一个是"眼睛看不见的"，二者有异曲同工之妙，讲的都是更本质、更深远的问题。对此，不能只靠直观感觉，而要用脑子去想。由此确定了战略思维的本质规定性。毛泽东还对战略思维的对象即战争全局作了进一步的精辟论述："只要有战争，就有战争的全局。世界可以是战争的一全局，一国可以是战争的一全局，一个独立的游击区、一个大的独立的作战方面，也可以是战争的一全局。凡属带有要照顾各方面和各阶段的性质的，都是战争的全局。"③ 如同战略是人们对大规模的复杂系统事物驾驭和操控的学问一样，围棋博弈中的战略问题，是指围棋竞技中关系全局的问题。它相对于局部、具体作战中的战术、技术问题而言，具有宏观性、总体性和思想性，它超越直接接触作战，但又深刻影响和制约具体作战，是关系对弈全局的方略，是驾驭和操控全局的学问，这就是围棋博弈的战略。

第一节 围棋主导竞技思想的时代变迁

围棋在长期的发展进程中，形成了庞大复杂而又不断更新的战法体系，同时也形成了丰富多彩并且与时俱进的思想体

---

① 蒋顺学主编：《论资产阶级军事科学》，军事科学出版社1985年版，第30页。
② 《毛泽东选集》第一卷，人民出版社1991年版，第177页。
③ 《毛泽东选集》第一卷，人民出版社1991年版，第175页。

系，二者密不可分。围棋思想体系有许多明显的特点，包括抽象思维与具象思维的统一，战略思维与战术思维的统一，模糊思维与精确思维的统一，等等。其中，区别于其他棋类的最突出的特点就是战略思维，亦即全局思维。围棋以追求全局行棋的总体效益、利益和胜利为根本目的，反映在博弈思想上，就形成了特别重全局、顾大局的战略意识，即大局观。战略意识和大局观，是围棋博弈思想的核心，它要求对弈者具有开阔的心胸、广阔的视野、缜密的思路，善于从整体态势、全局关联和发展趋势上去分析判断形势，采取应对之策，始终围绕总体目标，根据全局需求来进行筹划、计算和处置。这是一种很高的境界。对这种高境界的追求，贯穿于围棋思想发展之中。

一 古代围棋没有战略和大局观的概念，但却饱含战略和大局观的思想

东汉桓谭《新论》把围棋分为上中下三等："上者远其疏张，置以会围，因而成得道之胜；中者则务相绝遮，要以争便求利，故胜负狐疑，须计数以定；下者则守边隅趋作罫，以自生于小地。"[①] 意思是说，上等水平的弈者，远离对手从宽大处张势布局，靠会围取地，这样可成"得道之胜"。中等水平的弈者，则相互分断阻隔作战，以争便宜求利益，造成形势错综复杂，胜负难以判断，需要数目计空才能确定。下等水平的弈者，只能据守边角，趋向局部，在小地方自己存活。北宋

---
① 《全后汉文》上册，商务印书馆1999年版，第121页。

《棋经十三篇》在卷首全文引用了这段话①,说明已成共识。这种划分,反映了当时条件下人们对围棋博弈的认识水平和价值取向,带有主观理想色彩和认识、实践上的局限性,但它传递了一个强烈的信息,就是要重大势、重全局,这对围棋后来的发展产生了重要的影响。

二 以布局革命为标志的近现代围棋的发展,使围棋具有的战略特质得到充分释放与发挥

中国古代长期实行座子规则,即在对局开始时先在四个角部星位各置黑白二子,直到近代才弃用这一规则,从空盘开局。围棋取消座子制后,大大扩展了布局和序盘战略构想的空间。据专家测算,这一变化带来的每盘棋行棋总变化量,增加约160亿倍。在实战博弈中,开始出现以通晓、驾驭、掌控全局著称的大棋士,其中典型代表有四人:吴清源,雄踞日本棋坛甚至当时世界棋坛近半个世纪,认为围棋的理想目标是中和,每一手棋必须从全盘的整体去思考。武宫正树,"宇宙流"的创造者,日本迄今获得世界冠军最多的棋手,坚信唯有面向中腹,因而具有更多自由的大模样作战,才是最富创造性的布局。他的名言是:"采用大模样作战,无论棋局胜负如何,都会给人以耳目一新的豪放感,尽力相搏后的满足,在尺幅纹枰上编织浪漫梦幻意境,让人感悟大丈夫存在于天地间的人生真谛。"这是把围棋博弈思想与艺术境界、人生感悟融为一体的极端范例。聂卫平,以大局观著称的中国棋圣,在20

---

① 《忘忧清乐集》,蜀蓉棋艺出版社1987年版,第3页。

世纪80年代与当时世界棋坛霸主日本较量的中日围棋擂台赛上，创造十一连胜并三次终结比赛的奇迹。李昌镐，迄今为止夺得围棋世界冠军个数最多的韩国棋手，人称"石佛"，善于以冷静、稳健的思路和棋风把控全局，成为世纪之交无可争辩的世界围棋第一人。他们连同其他许多著名棋手一起，为围棋博弈思想，特别是围棋特有的战略意识的发展，做出了历史性贡献。他们的棋风棋艺，也因此成为当时棋坛的时尚。

三 21世纪以来的十余年间，围棋主流竞技思想出现了重战术轻战略的一时变化

在这一时期，职业棋手特别是年轻棋手的对局，表现出更重实地争夺，重直接作战，重对杀技术，而战略的地位和作用似乎已经没有那么重要和突出了。具体表现在，认为布局、序盘作战的形势与全局胜负的关联度下降，靠前几十手布势、张势就能取得优势乃至胜势越来越难，甚至不可能，与中后盘作战相比，"胜负不在这里"；认为获取实地比营造大模样更实惠、更重要、更可靠，现在棋局争夺如此激烈复杂，大模样不仅难驾驭，而且不现实，与其虚幻造势，不如现实得利；认为平稳、均衡行棋，已不能有效掌控局面，过去那种"堂堂正正"的着法容易导致松缓、平淡，只有靠更紧凑、更有压迫性甚至"不讲理"的招数，才能争取先机，夺取主动，实现作战意图；认为围棋是"力量大者得天下"，决定胜负的是关键战斗的得失和技战术水平的高低，谁在直接接触作战中感觉敏锐、手法犀利、计算准确，谁就能压倒对手，夺取优势乃至胜

利。作为这一趋势的代表，一批拥有强大计算力的力战型棋手特别是年轻棋手脱颖而出、称雄棋坛，力战型棋风成为新的时尚，研究、发展近身作战的手筋、手段成为关注的重点、热点。与此同时，年轻棋手在世界性大赛中，却常常因为缺乏深厚的战略素养而在与高层次对手较量中失利。2012年11月，《围棋天地》杂志刊发了《围棋与战略》一文，对年轻棋手重视强化战略素养起到了很大警醒和扭转作用。随着中国棋手在世界棋赛上获得越来越多的世界冠军，对战略问题的重视在围棋界已逐步回归。2016年3月，人工智能围棋在战胜顶尖职业棋手时展现出的超凡战略思维和大局观，进一步促使职业棋手把围棋战略摆在更加突出的位置来看待和思考。

第二节　重新审视围棋博弈中的战略问题

进入21世纪后到智能围棋战胜专业棋手前的十余年期间，围棋竞技出现的实地化、战斗化倾向，是一定时代条件的产物，具有主客观的必然性。对此，应从以下三个方面来看：

一 从客观条件看，围棋竞技思想的发展变化，与它所植根的社会环境的发展变化紧密相关

20世纪下半叶以来，社会信息化不断发展，电视等新兴媒体逐渐普及，通过电视转播围棋比赛应运而生，以其现场性、直观性、即时性深受观众欢迎，也使围棋竞赛的时效性和社会关注度大大提高。逐渐地，大多数国内头衔战和几乎全部国际

围棋赛事都通过电视直播或录播，呈现在观众面前。电视围棋因频道资源的竞争和观众快餐式的文化需求大幅压减了围棋比赛的用时，电视快棋赛的产生要求棋手在更短的自由支配时间和更多的读秒声中快速落子。围棋比赛用时的长度和智力博弈的强度呈反向变化，棋手要在规定的有限时间内一刻不停地思考计算，尽可能思虑周详，用时越短，强度越大。这一时期，社会市场化也在快速发展，围棋赛事得到企业高额赞助并商业性冠名，职业棋手参加比赛的对局费和获得冠军的奖金日益丰厚。自日本1988年举办最早的世界围棋比赛——富士通杯世界围棋锦标赛以来，中日韩三国举办的世界性围棋比赛最多时达十余个，冠军奖金有的高达数十万美元。这就使围棋竞赛的功利性大大强化，棋手获胜的概率和得利的概率成正向变化，获胜越多、层次越高，得利越大。这些因素都使棋手的求胜欲更加强烈，并使棋局呈现出更强的战斗性和实利性倾向。

二 从主观条件看，现在棋手的训练方法条件和智力发展基础明显改善，棋手在复杂战斗中的计算能力能够大幅跃升

随着经济社会的繁荣发展，围棋的社会普及程度日益提高，喜爱围棋的人越来越多，越来越多的家长愿意让下一代从小学习围棋，针对儿童的民间围棋教育机构如雨后春笋般不断涌现，形成了从初学班、中级班到业余段位班、高段班阶梯式的培养模式，围棋教育的规模不断扩大、质量不断提升。一些禀赋好、兴趣浓、提高快的小棋手往往被家长送到更高层次的围棋道场

学习，经受职业棋手的指导培训和高强度的对抗升级比赛，小小年纪就在频繁激烈乃至残酷的输赢竞技中得到思维和心理的磨练。这些小棋手中，每年经过选拔赛入段成为职业棋手的只是极少数，脱颖而出者的棋力自是非同一般。同时，互联网的快速发展使网络围棋成为围棋爱好者普遍喜好的下棋方式，围棋网站实时传递顶级赛事棋谱，网络对局不受地理和昼夜条件的限制，棋手在网上的对局数量是以往面对面方式难以比拟的。有系统的基础训练，有高手的当面指导，有最新的学习资源，有丰富的实战经验，棋手的计算力特别是复杂局面下的战斗力得以迅速提高。这些反映在棋局上，就是围棋竞技的激烈程度大大提高，与过去不可同日而语，不论是序盘还是中后盘作战中的对抗性、破坏性、复杂性和现实性都更为突出。

三 从总体上看，博弈进程和结局的偶然性增加，必然性降低；突变性增加，渐进性降低；特殊性增加，一般性降低

现在围棋高水平棋手的实力非常接近，胜负往往在毫厘之间，而一流棋手群体的数量较以往也有很大增加，并在年龄上呈年轻化趋势。2012年至2017年6月，中国"90后"棋手中产生了11位世界冠军。高水平棋手之间的对局较量异常激烈，精彩纷呈。依靠平缓的布局、张势和非接触作战，以及一般性着法就想取得优势，只能是一厢情愿。关键是，对手不答应。劣势的一方，往往刻意把局势导向复杂，一旦对手出现疏漏，迅即抓住机会以扭转战局；优势的一方，也力求通过大规模战

斗攻击乃至歼灭对方弱子，一举奠定胜局，不给对手翻盘机会。这是出现实地化、战斗化倾向的深刻动因所在。

四 AlphaGo（阿尔法围棋）人机大战冲击围棋战略理念

长期以来，围棋作为智算游戏之巅，被认为是人类智力对抗计算机的"最后堡垒"。1997年，IBM研制的超级计算机"深蓝"击败了国际象棋大师卡斯帕罗夫，然而在IBM的庆祝仪式上，"深蓝"的设计师却承认，在围棋方面他们设计的程序可能连中等水平的职业棋手都赢不了。随着此后大数据、物联网和云计算的兴起，人工智能技术的发展非常迅猛，在技术上不断实现新的突破。按照科学界定，当代人工智能围棋的代表谷歌旗下Deepmind（迪普曼公司）研发的AlphaGo（阿尔法围棋）于2016年1月正式问世。到2017年5月，谷歌方面在乌镇宣布AlphaGo正式退出围棋比赛，前后不过16个月。这期间AlphaGo打了一场与人类棋手争夺制胜地位的"解放战争"。这场"解放战争"也由"三大战役"组成，就是与李世石的首场人机大战、与世界顶尖棋手的集团式快棋大战、与当今世界围棋第一人柯洁的巅峰之战，在近70盘正式比赛中取得了压倒性胜利，引起举世瞩目和震撼。16个月，在历史长河中是短暂的，但在围棋发展史上，却仿佛跨越了千年。它所带来的影响，可以用革命性和颠覆性来形容。

AlphaGo较之人类围棋最大的亮点和优势是什么？人们有各种解读。"AlphaGo之父"、Deepmind创始人杰米斯·哈萨

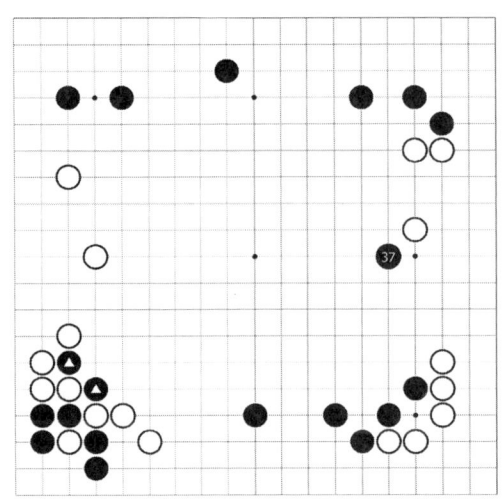

比斯给出了最简捷、明确的回答：战略思维。2017年5月，哈萨比斯在中国乌镇关于人机大战的技术报告中直接指出："棋类程序讲战术，AlphaGo讲战略。"这是整个报告的点睛之笔。在此之前，2017年4月他在英国剑桥大学作了一场名为《超越人类认识的极限》的报告，指出："在过去的3000多年里，人们认为在三路上落子和四路上落子有着相同的重要性。但是在与李世石第二场比赛的第37步，AlphaGo落子在了五路上，与四路相比，离中部区域更近。这可能意味着，在几千年里，人们低估了棋局中部区域的重要性……当前的局面下，左下角黑 ▲ 两子好像陷入了困难，而15步之后，这两个棋子的力量扩及到了棋局中心，而之前的第37步恰恰落在这里，成为获胜的一个决定性因素。"①

　　哈萨比斯的说法虽然有对古人战略思维高度认识不足的一面，但他对AlphaGo讲战略的认识却是十分正确的，是来自于智能围棋实战经验的客观总结。AlphaGo表现出最令人吃惊的是具有极强的大局观，即通观全局、把握全局的战略思维特点。在精确计算的基础上，明显地表现出追求高（高位）、大（宽大）、上（上压）、厚（厚势）、外（外线）、中（中腹）的价值取向，以及为全局均衡而进行的战略性掏空，走出

---

① 刘秀云：《AlphaGo之父：关于围棋，人类3000年来犯了一个错》，澎湃新闻，2017年4月13日。

了一些当代人类棋手感到难以思议的着法、路线。比如高位守角（大跳守角）、高位肩冲（五路肩冲）、高位抢点（中腹抢点）、高效转换（大规模取舍）等等，取得了很高的胜率，给专业棋手的围棋理念以极大的冲击与启迪。

智能围棋并无自主意识，因此也不可能真正具有战略思维。它所走出的符合大局观和战略思维特点的套路、着法，其实是在博弈中经过神经网络计算和蒙特卡洛树搜索选择的最佳一点。而这个"最佳一点"恰恰是具有战略性质的选点，是符合围棋博弈规律的一点。也就是说，围棋本身的规律就是大局至上、战略致胜的规律。智能围棋的选择，客观地印证了围棋先天、原初、本体就具有的战略特质。更可贵的是，它把这种战略性的选择量化了。正如哈萨比斯所说："围棋是一种客观的艺术。我们每一个人都可能因为心情好坏产生成千上万种新想法，这些想法不一定都是好的。而阿尔法狗却是客观的，他的目标就是赢得胜利。"围棋给予我们的启示是：高端博弈中的战略特质和规律是客观存在的，我们的任务就是认识、适应并且运用它。

第三节 新挑战带来新定位

现代战争时空特性发生重大变化，战略与战术的界限模糊，但战略问题始终存在。西方军事理论的鼻祖克劳塞维茨说过：战略是为了达到战争目的而对战斗的运用。[①] 战术是战斗本身

---

① ［德］克劳塞维茨（K. von Clausewitz）著：《战争论（第一卷）》，商务印书馆1978年版，第175页。

的部署和实施，是在战斗中使用军队的学问。这是对战略与战术、战斗相互关系的经典论述。在现代军事领域，由于指挥控制信息化的发展和局部行动全局性作用的提升，战略与战术、战斗的界限在某些方面趋于模糊，甚至出现了"战略性战斗"的特殊现象。但是，这并没有导致战略与战术、战斗本身原则性区别的消失。任何战斗，包括最重要的战斗，仍然是战略的组成部分，是战略指导下的行动，是实现战略目的的手段。

一 年轻棋手因战略思维差距导致失利的现象在增加

一个时期以来，不少棋手特别是年轻棋手，专注于具体复杂战斗中得失成败和手段的研究，在局部战斗特别是实地争夺上堪称强手，在与强敌对抗中取得了许多优异成绩，这是值得充分肯定的。但是，也存在对战略性问题关注和研究不够的问题，在关键大赛和与高层次对手较量中，因为缺乏深厚的战略素养而被对手所制。比如，在一些世界性的关键比赛中，当对方采取有强烈针对性的战法来制约我方套路和优势时，因为在总体上缺乏充分准备而陷于被动；当对方在布局中设套破坏我全局配置时，因为研究不透而中招导致行棋方向偏差；当与对手在比较虚空处行棋较劲时，因为功底不深而计算不清、感觉不准、应对失当；当对方佯顺我意、让出实空，而乘势构起大模样时，因为缺乏对势的真正认识和准确预见，很快从根本上失去胜机；当战局发展到胶着状态时，因为对决定双方消长的关键点、要害处判断不准，而在方向选择、要点选择上失误，导致优势或胜机丧失，等等。这些因为战略思维上的差距而导致失利的现象，在赛场上屡见不鲜、令人惋惜。这种现象说明，年轻棋手拥有强大的计算力和战斗力是很好的，但是他们还没有也不可能强大到只靠在局部复杂战斗中占优就可以取胜的程度。对一个棋手来说，战术素养和战略素养相辅相成，紧密相关，而战略素养体现的是更高级的围棋艺术。在行棋风格上，可以有力战、均衡、轻灵、多变之分，但在战略素养上却没有不同的标准。不论是力战型、均衡型、轻灵型还是多变型，真正的优秀棋手最终都是大局型。力量再大也要在大局下行动。力量有巧力、蛮力之分，其中的区别，不仅在于计算的准确与否，从根本上说，在于是否符合大局的需要。行棋还是要讲理，即讲规律，所谓"不讲理"是不讲已经过时的理，即不能完全照搬以往的、不合实际的套路。

二 围棋技术风格流派的发展呈现螺旋式上升进程

从围棋的发展历史看，由于竞技规律的内在作用，不同技术风格流派的发展更替总是呈现否定之否定的螺旋式上升进程。这种规律性的现象在近代以来围棋的发展中表现尤为明显。20世纪40至50年代，一代宗师吴清源称霸日本棋坛近二十年，他具有无与伦比的对局势的判断力，构思宏阔新颖，常常以破竹之势横扫和控制整个棋局。60年代日本围棋在结束吴清源的时代后，又迎来了坂田荣男的时代。坂田九段不仅重视实利，而且极好战斗，善于把握时机一招制敌，素有"剃刀"之称。但 60 年代末年轻的林海峰九段却将坂田击退至幕后，林海峰行棋节奏稍缓，但极重棋势，全局厚实，加之有顽强的意志和韧劲，人称"二枚腰"。坂田荣男的"锋利剃刀"碰上林海峰的"二枚腰"，始终就难以用上力量。林海峰虽然棋势厚重、坚忍顽强，但面对因精准的目数计算和明快的形势判断而被称为"电子计算机"的石田芳夫时，却显得束手无策、毫无办法。但石田芳夫的时代很快又被更有战斗力、杀伤力的加藤正夫和赵治勋所取代，赵治勋属于典型的实利派棋手，他先捞取实地再治孤决胜的战斗性棋风，席卷了 80 年代初的日本棋坛。为挫败赵治勋，日本棋界产生了两大技术风格的代表，一个是既重棋势又重实地、各方面能力全面的小林光一九段，另一个是被称为"宇宙流"的武宫正树九段。武宫正树专心致志地研究"谋大势、围中腹"的围棋招法，在富士通杯中获得两次世界冠军，他创立的星布局在当代围棋布局中备受棋手青睐。80 年代末韩国围棋的崛起，是以擅长战斗、进攻如疾风般犀利的曹薰铉九段在应氏杯上击败了大局观极强、棋势厚重如盾的中国棋手聂卫平九段开始的，但当曹薰铉的弟子李昌镐成长起来后，以其稳重厚实、重实地、善定型的棋风，很快取代了老师的地位，在棋坛执牛耳十数年，直到计算力强大、棋感极其敏锐、善于大场面战斗的李世石九段出现，才又取而代之。总的看围棋的技术发展轨迹，当重棋势、全局均衡的棋手占上风时，取代他的是更擅长近战博杀的棋手；当战斗型、实利型的棋手长期称霸后，取代他的又是更擅长全局控制的棋手。

三 对战略素养的重视会在更高层次上实现回归

进入21世纪第2个十年以来,年轻棋手对围棋战略问题的重视已逐步向更高层次迈进,下出的棋全局性更强,局部留有的余味更多,战斗中的关联性更复杂,掌握胜机对计算能力和大局观要求更高。而人工智能围棋的技术突破,标志着围棋发展迈上了人向机器学习、共同探索围棋奥妙的新时代。目前棋界公认,现在人类对围棋之道的理解和掌握还远未臻完美之境。机器人围棋在先进算法和网络云结构的支撑下,将棋下在高、宽、上、外、大之处,进一步引起了专业棋手对围棋战略的重新认识与反思。正如有的专业棋手所说:"AlphaGo已具备自己的围棋哲学、围棋理论,而且这套理论颠覆了我们传统固有的棋理,同时我们还惊奇地发现,这套理论给了我们新的启迪。"有的讲道:"人类高手与电子计算机对弈时,总习惯性地将计算机想象成人脑,而人是看不到自己大脑的缺陷的,所以在棋局中主动性定型和围空的结构都可能是错误的。"在围棋竞技规律的作用和智能围棋的引领启发下,职业棋手普遍对提高战略思维、战略能力给予了前所未有的关注和实践。未来哪个棋手在具有了很强具体作战能力的同时,又能具有对全局的深刻领悟和控制把握,就有可能登上围棋竞技的新高峰。

第四节　不仅回归还要重构

围棋竞技思想向注重战术战斗的一个时期变化,没有也不可能改变围棋固有的战略特质；智能围棋的卓越大局观，更促使我们从新的视角审视、思考当代围棋博弈中的战略问题。围棋博弈也是如此，直接战斗在博弈全局比重的增加，技术战术问题的凸显，并没有使战略层面的问题消失或减弱。比如，布局设计、序盘展开、方向选择、形势判断、衔接关照、要点抢占、伏兵预设、利益转换等等，都是超越局部战斗和具体战术技术的，属于战略思维层面，对全局胜负起至关重要的作用，现在依然存在并且更加突出。当然，这种新的战略意识和素养会与过去不同，表现形态和具体特征也有了新的变化，不能简单地用过去标准来作出判断。它将是在新的实践和认识基础上，对围棋博弈各种战略要素的崭新理解与重构。有以下三个方面突出表现：

一 基于贯穿全局的攻抢战斗

现在行棋的战略考虑更多地依靠重要战斗的进程与结果来设计和实施，以局部的连续的战斗串联起整体的战略构思；战略运筹更多地通过相互关联的复杂战斗来体现和发挥，每一个战斗运用都为全局筹划营造有利态势；战略思维更多地聚焦于以进攻作战夺取全局的主动和优势，具有更强的积极性、进取性等。当代年轻棋手行棋普遍倾向于选择复杂的下法，局部行棋往往留有余味，掌握先机开辟另一战场，但各个局部之间又存在复杂关联，谁能更好地发现和把握各个局部战斗中及相互间的关系，谁就能主导棋局发展，在复杂的战斗中赢得优势。

二 基于更快更强的计算能力

在紧张的快棋时间限制下，既要努力去算清局部的各种变化，又要进行形势的判断，把握全局的平衡。盘面对抗激烈复杂，精准的算路决定大规模战斗的成败，也才能取得全局的胜利。不具备高强度、高准确性的计算和思维能力，仅靠布局、序盘阶段大局观上的优势难以赢得棋局的最终胜利。这也是现在二十岁上下的年轻棋手群体称霸棋坛的重要原因，他们精力旺盛、思维敏捷，全神贯注、大脑高强度运算的能力最佳，而以往三十多、四十多岁仍能夺取世界冠军的情形已非常少见了。

三 基于个性特色的行棋步调

当今时代，是社会日益多元化、人的思想个性更加张扬的时代，也是围棋竞技水平加速提升、高水平围棋棋手大量涌现的时代。正如历史上大规模战争时代孕育出群星璀璨、风格各异的军事家战略家一样，新时代围棋博弈更加显现出棋手的个性特征和技术风格，展现出更多的艺术魅力。一个有意思的现象是，那些能在一个时期独领风骚的棋手，往往有自己鲜明的个性特色。如聂卫平的大气磅礴、马晓春的轻灵飘逸、常昊的厚重均衡、古力的大开大合、柯洁的灵活多变等，正是因为棋手的鲜明技术特色，使围棋战略实施日益丰富多彩、引人入胜。

在这里，战略、战术、战斗的表现形态和相互关系都与过去不完全一样了，但是宏观驾驭和掌控的本质要求并没有改变。战略，仍然是围棋博弈的灵魂，是克敌制胜的纲领，是指导作战的原则。这就是说，出现某种新的发展趋势，绝不意味着围棋博弈中战略的重要性降低了。换言之，是变化了，而不是下降了。

第二章 战略的游戏：围棋的战略特质与属性

围棋博弈的战略思想是由围棋本身具有的战略特质决定的，是从孕育围棋文化的民族思想宝库和智慧源泉中产生出来的，是在长期的博弈实践中总结出来的，是围棋竞技规律的反映。强化围棋战略意识，就要研究、了解围棋固有的特性，搞清围棋战略思想的起因、来源和发展，以对必然性的清醒认识，增强自觉性。

第一节 围棋起源于模拟战争的智力工具

围棋产生的思想渊源，来自于中华文明早期思想文化形态；而围棋产生的实践根源，则来自于远古时期中华民族先人所进行的生产、文化、宗教活动和战争。其中，原始部族之间频繁的、大规模的战争是主导性、决定性因素。这主要有两方面的原因：一方面，围棋的本原特征是弈棋双方的智力博弈，以棋盘上的思维对抗，模拟表现敌对双方的实际对抗，是围棋的固有属性，围棋本身就是最初的"兵棋"。另一方面，当时各部族之间，为争夺生存空间和资源，实现兼并、融合和主导而进行的战争，为围棋的产生提供了客观需求、实践基础和思想启迪。值得注意的是，从有关于围棋的理论阐释以来，围棋因于兵、合于兵、释于兵的观点一直源源不断，而且在很长的历史时期内居于主流、正统的地位。这种现象不是偶然的，是对围棋与军事客观存在的源流、派生关系的反映，是对围棋的最初作为模仿军事的智力游戏的认识与解读。

根据文化艺术发生的一般规律，任何文化艺术形态的认定，包括它的原始形态、早期形态和成熟形态，都要与它自身的基本属性和特征相符合，即具有质的一致性。那么，围棋的基本属性和特征是什么呢？从最本原的角度出发，至少有四点：①围棋是双方的对弈，是两个相互独立的头脑操控的思维对抗，是两种不同意志的角逐，而不是一个人、一个头脑、一个意志的表达。对弈双方居于完全平等的地位，不是一方驾驭另一方，双方的实力差距可以在开局时以让子的方式弥补。②围棋的内容和进程是智力博弈，是在棋盘上以棋子围而相抗、围而相争、围而相杀，不是按照某种固定的模式、程式或仪式进行的单向性活动。是动态的思维搏斗，不是静态的单向诉求。③围棋的结果是要分出胜负的，对弈的本质就是竞争、竞赛、竞技，不论进程如何，最终都要分出输赢胜败、上下高低。争胜是围棋博弈的直接目的，对弈双方，则要接受和分别居于胜方或败方的不同位置。④围棋的棋子、棋盘和弈法（规则）是一个统一的整体，这三者有机地结合在一起才是围棋。弈法把棋子、棋盘连接起来成为围棋，具有区别于其他事物特质的灵魂和标志。在弈法没有出现，没有与棋盘、棋子融为有机整体之前，不能称作围棋。与围棋棋盘、棋子形制相同，但弈法不同的游戏（如五子棋），都不能称为围棋。

根据唯物辩证法原理，一事物成为他事物，要经过量变到质变的过程，量变达到临界点，才发生质变。以上分析的围棋的基本属性和特征，是衡量、确定各种近似的、原始形态的事物是否达到质变，即成为围棋的"临界点"。有论者说围棋的最初功能可能是充当天文仪器、占卜工具、祭祀神器等，但实际上充当这些用途的器物本身还不是围棋，尽管它们可能与围棋的产生有关联，但在没有达到"临界点"，即没有具备围棋的基本属性和特征之前，仍然是它们自己。围棋就是围棋，说围棋早期充当了与它们基本属性和特质不同的种种工具，不合逻辑。准确的说法应当是：各种与围棋产生相关联的器物、事物，对围棋的酝酿、产生准备了条件，做了应有贡献；它们的某些要素、理念和特征，融入了后来的围棋，成为构成围棋的元素；而围棋，有可能是从这些文化艺术的早期形态中逐步发展、演变而来的。

关于围棋最初形态的种种构想中，真正与围棋的基本属性和特征相符的，只有模仿军事的智力游戏。这一概念和构想可以满足上述四个方面的基本定义。不论从双向性、博弈性、争胜性还是从整体性角度来看，围棋都堪称原始形态的"兵棋"；而只有从模仿军事的智力游戏这个角度，才能够合理地解释围棋最初形态的特质问题。在围棋产生、发展的漫长过程中，棋局形制经过了逐渐完善的发展过程。从古代文献记载看主要有十七道、十九道两种规制；从考古实物发现看则主要有十五道、十七道、十九道等三种规制。尽管最初的围棋在今天看来可能很不完善、很不充分，但一定是具备了它能够称为和成为围棋的基本属性与特征，包括这些属性和特征的萌芽状态，并在以后的漫长岁月中，随着人们需求的变化、认识水平的提高和进步，逐步演变成我们现在所熟悉的成熟的围棋。

第二节　围棋包含全部的战略要素

围棋战略思想是围棋博弈本质特征的表现。围棋是用智很深、充满谋略和算度的智力博弈活动。我们的祖先发明围棋，就是要把它作为高层次思维博弈的工具。围棋的形制、着法和规则，包含着丰富的战略要素。这种与生俱来的特性，从根本上规定了围棋博弈思维形态的战略属性。

一　围棋博弈是抽象与具象的统一，具备了基本的战略特质

战略是高度抽象的产物，是对各种具体信息、要素进行概括与综合的结果。19世纪瑞士军事理论家若米尼说："战略是在地图上进行战争的艺术。"[①] 就是指战略以抽象概括的形态表现和操控千军万马的行动。围棋是抽象程度最高的智力博

---

① ［瑞士］若米尼（A.H.Jomini）：《战争艺术概论》，解放军出版社2005年版，第105页至第106页。

第二章 战略的游戏：围棋的战略特质与属性

弈运动。它的形制简单至极，以黑白两色棋子，在经纬线条上表示双方对垒，没有任何文字和立体形态，反而可以表现和演变多样、复杂的战争内容和进程。一方面，围棋的许多规则和下法，反映出重要的战略元素。围棋以"气"决定子力生死，体现了战略力量生存的基本条件；"双活"，体现了机遇均等情况下利益的均衡；"劫争"，体现了双方利益的转换；"征子"和"引征"，体现了不间断的连续追逐进攻和战略预置；而应氏规则中的"以点数换时间"，体现了战略指导上"以空间换时间"的重要思想。特别是围棋以追求全局性的比较效益为胜负尺度，体现了深远的战略目标。另一方面，围棋对弈具有高度的概括性、抽象性和代表性，蕴含着人们需要演绎的矛盾运动。这主要体现在五个关系上：一是大与小，不论是大规模的战争还是小规模的军事行动，都可以使用。二是多与少，少至一个士兵，多至千军万马，都可以表现。三是远与近，不论是远距离的征战，还是近距离的攻杀，都可以演示。四是虚与实，不论是战争布局的设想还是实际的作战行动，都可以显现。五是动与静，不论是动态变化的战争进程，还是处于静态的战争格局，都可以反映。围棋用直观生动的形式，剥去了附着在战略上的所有外部因素，对战略艺术进行超越语言的诠释和思维本质的建构，用图形的构造与变化体现深刻的战略艺术，在朴素简洁的形式中开拓无穷无尽的思维空间。明代著名棋谱《仙机武库》的绪论中说，围棋是"据一枰之垒，邈有万里之形；拈两指之兵，恍发千钧之弩"，是"麟阁未设色之白图，大将不血刃之虚战也"。[①] 对围棋以简洁抽象的形态，展

[①] 《续修四库全书》第1098册，上海古籍出版社2002年版，第139页。

现和演示战略阵形,讲的入木三分。这是围棋具有战略思维的首要因素。

二 围棋博弈是局部与整体的统一,包含着深刻的战略内涵

战略思维的一个基本表现就是,站在全局看局部,跳出局部观全局。围棋棋盘上的比拼,从来都不只囿于某一块棋的生死、某一地域的归属,而是与各个局部的战斗、各个阶段的发展、各个棋形的态势密切相关,需要弈者把各方面的关联因素纳入思维范畴,进行广域的、连贯的思考。有的棋在局部来看是好棋,但如果不利于其他部分棋的发展、损害到全局的利益,就不能下;相反,有的棋在局部看不是最强一手甚至吃亏,但与其他局部呼应、蕴藏着全局上谋取更大利益的考量,就要坚决下。从发展阶段来看,战略上处理局部与整体的问题,则表现为从当前看到长远,着眼长远决定当下。古今中外一切著名的战略思维成果,无不体现着这种前瞻思考和预先筹划。围棋博弈中每下一步棋都要求进行预先计算,算度越深越准,越能主导局势发展、掌握战略主动。专业棋手通常要计算到未来20步以上的行棋可能性。不仅如此,围棋高手看似普通的一着应手,很可能为另一局部的手段运用和未来几十步棋之后的局面发展埋下伏笔。要准确或大致准确地把握未来棋局的走向,要求对弈者必须依据棋局、对手的种种有关因素,以高超的智慧和艺术掌握行棋主导权,引领棋局向自己预料的方向顺利发展。

三 围棋博弈是经验与创造的统一，体现了丰富的战略艺术

创造性是战略思维的灵魂。围棋的生命在于创新，创新才能超越传统、超越对手。围棋的宽阔棋盘和自由行棋规则为想象力的发挥和创造力的实现提供了空间和机遇，体现出战略艺术的独特魅力。"千古无同局"，经验提供的思维材料总是有限的，刻板地按照定式行棋往往以失败告终。定式是围棋局部约定俗成的招法，吴清源先生就反对死记定式，强调自由行棋，创新求变。韩国棋手由于大胆创新，自由发展，打破了日本和中国在世界围棋中的优势地位。中国象棋和国际象棋棋子密布，整体上给人以一种过分接触的局促感和黏着感，而围棋的空间之大居然使日本的武宫正树九段开创了浪漫的"宇宙流"棋风，天马行空，纵横捭阖，让人看了赏心悦目，对人类思维的开阔度和纵深度的训练很有益处。而中国象棋和国际象棋狭小的空间无论如何也难以与"宇宙"联系起来。

第三节 围棋博弈思维的战略特征

战略思维是制定战略与实施战略过程中的高层次思维活动，是战争艺术领域进行整体筹划、实施宏观决策与指导的全局性思维。围棋博弈作为最接近战争运筹对抗的思维形式，具有鲜明的战略特征。

一 空间特征——无界战场

围棋形制博大广阔、纵横交错,展开了充分的战略空间。围棋把交战博弈的战场,放在宽广、逼真的天文地理空间。就天文而言,与年、闰年、四季、昼夜重合;就地理而言,是人类首次以经纬线、交叉点的方法表示双方所处的空间范围和精确位置。围棋参战兵力数量是所有棋类中最多的,作战空间也是最大的,而且没有任何局域限制,堪称"网络化战场"。人类进入信息时代之后,才出现了网络战场,而我们的祖先早在四千年前,就已经有了类似的构想,这是非常了不起的。围棋战场的空间特征,使子力的投放几乎有无穷多的选择。全局的胜利来自众多局部战斗的积累,来自不同方向行动的配合,来自各种利益的取舍和转换,要求棋手必须具有全局意识和战略思维能力。

二 时间特征——不确定性

无论是在没有对局时限,一局棋可以下数日甚至数月的日本古代,还是在比赛用时不断缩短,快棋化成为大势所趋的当今,对弈中每下一步棋都是在一定时间范围内作出的抉择。信息时代尤其在网络时代,由于时间价值的增加,使得围棋这种极其复杂的脑力竞技运动,更要承受在较短时限内的高强度思维压力。由于围棋的变化十分复杂,每步棋都存在各种的可能性,从而表现出了很大的不确定性。围棋战略思维就是要在一定的时间内，决定关联全局的下步着法。在时间约束条件下，这种选择只能是一种满意决策，而不是穷尽各种可能性的最优决策，它能解决棋局发展一定程度的不确定性，是确定性与不确定性的辩证统一。从战略本身而言，其策略选择同样是在时间约束条件下，解决一定不确定性的满意决策。正如欧洲商学院教程《战略思维与决策》中所述，战略形成的两大支柱是知识和不确定性，一方面，战略包括现状分析，主要是对现实的观察和评估，是具有确定性的；另一方面，为实现战略目的而制订的计划，这部分的内容是假设性的，因为我们拥有的时间和知识有限，对未来不能百分之百的确定。因此，只有实施战略才能肯定或否定假设，战略的本质就是在识别核心挑战，将不确定性不断转化为确定性。[①]

三 目标特征——比较效益

围棋不是以杀死对方的帝王、将帅为胜，不是以消灭对方的子力为胜，不是以攻入或占领对方的某一特定区域为胜，而是以获取全局性的最大利益（实地）为胜。对弈双方投入的子力一样多，到最后看谁占有的地更多，也就是看哪一方行棋的平均效率和总效率更高。落子的选择，是一个比较子力与其他棋子、其他局部的关联度的过程，以对全局的贡献率最高者为最佳选择。这是围棋不同于其他棋类的根本特征，也是围棋博弈具有战略属性的重要渊源。

---

① ［英］索拉（D. Sola）等：《战略思维与决策》，中国人民大学出版社 2016 年版，第 6 页至第 7 页。

四 层次特征——抽象形态

围棋于简单形制之中，包含了最大的复杂与高深。人们发明围棋最初的动机是把它作为一种智力角逐的游戏，所以围棋从一开始就具有极大的抽象性。在思维层次上，围棋博弈以形象思维为基础，以经验思维、逻辑思维、公理思维、数算思维为第二层次，并进而达到辩证思维的境界。经验思维以过去的经验为基础，逻辑、公理和数算思维以一般规律为依据，这几类思维方法都是一般认识的基础。而辩证思维则是更高层次的思维，能透过现象抓住特定事物的本质，以创造性的思路和方法解决问题。这种思维的层次递进和运用特点，与军事战略思维相一致。这不仅使棋手运子有了极大的空间与自由度，而且由此使围棋成为人们演绎、参悟，以及认识宇宙、自然、社会和人生之道的生动载体与工具。可以说，在思想领域，抽象程度最高的是哲学；在社会领域，抽象程度最高的是战略；在智力博弈领域，抽象程度最高的是围棋。抽象，就意味着普遍性、概括性和覆盖性。这也是围棋与哲学、战略高度相通、相似，围棋思维可以运用于各个领域的根本原因。

五 进程特征——作战全程

围棋从空枰开局到终局，贯穿了完整的战略进程。其他棋类多为列阵开局，即对弈双方参战子力事先排列成阵，省略谋划布局（子力布设）阶段，开局即博杀，进行既定力量的对垒和较量。围棋则是空枰开局，从投下第一个棋子开始，就要进行全局谋划和战略设计，逐步进行力量的投放、布设和运用，体现战争从谋局、布局、战局到终局的纵向全过程和战略的全要素。序盘主要是谋势、布势和张势，体现的是战略侦察、战略判断、战略抉择、战略预置和战略实施；中盘主要是直接接触作战，体现的是战略进攻、战略防御、战略协调、战略转换的艺术；收官主要是终局作战，体现的是战略盘点和战略收术。收官看似与战略无关，实际上更需要根据全局形势的优劣来确定手法，有时为了半目的差别大动干戈，甚至翻盘，这完全是战略特性使然。

六 行动特征——发散组合

围棋行棋以相互间隔和独立的布子来显现，但其子力布放具有多义性，意图表达具有组合性，从而为战略的考量和构思奠定了基础、提供了手段。这与战略筹划中的排兵布阵和谋略运用道理相同。一种意图，可能通过多种手段实现；一种手段，可能导致多种结果。这种发散组合，一方面要求人的思维向四方扩散，无拘无束，海阔天空，甚至异想天开，通过灵活多样的思维，提供新的结构、新的思路、新的点子、新的创造；另一方面要求对整体力量进行组合和融合，使分布的个体与整体态势相协调一致，实现整体的综合效益大于分布个体效益的简单相加，形成体系功能的整体涌现和释放。

第四节　战略智慧是围棋的核心价值

围棋作为一种竞技、游戏和艺术，之所以逾数千年而不衰，是与其蕴含的丰富价值功能相关的。与其他功能相比，如娱乐、教育、交际、修身养性等诸种价值比，围棋的核心价值是战略智慧，这也是围棋区别于其他棋类和游艺活动的突出价值所在。

一　古人最早的说法

从围棋早期的文字记载中，围棋被认为不过是一种智力游戏，把围棋看作"小数""小道"，最典型的是儒家经典人物的看法。比如，孔子在《论语·阳货》中说"饱食终日，无所用心，难矣哉。不有博弈者乎？为之犹贤乎已"[①]，意思是，一些人饱食终日，无所用心，太难造就。不是有六博和围棋这些游戏吗？从事它还算符合贤的标准。从这段话看，孔子对围棋持基本肯定的态度，因为他明确提出了"为之犹贤乎已"的结论。当然，孔子的这种肯定态度是有保留的。一个"犹"字，如实地反映了这种肯定的不彻底程度。因为围棋毕竟还是一种智力博弈游戏，只能在一定程度上达到和实现贤的标准。

孟子则直接视围棋为"小数"。《孟子·告子上》有一段关于围棋的著名记叙："今夫弈之为数，小数也，不专心致

---
① 《论语》，中华书局2006年版，第275页。

志，则不得也。弈秋，通国之善弈者也。使弈秋诲二人弈，其一人专心致志，惟弈秋之为听。一人虽听之，一心以为有鸿鹄将至，思援弓缴而射之。虽与之学，弗若之矣。为是其智弗若欤，曰非然也。"①这段话生动地记载了当时国手弈秋教二人下棋的故事，核心意思讲围棋是"小数"，但即使学习这样的"小数"也需要专心致志，更何况学习大本领呢？一个是"圣人"，一个是"亚圣"，对围棋都给予了一定程度肯定，奠定了儒家对围棋包容态度的思想基础。随着历史的发展，人们在反复实践和比较中逐渐认识和肯定了围棋作为一种高尚宜静的智力博弈活动的功能和价值。距今2300多年前的战国时期，出现了最早的关于围棋战略思想的论述。道家著作《尹文子》："以智力求者，譬如弈棋，进退取与，攻劫放舍，在我者也。"②已经把围棋战略智慧的价值摆在了重要位置。

二 古人成熟的结论

西汉围棋大国手杜陵，人称杜夫子，明确提出精通围棋的道理可以大大有益于治国安邦的圣人学说。此论见《西京杂记》卷二，"夫子曰：精其理者，足以大裨圣教。"③东汉班固所著《弈旨》中最早提出围棋与帝王之术的联系：围棋"上有天地之象，次有帝王之治，中有五霸之权，下有战国之事，览其得失，古今略备"，"四象既陈，行之在人，盖王政

---

① 《孟子》，中华书局2006年版，第251页。
② 《太平御览》第七卷，河北教育出版社1994年版，第72页。
③ 《西京杂记全译》，贵州人民出版社1993年版，第73页。

也"。① 元代著名的《玄玄棋经》序作者邵庵老人云，围棋"有经营措置之方，攻守审决之道，犹国家政令出入之机，军师行伍之法，举而习之，亦居安虑危之戒也"，并用"周天画地，制胜保德"来作比喻。② 明代董中行在《仙机武库》序中，深刻论述了当局决策者学习围棋以求"智远"的道理。他针对有人提出"善博弈者，智不远"的观点，指出："智不远者，正不可不善弈。古今当局家，按彼己情形，识取舍大势，着着居先，无贻后悔，不屑于趋罝作活者，能有几人。"③ 振聋发聩，引人深思。这些论述，将围棋的战略功能讲得很深刻，代表了当时士人阶层的共识。古人已认识到，围棋的战略智慧超越了围棋本身，对国家战略层面具有学习借鉴意义，这种作用是一些其他体育竞技和游艺活动所不能达到的。

三 近代欧洲人的定义

对围棋的战略特质，从古代到近代，最早接触并向西方介绍围棋的欧洲人都看得很清楚。这里最具代表性的有三个人。

意大利传教士利玛窦，历史上开通中西文化和科技交流的第一人。他从1552年至1610年（明万历年间）在华居留，根据他的日记整理汇编的《基督教远征中国史》（中译名《利玛窦中国札记》），留下了有关围棋的记述，这在欧洲历史上是第一次。其中写道："中国有好几种这类的游戏，但他们最认真从事的是一种在三百多个格的空棋盘上用两百枚黑白棋子下

---

① 《全后汉文》上册，商务印书馆1999年版，第258页。
② 王汝南：《〈玄玄棋经〉新解》，人民体育出版社1988年版，第1页。
③ 《续修四库全书》第1098册，上海古籍出版社2002年版，第139页至第140页。

第二章 战略的游戏：围棋的战略特质与属性

的棋。玩这种棋的目的是要控制多数的空格。每一方都争取把对方的棋子赶到棋盘的中间，这样可以把空格占过来，占据空格多的人就赢了这局棋。"① 虽有不准确之处，但对围棋博弈的目的和本质（地多为胜）还是看得比较准的。

英国著名汉学家翟理斯，最早向西方介绍中国围棋的西方学者。他于清同治、光绪年间在中国从事学术活动，居留多年，十分热爱围棋。他在1877年撰写了13页长文《围棋，中国的战争游戏》，第一次向西方人专门介绍中国围棋的本质、特征和规则，其中对围棋战略内涵与意义作了简明阐述。

德国人奥斯卡·科歇尔特，欧洲围棋的播种者。他于1875年至1884年在日本讲学和担任公职，得到方圆社社长村濑秀甫的亲自传授，由他的连载文章汇集而成，于1881年出版的单行本《日本人和中国人的游戏：围棋，国际象棋的竞争对手》，是历史上第一本用西方语言（德文）写成的围棋书籍。其中第一章通过对围棋与国际象棋的异同进行比较分析，深刻揭示了围棋的战略特质。书中指出："国际象棋和围棋都是对抗性的战争游戏，两者都是主要由战术和战略的技能来控制局势的。不过，典型的国际象棋对抗形式如同古代战争，国王是争斗的中心，一旦国王被擒，这一方就输了。在这种骑士性的抗争中，胜利或失败大都取决于单个或群体贵族的优秀素质，而不是作为整体战略的一部分的大规模群众运动。""不同于国际象棋单一争斗的形象，围棋更像整个战役或复杂战争的全景。所以，围棋更像现代化战争，战略性的大规模运动是胜利的根本决定因素。战斗经常同时或连续地在棋盘的不同部位展

---

① ［意］利玛窦（M. Ricci）等：《利玛窦中国札记》上册，中华书局1982年版，第86页。

开，堡垒或根据地被包围和攻克，除非及时补强做活，整个军队就会在防线上受到攻击和被歼。如同现代战争，没有战术准备的直接战斗是很少发生的。事实上，过早地直接交战常常会导致失败。全局战略甚至只有全局战略才能确保胜利。"① 这些重要结论，首次从战略观的角度分析认识围棋，在之后很长时间内，成为经典性论述。直到今天，对我们认识、把握围棋的战略特质，仍有启发和借鉴作用。

第五节　"战略游戏"与"策略游戏"

在人们喜爱的各类棋牌类智力游戏中，围棋博弈的战略思维特征是最为突出、最具代表性的，当之无愧地被冠以"战略游戏"的桂冠。其他的如国际象棋、象棋和桥牌等游戏，其博弈思维的战略性远逊于围棋，更多的则是策略性思维的较量。围棋在体现战争的本质、目的和进程上，比其他棋类和智力游戏达到了更高境界。

一　围棋与象棋的比较

中国象棋和国际象棋同出一源，形制、着法和胜负规则类似，棋盘的幅度较围棋小很多，开局时双方棋子即设均等，每个棋子都有特定的身份和功能，以棋子的移动来行棋，以先攻杀对方的帝王、将帅为胜。中国象棋和国际象棋的焦点是"将（帅）"和"王"，所有的行动都围绕如何吃掉对方的主帅这

---

① 多九公：《欧洲围棋史谈：欧洲围棋的播种者——奥斯卡·科歇尔特》，飞扬围棋网。

一目标。为了达到这一目标，国际象棋选手总会试图消灭对方的"后""车""马"等有分量的棋子。而这些，也就是克劳塞维茨所说的"战略重点"或者若米尼所说的"决定性的转折点"。在围棋中，思考的焦点是掌握主动权、谋取最大利益，对弈双方要始终把握全局，以最终占地多者为胜。

从初局看，围棋从空盘落子，有无比丰富的想象空间，每下一子就要思考与全局的关联、对全局的影响，一个局部的下法也有多种多样的选择，因此新的布局样式层出不穷；象棋的开局则不然，双方阵势凛然，起手常为炮、马、卒、象四子一种，可选择的空间、着法有限，更多的是着眼扬长避短的策略选择，方法经总结完善相对固化，许多象棋高手对几种布局有较深的研究就大致可以应付比赛。

从进程看，围棋的棋子越下越多、变化纷繁复杂，特别是中盘时各个局部缠绕影响，一个着法的策略选择中蕴含着多重的战略考量；象棋三十二子越下越少，棋盘越来越开阔，一步棋的策略选择越来越多，全局的关联性越来越向剩余的子力聚焦。围棋广阔的空间和漫长的进程常常给予棋手纠正错误、甚至逆转的机会，特别是高手对局中运用大规模的弃子转换赢得全局优势的情况屡见不鲜；象棋对垒中，一方不慎出现一两个缓手、恶手，可能就难以挽回劣势，弃子的运用也常出现，往往是为摆脱困境，或是为博取攻杀对方的大子甚或将帅，一次顶多弃一两个棋子，大规模的弃子极为罕见。

从算法看，围棋计算不仅是着法策略的繁复的选择性筹划，而且是包含着对形势判断目数和关系死活时"气"数的精确性筹算，是带有数字意义上的计算，这一点是围棋区别于其他棋类的突出特点。围棋高手的形势判断贯穿全局始终，棋局越发展对目数的判断越精细越精确。比如，韩国棋手李昌镐从序盘开始每下一步棋都要进行形势判断，计算这一着关联的目数——也就是价值，从中选优，这也就是他为什么常常在看似没有多少棋的地方异乎常人长考的原因，也是他行棋稳健、一旦建立优势即能长久保持难以撼动的思想方法所在。中国象棋和国际象棋对弈中的计算，是对局势演变的推理、得失优劣的判断和行棋步法的选择，最终目的是将死对方的主帅，其计算并非真正数字意义上的计算。围棋计算的复杂性，不仅体现在精度也体现在深度上，李昌镐九段等世界一流高手可以计算到50甚至100多手之后的变化，聂卫平九段曾在一次比赛的复盘过程中接连摆出了几个大型参考图，每个参考图都有四五十步之多，让人叹为观止。中国象棋和国际象棋中的"车"和"后"威力最为强大，它们的位置、效率、存亡、交换的价值经常很快会决定全盘的局面，全盘的着数一般在20多步至60步之间，高于百步者很少，许多局面已经基本定形并形成较完整的体系，这些体系占总手数的比例远高于围棋。相比之下，在一局棋中围棋的手数极少有低于100手的，一般为200多手，有时因打劫甚至超过361手，即超过棋盘的361交叉点。

从终局看，围棋的收官阶段仍然十分复杂，要求有对局部手筋运用的敏锐、每个官子价值的判断和秩序的选择，等等，善于收官的棋手往往能化劣为优、反败为胜。对于一般爱好者来说，围棋最后胜负的精确判断往往十分困难。而高手对弈时，棋盘上还有许多棋未下，就可能已计算出最终精确到半目的胜负。快速点目能力在快棋赛中或读秒时有重要作用。当比赛呈现细棋局面时，有时一流棋手在短时间内也不能作出胜负的准确判断，只有经过终局点目后才能作出结论，在国际比赛中甚至还发生过由于裁判点目错误而导致胜负颠倒的事件。相比之下，中国象棋和国际象棋胜负再简单不过了，只要将死对方就算取得胜利，对这种一目了然的结局的判断不需要费多少时间，更不可能发生胜负颠倒的事件。当然，象棋一旦进入残局阶段，越下子路越宽，子力的运用和棋势的发挥更加微妙、更富魅力，但毕竟棋路有限，加之前人经验的总结，许多类型的残局最终是胜、是负、是和已有定论，可大大减少棋手的思考量。

美国前国务卿基辛格在其著作《论中国》[①]中讲到，东西方两种文明中流行的棋类反映了人们思维方式的对比。①国际象棋是决战决胜，围棋则是持久战。国际象棋棋手的目标是大获全胜，围棋棋手的目标是积小胜。②下国际象棋，棋盘上双方的实力一目了然，所有棋子均已摆在棋盘上。围棋棋手不仅要算计棋盘上的子，还要考虑到对手的后势。③下国际象棋能让人掌握克劳塞维茨的"重心"和"关键点"等概念，因为开局后双方即在中盘展开争夺，而下围棋学到的是"战略包围"的艺术。④国际象棋高手寻求通过一系列的正面交锋吃掉对手的棋子，而围棋高手在棋盘上占"空"，逐渐消磨对手棋子的战略潜力。⑤下国际象棋练就目标专一，下围棋则培养战略灵活性。这些比较异同，反映了另一种观察视角。

而兼通围棋的国际象棋一代棋王伊曼纽尔·拉斯克（曾于1894—1921年间连续6次获得国际象棋世界冠军）则对围棋有

---

① ［美］基辛格（H. Kissinger）：《论中国》，中信出版社2010年版。第19页至第20页。

一段很有意思的评论,他说:"国际象棋是一种仅仅局限于这个世界的游戏,而围棋则有些不像是从地球上诞生的。如果哪一天我们发现有一种天外文明和我们玩同一种游戏,那一定是围棋,绝不会有任何疑问。"[①]

二 围棋与桥牌的比较

围棋是中国的创造,代表着东方人的思维特点。桥牌是西方的发明,是扑克牌各种玩法中最具智慧魅力的一种,代表着西方人的思维特征。桥牌用扑克牌中去掉大小王的52张牌,四人比赛,两两结对,打牌过程包括叫牌、打牌和计分三个阶段,后一阶段必须考虑前一阶段的过程,最终计算胜负。

在对局方式上,围棋的对弈者为二人,各自为战,分庭抗礼,你来我往地拼死博杀。对弈者本人就是战争的主宰者、事件的制造者。自始至终,他决定着棋局上的任何一点变化,从排兵布阵到打援突围、运筹帷幄、短兵相接,无一不是凭由自己指挥,不用一言一词,不用与别人商量,完全凭借个人的智慧手谈。桥牌则与此不同。桥手的叫牌和打牌必须考虑同伴,综合考虑、分析同伴以及敌方的叫牌和出牌表露出的信息,确定自己的打牌思路,制定作战方案。同伴的叫牌先高后低与先低后高、出牌先大后小与先小后大等等,所表达的意义是迥然不同的。没有与同伴的默契合作,取得胜利几乎是不可能的。

在复杂程度上,围棋的行棋可能性无出其右。据数学和计算机专家测算,围棋每盘棋的行棋总变化量,不包含重复提

---

① 多九公:《超越文明的游戏》,载《围棋天地》2002年第7期第42页。

子，约为 10 的 768 次方；包含重复提子，即打劫、收气、倒扑、破眼 4 种情况，每盘棋约在 30 次以内，行棋总变化量约为 10 的 808 次方。表面看来，桥牌简单得多，一共只有 52 张牌，一名牌手持 13 张。如果只考虑一个玩家，变化只有 10 的 11 次方；即使把四个人都考虑在内，也不过是 10 的 28 次方。但是一个玩家在桥牌桌上对抗的不是牌张的分布，而是另外三个玩家的策略选择，如叫牌的方法就很复杂，包括是否加倍、是否反加倍等等。因此，桥牌的复杂程度也是令人瞠目的天文数字，但变化量较之围棋仍然小很多。

在博弈信息上，围棋对局落子是完全公开的，一方的任何行动完全暴露在对方的视野中，双方的决策信息都是完全的、公开透明的。此时，决定胜负的关键因素在于计算能力，"多算者胜"就是这个意思。桥牌则是半开放、半封闭的游戏，每个玩家都只能部分地了解对方的状况，信息是不完全的。在这种情形下，计算固然重要，而谋略就成为致胜的重要因素。如何洞察对手的计谋，如何误导对手，如何设计和走出陷阱，这是一种思维活力的对抗。实际上，桥牌的各种打法在几十年以前就已经成型，几乎不再有更新的余地，但是桥牌大师们依然可以在运用打法方面推陈出新，创新领域就在于所谓的"诈打"，以谋取胜。

有人曾经说过："如果把一个围棋爱好者抛到荒岛上，留下充足的食物和一流大师的棋谱，十年以后把他接回去，他会成为令人恐惧的围棋大师；如果把一个桥牌爱好者抛到荒岛上，留下一流大师的牌谱，十年以后把他接回去，他还是一个业余牌手。"差别在于，围棋具有独立思考、各自为战的思维特点，而桥牌是一种合作与沟通的艺术。围棋界的绝世高手可以凭借一张棋谱名垂青史；一个桥牌大师最好的成就则是设计一个精密的对话框架、一种巧妙的交流语言。所以有人说，最伟大的桥牌大师就是最高超的沟通大师。

　　还有一项带有浓厚西方特色的运动是"美式橄榄球"。激烈的冲撞是这项运动的标志。美国前国家安全顾问赖斯曾说，美国的竞争心理与美式橄榄球密不可分。他也曾不止一次说过，如果不当国家安全顾问这个差事，就到橄榄球联盟去当裁判。在伊拉克战争中，美军指挥官把对巴格达市中心的突击称为"红区行动"。用大卫·米基南中将的话说："'红区'这个词，就意味着进入了20码线后，带球会很困难，而这就需要你发动连续而猛烈的进攻。"相比之下，围棋中单纯的进攻将很容易暴露自身的弱点。美式橄榄球另一个特点就是"进攻"与"防守"的鲜明区别，在不同状态时，所使用的队形和方法完全不同。而在围棋中，进攻和防守是一个整体，而且可以随时转换，甚至必要时还可通过弃子的方法获得优势，以换取最终的胜利。

第三章 战略的起源：
围棋战略思想的来源

　　根据历史唯物主义的观点，"社会生产活动决定并制约着整个社会生活、政治生活和精神生活的过程。"[①] "在每一个幼年民族都可以看到一种强烈的倾向，愿意用可见的可感觉的形象……来表现他们认识的范围。"[②]

　　围棋作为一项精神范围内的艺术，不可能有其超越社会规律的独立性，故而应该是社会生活的反映和产物。围棋起源于中国上古时期基本上已没有歧义。在中国古代，围棋主要不是比试棋艺高低和赌胜负的工具，更多的是通过下棋来锻炼性格，培养志趣，丰富修养。围棋战略思想的发展与政略和战略的关系更为密切，政治策略和军事战略的需求，对围棋战略思想的发展有着重要影响。

---

① 《马克思恩格斯选集》第二卷，人民出版社1995年版，第32页。
② 转引自刘九洲：《艺术意境概论》，华中师范大学出版社1987年版。

第一节　中国古代战略文化的产物

中华民族历来以战略思维活跃、丰富、成熟著称。博大精深的中华文明中，蕴含着深厚的战略文化宝藏，这是围棋及其博弈思想孕育、发展的母体。研究、认识围棋战略思想与中国古代战略文化的内在联系，主要可从四个角度来看。

一　兵学思想的角度

围棋与军事的联系最为紧密。围棋发源于上古，兴起于春秋、战国，当时以杀伐征战为典型时代特征的社会现实，对思想文化产生重大影响，围棋因此蒙上浓厚的军事色彩。围棋的战略战术与古代的作战方略相似，有人甚至认为围棋艺术本身就是一门军事艺术。隋朝对书籍分类，还把围棋典籍划为兵书类，与《孙子兵法》《吴起兵法》等同列一类；直到唐、五代以后，才归为艺术类。在研究围棋战略思想与古代军事思想的关联上，有三个"之最"值得关注。

首先，最早提出围棋法于用兵的是东汉马融。马融是班固的学生，东汉重要的思想家、文学家。他创作的《围棋赋》，第一次从军事的角度系统论述了围棋的含义与宗旨，对棋艺的总结、理解比班固更深刻。他说："略观围棋，法于用兵。三尺之枰，为战斗场。"这里使用的"用兵"，已经具有战略的意味。他还提出了一系列重要的围棋战略原则，如布局要"扶疏布散，左右流溢"，就是要在广阔的空间布势、张势，而且要左右关联、连续发展；进攻要"攻宽击虚，跄踔内房"，就是要运用势的力量对敌方进行宽大攻击，威胁打击其孤立、薄弱、要害之处；转换要"捐棋委食，遗三将七"，就是要以利诱敌，舍小取大。他还引用军事上的教训，提出了许多围棋的战略警示，如"守规不固兮，为所唐突。深入贪地兮，杀亡士卒。狂攘相救兮，先后并没。上下离庶兮，四面隔闭"。[①] 意思是说，自己的阵营不巩固，容易被敌方攻击；因为贪心冒险打入，会送死子力；不冷静地救援被围之子，前后都会被吃；上下不连络呼应，会被四面隔断。这些思想，充满了战略智慧，是宝贵的精神财富。

其次，最明确地提出围棋战法内涵是由古代战略家阐述和赋予的，是元代《玄玄棋经》中托名皮日休所作的《原弈》。这篇《原弈》与唐末皮日休所作《十原》[②]中的《原弈》不是同一篇文章，其真伪以及对围棋起源时间的判断是否妥当暂且不论，但第一次明确提出围棋中的军事特征和战略战术思想是由古代战略家所赋予的，正是此文。文章说："若孙武、鬼谷、孙膑、庞涓、苏秦、张仪辈，各因战斗之法显名当时，是其模范想象而托兴于棋，以敷其意。故兵法十三篇，棋经亦十三篇，其战斗场阵之首，不少差殊。况棋之布置，如兵之先阵而待敌也；棋之侵凌，如兵之强弱未分，形势鼎峙也；棋之用战，如兵之封疆端重，而全形势也；棋之取舍，如兵之转战之后，取舍不明，患将及也。夫权舆、合战、虚实、自知、审局、度情，或奇或正，皆体其常而生其变也。至若有无相生、远近相成、强弱相形、利害

[①] 《全后汉文》上册，商务印书馆1999年版，第170页。
[②] 《皮子文薮》，上海古籍出版社1981年版，第25页。

相倾，非精于战斗者，又岂能纤悉以备其情哉。以是而观，此诚战国之诸君子取仙家消磨岁月之物，而与夫战阵之意也。"① 这段话讲得相当清楚、透彻，主要涉及的其实并不是围棋的起源，而是围棋思想内涵的来源。其中所说孙武等 6 人，都是春秋、战国时的大军事家、战略家。把他们的思想理论和实践，与围棋博弈的思想、战法相互联系和比较，得出是由他们所赋予的结论，给人以深刻的启发。

最后，最深刻地影响围棋战略思想的中国古代兵法著作是《孙子兵法》。《孙子兵法》由生活在春秋末期（公元前 6 世纪末至前 5 世纪初）的孙武所著，是中国古代军事理论的奠基之作，也是世界公认的军事理论著作的鼻祖。孙武被誉为"兵圣"，《孙子兵法》被推为"兵经"，而围棋被认为是最古老的"兵棋"，三者存在着深刻的内在关联。《孙子兵法》中几乎所有的重要观点和军事原则都可以用于围棋，其中深刻影响围棋战略思维的主要有：①强调周密筹划和预先计算（"夫未战而庙算胜者，得算多也；夫未战而庙算不胜者，得算少也。多算胜，少算不胜，而况于无算乎"）。②强调不战而屈人之兵（"是故百战百胜，非善之善者也；不战而屈人之兵，善之善者也。故善用兵者，屈人之兵而非战也，拔人之城而非攻也，必以全争与天下，故兵不顿而利可全，此谋攻之法也"）。③强调用兵的上策是挫败敌人的计谋（"上兵伐谋，其次伐交，其次伐兵，其下攻城。攻城之法为不得已"）。④强调先使自己立于不败之地而又不放过击败敌人的机会（"故善战者，立于不败之地，而不失敌之败也。是故胜兵先胜而后

---

① 王汝南：《〈玄玄棋经〉新解》，人民体育出版社 1988 年版，第 30 页至第 31 页。

求战，败兵先战而后求胜"）。⑤强调奇正相生，出奇制胜（"凡战者，以正合，以奇胜。故善出奇者，无穷如天地，不竭如江河"）。⑥强调势的力量和谋势、造势、用势的重要（"势者，因利而制权也。故善战者求之于势，不责于人。激水之疾，至于漂石者，势也。如转圆石于千仞之山者，势也"）。⑦强调避实击虚，根据敌情的变化而夺取胜利（"兵之形，避实而击虚。故兵无常势，水无常形；能因敌变化而取胜者，谓之神"）。⑧强调用谋略制敌，攻其无备，出其不意（"兵者，诡道也。故能而示之不能，用而示之不用，近而示之远，远而示之近。利而诱之，乱而取之，实而备之，强而避之，怒而挠之，卑而骄之，佚而劳之，亲而离之。攻其无备，出其不意"）。《孙子兵法》揭示的军事规律和战略原则，在围棋发展的进程中，产生了巨大而深远的影响。中国古代兵书是一个庞大的群体。据《中国兵书知见录》统计，存世兵书和存目兵书共三千余部、两万多卷，数量之大举世无双。这些兵书所包含的战略思想，也对围棋战略思维的形成产生了重大作用。如《孙膑兵法》也称《齐孙子》中讲："兵之胜，其巧在于势。"《吕氏春秋》因此说："孙膑贵势。"《握奇经》最早提出"奇正"之说。《三十六计》专讲"诡道"，说"数中有术，术中有数"。古今围棋典籍研究棋理，没有不涉及兵法的，这是重要原因。

二 易经思想的角度

围棋战略思想是东方哲学思辨的结晶。战略思维，从本质上说，是哲学思维在战略领域的运用和展开，是在辩证思维指导下的一种总揽全局、关照全局的宏观性思维方式。中国古代兵家思想深受《易经》和其他学说中哲学思想的影响，这一点连国外研究者都已经注意到。美军的一份研究报告指出，孙子的辩证观点与"阴阳"哲学及道家思想完全一致。特别是孙子与道家学说的代表人物老子，都将军事、战争与外交方式的特征，与"流水"相比较。"水"可能是万物辩证本质的最佳范例。水无常形。没有任何物质比水更柔弱，然而也没有任何物质比水更具穿透力，更能击破刚强之物。中国兵家思想与古代哲学思想的内在关联，在围棋博弈思想上得到了集中体现。围棋具有战略博弈和哲学思辨的双重特征。

围棋的起源，本身与《易经》中所包含的哲学思想有密切联系。《易经》是中华群经之首，是中国古代哲学和战略文化的重要源头，在几千年中主导和影响着中华文明的延续和发展。围棋博弈思想中的哲学原素，很多源自《易经》。主要包括：①阴阳本原的思想。《易经》以阴阳概括宇宙间两种最基本的相互对立、相互依存和相互作用的要素，认为阴阳对立面的交替运动，是发生和决定一切的规律，即天道。围棋以黑白二色代表天地间矛盾双方的对立统一，按照阴阳变化的规律运动，这是一切博弈思想和现象的根源。清初围棋国手黄龙士所编《弈括》的原序说："棋本太极，法象乎天地，统归于河图，有阴阳至德之臻，无微而不在是也。"[①] ②图形定式的思想。易有八卦，八卦交替组合成六十四卦，其中每一卦都是一个斗争变化的时空构架，实质上是一种图形定式，以此表示

[①] 《弈括》，清光绪十四年歙县鲍氏刻本。

和推测自然、社会的变化。卦是画出来的，而围棋的棋格称"罫"，意思是格中摆卦，以黑白棋子构成犬牙交错的对阵图形。围棋以图形结构和定式形态，在点线构成的时空中展现矛盾双方的斗争进程，与《易经》有着本质上的相似性。③天人合一的思想。《易经》讲人与宇宙一体，把人的主观思维与自然界的客观现象相关联，体现的是一种统一、整体、和谐的思维方式，围棋则强调全局性、整体性和均衡性，追求中和的境界。④无所不变的思想。易的本意之一为变易，《易经》亦称《变经》。围棋更是变化多端，以变化、变数为重要的本质特征。清代翁嵩年说："弈之为言，易也"，"自一变以至千万变，有其不变，以通于无所不变，变之尽而臻于神，神之至而成于化也。"① 围棋行棋，一切皆在变，敌变我变，此变彼变，能知变通变，因变致胜，方能出神入化。徐星友概括的"弈为易"，说到了根本上。⑤矛盾转化的思想。《易经》重相辅相成，认为事物发展到极端，便会走向其反面，如否极泰来。围棋同样充满着辩证转化的关系。《棋经十三篇》的最后一段话说："夫棋，有无之相生，远近之相成，强弱之相形，利害之相倾，不可不察也。是以安而不泰，存而不骄，安而泰则危，存而骄则亡。《易》曰：'君子安而不忘危，存而不忘亡。'"② 以《易经》之语作为全书的终结，含意深远。

---

① 《围棋古谱大全》，上海古籍出版社1994年版，第505页。
② 《忘忧清乐集》，蜀蓉棋艺出版社1987年版，第8页。

三 道家思想的角度

道家思想的经典著作《老子》（亦称《道德经》），是古代东方哲学思辨的重要代表作。美国人编的《世界伟大文化汇集》，把它列为30本人类思想里程碑著作之一；《纽约时报》把它列为世界古今十大名著之首。《老子》中包含的朴素辩证法思想，是古代围棋博弈思想的重要哲学来源之一。主要有：①无为而治的思想（"为无为，则无不治。以无事取天下"）；②适可而止的思想（"持而盈之，不如其已。揣而锐之，不可常得。金玉满堂，莫之能弃。富贵而骄，自遗其咎。功成而退，天之道"）；③不争而胜的思想（"夫唯不争，故天下莫能与之争"）；④以曲求全的思想（"曲则全，枉则直，洼则盈，敝则新，少则得，多则惑"）；⑤示假隐真的思想（"将欲翕合，必固张之；将欲弱之，必固强之；将欲废之，必固兴之；将欲夺之，必固与之"）；⑥弱能胜强的思想（"柔弱胜刚强。天下莫柔弱于水，而攻坚强者莫之能胜。弱之胜强，柔之胜刚，天下莫不知，莫能行"）；⑦大象无形的思想（"大方无隅，大器晚成，大音希声，大象无形。大成若缺，大盈若冲，大巧若拙，大辩若讷"）；⑧以柔克刚的思想（"天下之至柔驰骋天下之至坚"）；⑨后发制人的思想（"不敢为天下先，故能成器长。吾不敢为主而为客"）；⑩哀兵必胜的思想（"抗兵相加，哀者胜矣"）；⑪慎终如始的思想（"慎终如始，则无败"）；⑫以静致胜的思想（"归根曰静。牝常以静胜牡，以静为下"）；⑬自胜者强的思想（"知人者智，自知者明。胜人者有力，自胜者强"）等等。这些思想，对古代围棋思想产生了极为广泛深刻的影响，在弈论中几乎无处不见。比如，清代名谱《弈墨》后序说："用弈之道，柔以制刚，弱以制强。""是故弈无战，亦无战胜，夫唯无胜，是以无不胜。"[①] 完全是《老子》的思想和语言。清代大国手施襄夏诗中也有脱胎于《老子》的"静能制动劳输逸，实本攻虚柔克刚"，"不向静中参妙理，纵然颖悟也虚浮"等名句[②]。

四 儒家思想的角度

儒家学说中关于"礼""中庸""民本"以及"和为贵"的思想，对围棋博弈思维也产生了深远影响。从汉武帝时期"废黜百家，独尊儒术"开始，儒家学说逐步成为在中国封建社会占统治地位的指导思想。儒家学说的核心是"仁"与"礼"，而围棋则是体现攻杀争夺的智力博弈工具。如何使围棋的性质和博弈思想，与占统治地位的儒家思想相符合，出现了两种不同的态度和认识。一种是"一致说"，就是认为围棋与圣人之教是一致的。提出围棋是尧、舜所造，教子丹朱、商均以使不愚；依据孔子关于弈棋"犹贤乎"、孟子关于"弈之为数，小数也"等带有肯定意味的论述，阐发其意义；系统研究和揭示围棋理论与圣人之说的内在联系。比如，宋太宗赵光义时，在宫中任职的潘慎修曾就儒家所倡导的"仁义礼智信"与围棋的关系，作了深刻阐述，并专门上疏宋太宗，得到充分肯定。《宋史·

[①] 《弈墨》，上海文化出版社1996年版，第3页。
[②] 《弈理指归续编》题辞九首。

列传第五十五·潘慎修》记载:"慎修善弈棋,太宗屡召对弈,因作《棋说》以献。大抵谓:'棋之道在乎恬默,而取舍为急。仁则能全,义则能守,礼则能变,智则能兼,信则能克。君子知斯五者,庶可以言棋。'因举十要以明其义,太宗览而称善。"[①]这是中国围棋史上有重要意义的经典性事件。潘慎修以儒家观点系统论述博弈之道,既是从思想上给围棋以正统地位,也是用儒家理念来说明棋理,在围棋思想研究上是有独到之处的。另一种是"异质说",就是认为围棋博弈中争斗谋利的思想,与儒家道统、圣人之说不符。比如,唐末皮日休所作《原弈》中说:"不害则败,不诈则亡,不争则失,不伪则乱,是弈之必然也。"[②]用害、诈、争、伪四个字概括棋战的基本特征,本来是很有棋艺眼光和辩证思想的,但他又把对这些棋道内容的评论升格为道德审判,认为不符合圣人学说,并因而断言围棋不是圣人所制,这就显得迂腐,不仅逻辑荒唐,而且结论有害。从总体看,儒家思想对围棋是包容的,否则不会有数千年弈道的繁荣;儒家思想中精华的东西,对当时条件下围棋博弈思想的发展,是有启发作用的;而把儒家的思想道德理念照搬到围棋博弈上来,则不符合棋道规律。古代喜好围棋的人,主要集中在上层社会和知识阶层,这些人深受儒家思想影响,这种影响也反映在博弈活动和棋理研究的价值取向上,一般比较尊崇仁爱、礼让、敦睦、中庸等"圣人之教"。但从现存古代棋谱看,没有不体现甚至充满博杀、争斗、用谋等博弈基本特征的。这种看起来似乎是矛盾的现象,实质上恰恰反映了在儒家思想

---

① 《二十四史全译·宋史》第十一册,汉语大词典出版社2004年版,第6722页至第6723页。
② 《皮子文薮》,上海古籍出版社1981年版,第25页。

占统治地位的社会环境中，围棋博弈思想和艺术生存发展的特殊方式。

第二节　古代围棋实践的升华

围棋战略思想是千百年来围棋博弈经验的总结、升华，是一代又一代棋手的实践创造结晶。古代棋手的实践成果不仅通过棋局内外的师徒相授、口耳相传，更重要和更直接的表现形式是成文的棋谱和棋势，留存棋手对局、局部妙手和死活题解，经过棋手自己或有心人编纂后流传下来，为后来者提供了学习素材，推动围棋艺术发展。不同时代的围棋实践，都蕴含着具有相应时代特征的战略元素，体现出继承性和发展性的统一。

先秦时期，《孟子·离娄下》记载了弈秋授徒的故事："弈秋，通国之善弈者也。使弈秋诲二人弈。其一人专心致志，惟弈秋之为听。一人虽听之，一心以为有鸿鹄将至，思援弓而射之。虽与之俱学，弗若之矣。"[①] 这段话表明战国时已经出现了相当于国手地位的棋手，围棋在民间的普及已达到了一定的程度，围棋的私学教育也已产生，围棋的技艺、棋理，正是在这种广泛对弈、师传继学中不断被提炼、总结和积累。

围棋在两汉时期有许多创新发展。从形制上来说，从十五道逐步过渡，稳定于十七道，并向十九道发展；在棋子颜色及行棋顺序上，从多种色差固定为黑白色差并实行白先黑后；在行棋规则上，为限制先行优势，开始出现了座子制度；在博弈技术上，则开始出现了棋谱的概念，敦煌写本《棋经》作者称

---

① 《孟子》，中华书局2006年版，第251页。

围棋与战略

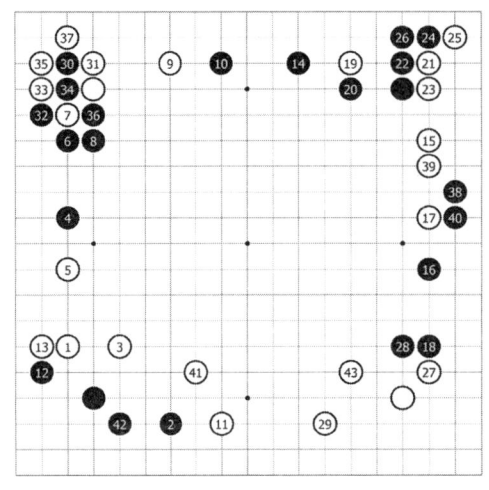

编有"汉图一十三势",可惜未见传世。宋代李逸民《忘忧清乐集》收录的"孙策诏吕范弈棋局面",是已知最早的古谱。东汉末年吴地棋风很盛,士大夫阶层中好棋者甚多。敦煌《棋经》中曾两次提到"吴图二十四盘",指的就是吴国流传下来的棋谱;在后代大诗人杜牧诗中,尚有"一灯明暗复吴图"[①]的优美诗句,可见吴国棋谱影响之深远。据《三国志·吕范传》记载:吕范攻打山越回来,准备向孙策汇报战绩。孙策并不让吕范站着干讲,两人是一边下围棋一边谈论战事的。"孙策诏吕范弈棋局面"(见图)采用的是古代通行的座子制,由白先行。在行棋上,体现了典型的近身博杀的古棋风格。两汉时期围棋的发展为此后围棋的蓬勃兴盛奠定了基础,在围棋战略思想上,对围棋博弈规律有了初步认识,赋予了围棋与宇宙运行、与军政用兵关联的多重涵义。

一 魏晋南北朝时期

魏晋南北朝时期,我国围棋发展进入了一个高峰时期。首先,棋品制的产生和国手的大量涌现,表明围棋已具备广泛的社会基础,并向专业化、竞技化方向发展。三国时期,仿照当

---

① 《渊鉴类函》卷三百二十九,文渊阁四库全书本,第24页。

时九品中正制的朝廷命官制度，已经出现了对棋手评级的棋品制。《说郛》上曾引魏国邯郸淳的《艺经》，上有："夫围棋之品有九：一曰入神，二曰坐照，三曰具体，四曰通幽，五曰用智，六曰小巧，七曰斗力，八曰若愚，九曰守拙。九品之外，今不复云。"明人许仲冶在《石室仙机》中作过这样的解释：一品入神，是指："变化不测，而能先知，精义入神，不战而屈人之棋，无与之敌者，这算上上。"二品坐照，是指："入神饶半先，则不勉而中，不思而得"，有"至虚善应"的本领。这算上中。三品具体，是指："入神饶一先，临局之际，造形则悟，具入神之体而微者也。"这算上下。四品通幽，是指："受高者两先，临局之际，见形阻能善应变，或战或否，意在通幽。"这算中上。五品用智，是指："受饶三子，未能通幽，战则用智以到其功。"这算中中。六品小巧，是指："受饶四子，不务远图，好施小巧。"这算中下。七品斗力，是指："受饶五子，动则必战，与敌相抗，不用其智而专斗力。"这算下上。至于下中和下下，《石室仙机》未作解释。可以看出，这九品中品与品之间的差距明确，而高品的水平已达到很高境界。品级制的产生，反映了当时棋手之间对局较量的经常性和对棋艺水平衡量区分、有利相互切磋的客观需要，也体现了对高水平棋手的特殊尊重，对促进棋手棋力的提高作用巨大。这一时期，有名有姓的围棋国手名手明显增多。

其次，围棋棋谱开始大量出现，这在围棋发展史上是一件具有影响力的大事，这与围棋的盛行、当时统治者对围棋的重视，以及纸的广泛应用等因素有关。《忘忧清乐集》中收有"晋武帝诏王武子弈棋局"，行棋中双方战斗非常激烈。晋初越王伦舍人马朗，葛洪《抱扑子》称其"围棋莫与敌者"，与东吴的严子卿南北齐誉，并称"棋圣"。《隋书·经籍志》载马朗有《围棋势》二十九卷，篇幅甚大，这是我国弈史上最早有姓名可考的私家著作，惜久佚不存。据史料记载，南北朝时期出现的"棋势""棋图""棋品"之类的专著不下二十种，其中"棋势""棋图"是对局的记录，"棋品"可能是对棋手的品评。当时对棋谱的编写是很认真的，例如褚思庄与羊玄保对弈，"因制局图，还于帝（宋文帝）前复之"[①]。梁武帝时，特邀三品棋手柳恽"品定棋谱"[②]，著名棋手到溉则常与"朱异、韦黯于御坐校棋比势，复局不差一道"[③]。这些编撰成集的棋谱都是当时名棋手对局中的精华。遗憾的是，这些宝贵的记录已全部失传了。虽然如此，这些流传一时的围棋谱对后来围棋的发展无疑起了巨大的作用。

再次，围棋官署和全国性围棋赛的出现，统治者在政权体制下推动围棋发展进入"快车道"。《南史·王湛传》记载："（宋）明帝好围棋，置围棋州邑，以建安王休仁为围棋州都大中正，湛与太子右率沈勃，尚书水部郎庾珪之、彭城丞王抗四人为小中正，朝请褚思庄、傅楚之为清定访问。"[④]围棋州邑是我国历史上首次设置的官方的围棋专业机构，任命有大中正、小中正和清定访问等官员，职掌棋者的选举、推荐以及棋谱的收集、整理等事务。梁武帝时期，曾令大棋家柳恽和陆云公主办了一次全国性的围棋大赛，规模宏大，轰动一时。比赛

---

① 《二十四史全译·南齐书》，汉语大词典出版社2004年版，第613页。
② 《二十四史全译·南史》第一册，汉语大词典出版社2004年版，第848页。
③ 《二十四史全译·南史》第一册，汉语大词典出版社2004年版，第572页。
④ 《二十四史全译·南史》第二册，汉语大词典出版社2004年版，第1030页。

后,由柳陆二人主持给棋手们定品级。据《南史·柳恽传》上记载,当时能评上品级的棋手就有二百七十八人[1],可见参加的人很多,这是有据可查的最早一次全国性围棋比赛。王朝最高统治者喜爱围棋,采取品评棋手、设置官署、编纂棋谱等举措,对当时围棋的繁荣起到了重要促进作用。

最后,棋手的棋风特色开始被关注和展现。史书在写到南齐棋手时,已能概括出他们的棋风特色了。比如王抗,他的棋力在当时属于第一品,冯元仲在《弈旦评》中评论他下棋的特色是"速思取势"。褚思庄是刘宋时著名的棋手,棋力居第二品,他与王抗不同,他下棋思考的时间比较长,但善于进攻。《南齐书·萧惠基传》记载:"惠基善隶书及弈棋,太祖与之情好相得,早相器遇。……当时能棋人琅邪王抗第一品,吴郡褚思庄、会稽夏赤松并第二品。赤松思速,善于大行。思庄思迟,巧于斗棋。宋文帝世,羊玄保为会稽太守,帝遣思庄入东与玄保戏,因制局图,还于帝前覆之。太祖使思庄与王抗交赌,自食时至日暮,一局始竟。上倦,遣还省,至五更方决。抗睡于局后,思庄达晓不寐。世或云:'思庄所以品第致高,缘其用思深久,人不能对也。'抗、思庄并至给事中。"[2] 其中讲到,有一回齐高帝命褚思庄与王抗赛棋,两人早上开始下,到了晚上才下完一盘,观棋的高帝已经疲惫不堪了,便命王褚二人先休息,待五更时再来决战,王抗得此命令后,一头倒在棋盘边,呼呼大睡。褚思庄却坐在棋盘边没有合眼,整整思考了一夜。会稽夏赤松的棋风与王抗相近、与褚思庄相反,

---
[1] 《二十四史全译·南史》第一册,汉语大词典出版社2004年版,第848页。
[2] 《二十四史全译·南齐书》,汉语大词典出版社2004年版,第613页。

"赤松思速，善于大行"，就是说他思路敏捷，棋风迅猛；"思庄思迟，巧于斗棋"，褚思庄则思考迟缓，但筹划周详、善于战斗。这些描述，活灵活现地反映出两人不同的棋风。

魏晋南北朝时期，围棋的实践已非常丰富，围棋活动的专业化规范化逐步提升，从流传下来的棋谱和棋论文章看，古代围棋战略思想的基本要素在这一时期已经逐步形成。

二 唐五代时期

唐代经济社会发达，也是围棋继续快速发展的时期。唐朝统治者对围棋颇为重视，武周时先有棋博士，玄宗朝后设有棋待诏，开创了由官方设立专业棋手的最早记录。《新唐书·百官制》说，唐宫廷的"万林内教坊"设有博士十八人，其中经学五人，史子集缀文三人，楷书二人，庄老、太乙、篆书、律令、吟咏、飞白、书算、棋各一人，其任务是"掌教宫人"。《旧唐书·职官制》说，"中书省"下的"翰林院"设有棋待诏，与"画待诏""书待诏"等并设，备皇帝召用，官阶九品。棋博士教宫人下棋的情况，会间接受到皇帝的检查。棋待诏要随时等候皇帝的召见，直接接受皇帝的检查。这就要求棋博士和棋待诏平时不断钻研棋艺，注重搜集古代和当代的对局谱及理论著作，提高理论和实践水平。因此，棋待诏等制度的建立，是继南北朝"品定棋谱"、设置"围棋州邑"以选拔棋才后，对围棋发展的又一推动。

唐代棋手名家辈出，其中最负盛名的当推王积薪。据《酉阳杂俎》记载，唐玄宗开元年间，王积薪曾在丞相张说家住过一段时间，在那里和一行和尚下过棋。王积薪自知棋力不差，不久便去投考翰林。果然一战告捷，成为"棋待诏"。以后他就常在宫中陪唐玄宗下棋。王积薪性情豁达，不拘小节。在棋艺上则刻意求精，勤勉好业。他成名后，从不以名家自居，每次外出游玩，都把竹筒系在马车的辕上，里面放着棋子和布制的棋盘。途中不管遇见谁，哪怕是平民百姓，只要会下棋，都要下马来对弈一盘。[①]王积薪根据前人和自己的实践经验，总结出围棋《十诀》。即：不得贪胜，入界宜缓，攻彼顾我，弃子争先，舍小就大，逢危须弃，慎勿轻速，动须相应，彼强自保，势孤取和。围棋复杂多变，而王积薪仅仅以这十条、四十字，极其简练、准确而又通俗地概括了围棋实战中的战略和战术；总结了全局和局部、进攻和防守中的一些重要原理。《十诀》的影响十分深远，宋、明、清的棋手，莫不以《十诀》为座右铭。他们在探讨围棋理论时，都把《十诀》作为基本原理，在《十诀》的基础上，不断发挥和提高。王积薪另有三本围棋专著已经失传，其中《金谷九局图》记录了开元年间，王积薪与棋手冯汪在太原尉陈九言家里下的九局棋。因陈九言家又称金谷园，所以题为《金谷九局图》。可惜棋谱已经失传，我们无从知晓九盘对局中，双方精妙的棋艺与风格。但从晚唐诗人韩偓描写《金谷九局图》的诗句："眼暗休寻九局图"中，仍可想象出九局棋的激烈"厮杀"情景。

除王积薪之外，唐代尚有不少一流棋手。在唐朝日益频繁的国事交往中，这些围棋高手起了不少积极作用，为国家和民族赢得了声誉。开元二十五年（738年），新罗国王兴光病

---

① 《云仙散录》，中华书局1981年版，第74页。

逝。唐王派出摄鸿胪少卿邢璹为特使，前往新罗参加吊祭活动。唐玄宗知道新罗和中国一样，是君子之国，礼仪之邦，"其人多善弈棋"，便命当时围棋能手、率府兵曹参军杨季鹰作为邢璹的副手，一同前往新罗。这是中国历史上记载的去朝鲜的第一位棋手，杨季鹰到新罗后，对局所向无敌，深受新罗人民的敬重。此事见《旧唐书·新罗传》[①]。

顾师言也是唐代的著名棋手。《旧唐书·宣宗本记》曾记载了他与来访的日本王子对弈之事[②]。唐代苏颚所编《杜阳杂编·卷下》有精彩的描述："大中中，日本国王子来朝，上设百戏珍馔以礼焉。王子善围棋，上敕顾师言待诏（即棋待诏）为对手。及师言与之敌手，至三十三下，胜负未决。师言惧辱君命，而汗手凝思，方敢落指，则谓之镇神头，乃解两征势也。王子瞪目缩臂，已伏不胜。"[③]顾师言在对局中下出了有名的"三十三着镇神头"，一子解双征，取得了胜利。这是迄今为止古代中日围棋国手对弈的唯一记录。

由南唐入仕宋的重要艺臣徐铉撰有《围棋义例诠释》，将六朝和唐代以来通用的围棋基本术语进行了总结和规范，归纳为"立，行，飞，尖，粘，干，绰，约，关，冲，觑，毅，割，顶，捺，跷，门，断，打，点，征，薛，聚，劫，搜，扑，勒，刺，夹，盘，松，持"等32个，并对其含义作出准确的诠释。这些术语，一直延续到晚清仍为弈家所基本遵循，有些术语还沿用至今。徐铉对前人的平上去入四声记谱法作了改进，用19个字（一天，二地，三才，四时，五行，六宫，

[①] 《二十四史全译·旧唐书》第六册，汉语大词典出版社2004年版，第4591页至第4592页。
[②] 《二十四史全译·旧唐书》第一册，汉语大词典出版社2004年版，第526页。
[③] 《唐五代笔记小说大观》下册，上海古籍出版社2000年版，第1392页至第1393页。

七斗，八方，九州，十日，十一冬，十二月，十三闰，十四雉，十五望，十六相，十七星，十八松，十九客）分别代表19路线，记谱由方位式改为坐标式，定位更为准确、方便。《围棋义例诠释》可以说是中国围棋史上第一本全面研究围棋战术的著作，表明当时围棋的一些基本着法已经相当成熟。

唐、五代棋书很多，除了王积薪《十诀》、徐铉《围棋义例诠释》外，据史料记载至少还有《棋图》《玉溪图》《棋势图》《棋势新注异图》《弈棋经》《棋要诀》《棋术要诀》等，但都已散失流佚。这一时期，围棋博弈的技法进一步得到总结提炼和推广，战略思想进一步向条理化、体系化方向发展。

三 宋元时期

有宋一代继续实行了唐朝建立起来的棋待诏制度，棋待诏中最著名的是刘仲甫和李逸民。刘仲甫是北宋哲宗、徽宗时独霸棋坛、所向披靡的第一国手，是围棋史上继盛唐王积薪之后又一个承上启下的人物。据宋何薳《春渚纪闻》记载，刘仲甫考棋待诏之前，为检验自己的棋力，路过钱塘（今杭州）时，每日早出晚归，观看钱塘高手对局，然后悬出"江南棋客刘仲甫奉饶天下棋先"的招旗，"并出银盆酒器等三百星，云以此偿博负也"，"翌日，数土豪集善棋者会城北紫宵宫，且出银如其数，推一棋品最高者与之对手。始下至五十余子，众视白势似北。更行百余棋，对手者亦韬手自得，责其夸言，曰：'今局势已判黑当赢筹矣！'仲甫曰：'未也。'更行二十余子，仲甫忽尽敛局子，观者合噪曰：'是欲将抵负邪？'仲甫袖手徐谓观者曰：'仲甫……凡驻此旬日矣，日就棋会观诸名手对弈，尽见品次矣。故敢出此标示，非狂僭也。如某人某日某局，白本大胜而失应棋著。某日某局，黑本有筹，而误于应劫，却致败局。'凡如此复十余局，观者皆愕然，心奇之矣。即复前局，既无差误，指谓众曰：'此局以诸人视之，黑势赢筹固自灼然。以仲甫观之，则有一要著，白复胜不下十数路也。然仲甫不敢遽下，在席高品，幸精思之。若见此者，即仲甫当携孥累还乡里，不敢复名棋也。'于是众棋客极竭心思，务有制胜者，久之不得，已而请仲甫尽着。仲甫即于不当敌处下子，众愈不解。仲甫曰：'此著二十余著后方用也。'即就边角合局，果下二十余著，正遇此子，局势大变。及敛子排局，果胜十三路。"刘仲甫于是名声大振，"至都补试翰林祗应，擅名二十余年无与敌者"。①

在《春渚纪闻》这一段的讲述中，还透露出两点值得注意的信息。一是北宋选拔棋待诏采取"荐补"和"补试"的办法，就是说要经过推荐或考试，或推荐、考试同时并用。二是北宋时钱塘这样的大城市，已有了"棋会"这种群众性的棋艺活动场所，围棋爱好者可以自由到场观看对局。棋会的出现，是古代城市兴起、繁荣的产物，也表明当时围棋活动在市民阶层中已相当普及。

刘仲甫的对局谱，流传至今的是收录在《忘忧清乐集》里的三局棋。一局因为是在东京（今开封）万胜门里的长生宫下的，所以名叫《长生图》，刘仲甫饶王钰黑先，共134着。一局是《成都府四仙子图》，是刘仲甫于绍圣元年（1094年）与

---

① 《春渚纪闻》卷二，文渊阁四库全书本，第15页至第17页。

名手杨中和、王钰、孙侁四人下的联棋，成为我国现存有记录的最早的联棋棋谱。刘仲甫著有《忘忧集》《棋势》《棋诀》《造微》《精理》诸集，今仅存《棋诀》。

李逸民在南宋初年任棋待诏，是著名的围棋古典文献《忘忧清乐集》的编纂者。据清末"南陵徐乃昌影摹宋本"《忘忧清乐集》，书中题有"前御书院棋待诏赐绯李逸民重编"字样。"赐绯"是指李逸民作棋待诏受到皇帝的特别恩赐，可以穿上四、五品官员穿的"绯衣"，以示荣耀。《忘忧清乐集》保存了大量的北宋以前和北宋时期的棋谱和棋势，其中收录有北宋国手孙侁、李百祥、刘仲甫、王钰、晋士明等的对局谱十局，空花角图、立仁角图、背绰角图等局部的棋势，以及高祖解荥阳势、三将破关势、幽玄势等三十七个死活题势，是古代棋手的心血结晶。

与宋同时期的金朝围棋竞赛制度与宋朝相仿。金世宗时，贵族宗室中棋风甚盛。据《金史》记载，围棋赛中还曾闹了一起纠纷，监察御史梁襄因此受了处分。可见虽然金朝关于围棋的记载所见不多，但围棋在北方仍然流行甚广。

元朝时期，在蒙古贵族统治下，广大汉族知识分子的社会地位急剧下降，围棋从两宋时期以文人为弈棋的主流，逐步向民间扩展。元代的棋手见于记载不多。元文宗孛儿只斤图帖睦尔爱好围棋，身边聚集了一些名手。宫中下棋者甚多，元人袁伯长有《宫娥弈棋图》诗[①]，描写了宫女们下棋的情景。元代围棋发展中的重大事件，是《玄玄棋经》的出现。《玄玄棋经》为庐陵严德甫、晏天章所著，本名《玄玄集》，因为书的

① 袁桷《清容居士集》卷十三。

开头收有《棋经十三篇》，亦名《玄玄棋经》。书中序文介绍，严、晏二人"对弈之暇，各出其家之所藏，与凡耳目之所注，心手之所得，新闻异见，奇谋最画，可以安危而决胜者，辄图而识之，分其局势。既纪之以名目之殊，又叙之以法度之要，其为谱诀注详且备，真棋经之大首，手录以传，命曰玄玄集"。中国古代的棋书，著作虽不少，但极易流失。古谱《忘忧清乐集》是在清嘉庆壬戌（1802年）黄丕烈得到宋刻本后才广为所知并流传下来的。从元、明起到清中叶的四百多年间，广为流传的古谱，只有《玄玄棋经》一部，可见其在棋史中的重要地位和影响。

《玄玄棋经》共分六卷，内容十分丰富。第一卷为文论部分，收有班固的《弈旨》、马融的《围棋赋》、皮日休的《原弈》、吕公的《悟棋歌》和《四仙子图序》、张靖的《棋经十三篇》、刘仲甫的《棋诀》等篇。二、三两卷，重点是边角走势，还有让子局谱和术语图解。四、五、六三卷，收集有378个极为精妙的死活棋势，是全书中最重要的部分。这些棋势大致可以分为两种类型：一种是实战中经常遇到的棋形和手法，如"猛虎驱羊势""吉祥势""五龙出水势""秋蝉饮露势"等。这些棋势的汇集与解答，说明元代棋手对实战妙手的研究已非常深入。另一种是创作的棋势，在实战中虽难以见到，但着法巧妙，如"八王走马势""双换骨势""胆瓶势""妙算无穷势"等，使人开拓思路、增长才智。这些棋势的研究构思，说明当时中国棋界在局部攻杀上已达到很高的水平。

宋元时期特别是有宋一代，经济社会和文化得到高度发展，围棋棋艺的总结推广也达到了历史上一个新的高度。不仅是对围棋局部死活和妙手的研究达到很高的造诣,而且在围棋理论上也产生了《棋经十三篇》这一集大成的著作,标志着古代围棋战略思想已基本成熟。

四 明清时期

明代以后,围棋活动开展得更为广泛,除宫廷外,社会上各阶层喜爱围棋的人也大为增加。当时,著名的文人唐伯虎、吴承恩、汤显祖、凌蒙初等都是围棋的喜好者。明代刻本《居家必备》中还选刻有《棋经十三篇》,可见围棋普及程度之广。明代棋谱辑录和围棋著作广泛出现,流传至今的有十多部。如明万历年间著名藏谱家陆玄宇父子著有《仙机武库》八卷,林应龙著有《适情录》二十卷,朱常涝编辑了《万汇仙机》共二集一百局。冯元仲所著的《弈旦评》详细地记载了我国历代的棋手和棋谱。大思想家、文学家王世贞著有《弈问》《弈旨》这样高水平的围棋著述。苏具瞻的著作《弈薮》六卷,自成一格,有人赞誉此书"古今第一,后来棋谱,皆从此脱胎"。

明代著名棋手层出不穷、为数众多。《弈旦评》和《弈旨》中,汇集了明末国手过百龄以前的知名棋手三十五人。明中期弈坛上开始有了多种流派之区分,并出现了各派别之间的棋坛大战。据《弈旨》所述,当时永嘉派、新安派、京师派并立,永嘉派的鲍一中"如淮阴侯,有搏沙之巧";新安派的程汝亮是"诸葛修不破之法";京师派的李釜是"武安君横压卵之威",颜伦是"孙吴挟必胜之算"。万历十四年,京师派领袖李釜南下浙江余姚，与新安派和永嘉派大战，结果李釜击败了永嘉派李冲，与新安派第一人程汝亮多次交手、难分高下。

明代末期，产生了一代棋宗过百龄。清朝诗人钱谦益曾以"八岁童牙上弈坛，白头旗纛许谁干？年来复尽楸枰谱，局后方知审局难"①的诗句来赞美他。据《无锡县志》记载，"过文年，字柏龄，以善弈游京师，名籍甚。于是天下高手筑壁垒而攻之者，无远不至。文年开关延敌，莫敢仰视者，遂群奉为国手。自是数十年，天下言弈者，以无锡过柏龄为宗。"过百龄围棋时称第一品，于明末清初独领棋坛数十年，在棋艺的实践和理论的创新上都有过卓越的贡献。在过百龄之前，围棋着法多沿用宋元之旧，局部的攻杀优于全局的运筹，虽然他们的局部攻杀多有精妙独到之处，达到了所处历史时代棋艺水平的高峰，但许多棋手对全局上关注不够、功夫欠缺，不仅从现代观点看有些着法不够合理，而且对于《棋经十三篇》总结出来的一些精辟理论消化得也很不够。过百龄在与其他国手交手的过程中，善于运用创新的着法，创造了许多新的定式，体现了更优越的大局观。他创造的倚盖布局开启了围棋技术发展的新篇，留下的《四子谱》《三子谱》《官子谱》等著述，对后世产生了深远影响。其中《官子谱》是我国古代第一部全面、透彻地研究围棋如何收官的重要著作，具有很高的价值；《三子谱》是一部围棋教科书，记载了二百零四种着法变化，每图都有详细解说，非常精辟地介绍了围棋着法上的普遍规律；《四子谱》是一部定式书，对镇神头、倚盖、大压梁、"六·四""七·三"起手式的变化分别列了61、178、110、30、57

---

① 王汝南：《〈玄玄棋经〉新解》，人民体育出版社1988年版，第30页至第31页。

种，其中的解说或概括论述，或说明某式宜于让子或对子，提示明确，甚至比现在的某些定式书还要详细。

清代围棋的发展走向了中国古代围棋的巅峰期，无论是棋手的数量，还是棋艺水平都是空前的。清朝初期，新老棋手交相竞逐，围棋呈现出了群雄并起的局面。老将过百龄仍独步棋坛，棋力不减当年。不久，周懒予奇峰凸起，以"极简练"方式应对过百龄的倚盖，在十番棋中战胜了过百龄，《过周十局谱》以精细紧致的棋风、强劲有力的进攻手法，成为中国古代棋坛的经典。继周懒予之后，新起的著名棋手有汪汉年、周东侯二人，他们都被列入"清代十大家"之中。汪汉年著有《眉山墅隐》一卷，长期以来仅孤本深藏，未为棋界所见识，其在三百年前就体现出相当的"职业思维"，令人赞叹。青年时期的周东侯与汪汉年的棋力相当，步入中年后棋艺大长，棋路古怪多变，不拘一格。因为他棋下得好，人品也好，深得人们的敬重。他的著作有《二子谱》《四子谱》《弈悟》等。

清朝到后世所称"康乾盛世"时期，围棋技艺在数百年酝酿的基础上出现突飞猛进的局面，大批高手涌现，群雄争霸之势前所未有。康熙时期，围棋的代表人物是黄龙士和徐星友二人，后来被称为"黄徐时代"。黄龙士名霞，字月天，又名虬，字龙士。康熙中期成为一代围棋霸主，棋风不拘一格，人们将其尊为棋圣。黄龙士对围棋发展的最大贡献之处，在于他开创了局面开阔、轻灵多变，思路深远、别具一格的棋风。他著有《弈括》和《黄龙士全图》。继黄龙士之后称雄棋坛的是他的学生徐星友。徐星友学棋十分勤奋刻苦，据说当他达到和黄龙士相差二子的程度时，黄龙士仍以三子相让与他下了十局棋，棋局异常激烈，被时人称为"血泪篇"，驰名遐迩。此后，徐星友的棋艺突飞猛进，达到了与黄龙士齐名的水平，在棋坛上风光了四十余年。徐星友的《兼山堂弈谱》是我国最有价值的古谱之一。他在书中对自己的棋风做了非常客观的论述，其中最重要的一点就是"不战屈人"。这种含蓄、不露锋芒而又坚强有力的棋术，对后世影响极大。明朝以前的棋谱，往往只列图势，不加评断。有的棋谱虽然略加点评，也是寥寥数语，读者获益不多。而徐星友的棋著，精选了明末清初知名国手的代表作62局，详加评注。他不仅分析点评了着法的得失，还对各家名手的棋风进行了深刻的总结，观点颇为中肯确切。不妨这样说，中国古代围棋经过从《忘忧清乐集》《玄玄棋经》到《适情录》《四子谱》的发展，至《兼山堂弈谱》围棋技术臻于成熟，大局观和战略思维水平达到了新的境界。

清康熙末年至嘉庆初年，继"黄徐时代"之后，又进入了"四大家"时代。当时，梁魏今、程兰如、范西屏、施襄夏，被称为围棋"四大家"，活跃在康熙后期至乾隆年间，并列于棋坛之巅。而范西屏、施襄夏有如诗人中的李白和杜甫，亮起了棋坛最耀眼的双子星。范西屏和施襄夏同是浙江海宁人，年龄又相仿，被人称为"海昌二妙"并为"棋圣"。范、施两人棋风迥异。范西屏思路敏捷，才气极高，棋风博大神奇，被誉为"神龙变化，莫测首尾"；施襄夏则是谨严精深，含蓄浑厚，工于章法，被誉为"老骥驰骋，不失步骤"。范西屏的《桃花泉弈谱》二卷，内容异常丰富、全面，不仅汲取了前人的全部经验，还精辟地记载了他对围棋的各种独特见解。施襄夏的《弈理指归》二卷，可与《桃花泉弈谱》媲美。他著的

《凡遇要处总诀》总结了当时围棋的全部着法，是一部全面论述围棋战术的著作，也是我国古典围棋理论著作中十分少见的精品。书中的口诀，是施襄夏平生实战和研究的心得，内容丰富、句法精炼、易学易懂。范西屏、施襄夏两位同乡称雄棋坛四十多年，把围棋推到了前所未有的水平。从技术上说，已经登上了座子棋时代的最高峰。乾隆四年间，范、施受当湖张永年的邀请，前往授弈。著名的"当湖十局"就是他们二人当时留下的对弈的杰作，历来被视为围棋精妙之珍品。清朝末年，著名棋手周小松著有《新旧棋谱汇选》四卷、《餐菊斋棋评》一卷和《皖游弈萃》一卷。清代的棋谱棋书，选汇了名家国手的经典棋局，内容丰富、语言简练、评语翔实准确，体现了高超的棋艺和深厚的棋理，其中蕴含的围棋战略思想已达到了古代围棋的最高峰。

中国古代围棋战略思想是中国特有的精神宝藏，因为17世纪以前，日本等国还没有自己的围棋理论著作。这些思想，具有深厚的文化底蕴，追求高尚的境界品位，包含丰富的战略要素，形成特有的概念体系，不仅是当时的弈理指南，而且成为现代围棋战略思想的重要基础和来源。由于时代条件的限制，古代围棋战略思想也有自己的局限性。一是受弈棋性质的局限，没有达到竞技围棋应有的强度和高度。主要作为雅趣娱乐活动出现，在行棋思想、对抗强度、胜负意识和战法手段上，偏于优雅、宽松、恬淡，与竞技围棋有质的差别。二是受座子制度的局限，战略布局的开阔性、多变性被束缚。实行固定座子，在一定程度上缩小了布局构思的战略空间，限制了战略思维的活力和棋局发展变化的多样性。此外，实行"还棋头"制度，对棋路的活跃也有一定影响。三是受传统文化的局限，压抑了博弈的战略特性。崇尚"善胜者不争，善阵者不战"，"不战而屈人棋者胜"，轻视作战、用谋和博杀，讲究见好就收，适可而止，求稳求妥，不冒风险。这些虽然主要表现在弈道言论上，在实战棋谱上并无更多具体体现，但作为一种价值取向，对博弈思维的发展是有束缚和影响的。四是受认识水平的局限，对博弈规律的揭示还不够深刻、完整。有的思想过于理想化，具有较强的主观色彩，缺乏客观现实性、可行性和操作性，甚至是一相情愿；有的思想夸大了战略（势）的作用，一定程度上忽略了战略与战术、战斗的衔接。对这些问题，应当客观地、历史地、辩证地看，不能苛求古人。

第三节　东方博弈思维的结晶

围棋战略思想是一个开放的、动态发展的体系。在不同历史阶段、不同国家民族，它始终受到所处的时代环境、文化背景和民族性格的影响，广泛吸取来自各个方面的思想精髓，兼收并蓄，不断创新发展，成为人类特别是东方文明共同的智慧成果。

一　日本近现代围棋的发展，特别是20世纪30年代新布局革命以来的围棋理论与实践，对现代围棋战略思想的形成和发展产生了深远影响

一般认为，围棋是在4至6世纪中与儒学、佛教、天文等

华夏文化一起，经三国时代的朝鲜（新罗、百济、高句丽）传入日本的，在日本逐渐流行并得到了很好的发展。首先，日本最早开展了真正意义上的竞技围棋，在博弈对抗中推进了围棋战略战术的发展。围棋传到日本后，很快便受到日本天皇和官吏、武士、僧侣的青睐，他们不仅重视围棋的趣味性，而且十分重视围棋的竞技性。10世纪左右，围棋已逐渐成为日本的一种朝仪，做官的非通此道不可。到16世纪，日本出现了"棋所"制度，专业棋手通过比赛争夺棋所称号，成为第一国手，获取丰厚的俸禄。伴随棋所的发展，日本围棋形成了本因坊、安井、井上和林这四家著名的专业棋手派别，而每年一度在天皇或幕府将军面前举办的"御城棋"，则成了全国专业棋手对局比赛争夺荣誉的最隆重的盛会，竞技的对抗、激烈程度大大增加，极大地促进了博弈境界和技艺的提高。其次，日本近代围棋废除了座子制，使围棋的战略空间得到充分拓展，战略内涵更加丰富，特别是布局构思的创新性明显增加，为现代围棋战略思想的发展提供了前提。再者，20世纪30年代后，日本围棋在日本围棋在吴清源、木谷实及以后一代又一代围棋大师倡导下，形成了具有当时时代特征的围棋理念，主导了20世纪大部分时间世界围棋的发展，至今仍是日本围棋的主流。其主要内容包括：一是追求均衡的价值取向。强调把握全局，双方接受，兼顾势与地，攻守平衡，降低风险等。二是注重图形的效率观念。以好的棋形为最高效率，把棋形结构上升为效率标准的思维模式。强调棋形正则棋路正，棋形厚则棋势厚，棋形美则棋艺高。三是崇尚风格的艺术情结。对博弈艺术的崇拜在一定程度上淡化了胜负意识，向往具有鲜明风格的名家流派，如"美学""宇宙流""二枚腰"等等，更多地从审美和艺术的角度理解围棋。四是从容充分的行棋方式，棋手的对局思考时间仍然较宽裕，在有限环境压力下博弈，弈棋心态宽松，不轻易做风险决策，不打无把握之战。藤泽秀行在棋圣战中力屠加藤正夫的大龙获胜后，曾经对日本围棋现状感慨万千，称能杀的棋不杀，能多赢的不赢，这样的棋已经脱离了围棋的本质。这样的感慨显然并未敲醒当时的日本围棋界，从一定意义上甚至可以说，日本围棋因此而衰落。

二 韩国围棋的崛起，极大地冲击了传统围棋思维模式，促进了现代围棋战略思想的创新发展

20 世纪 80 年代末，韩国围棋开始在世界弈坛崭露头角，在此后 20 多年的时间里，形成了一股强势的"韩国流"。其中，在世纪之交前后大约 10 年的时间里，韩国围棋处于领先地位，占据绝对优势，起到主导作用，直到中韩争霸格局的形成。韩国围棋的突出特点是进攻与作战，好战、敢战、善战、强战、乱战。其原因：一是韩国围棋在历史文化上的积淀比中日都要贫乏，受传统观念的制约较少；二是与朝鲜民族好胜坚韧的性格特点有关，强烈的生存意识是韩国文化的核心，对胜负的敏锐和执着是韩国棋手基于文化所特有的天赋；三是围棋竞技环境的压迫，在当时与中日棋手的较量中，这是唯一可选择的突破口和胜利途径。有人据此认为，韩国围棋的特色与贡献主要在技术风格上，这是不正确的。在围棋竞技的指导思想、作战原则、整体套路、定式运用等方面，韩国围棋都有新

的突破和发展。主要表现在：一是奉行赢棋第一的竞技目的。不论风格、流派、手法，不管过程、阶段、局面，赢棋就是一切，就有道理。二是坚持利益最大化的价值取向。行棋的原则和尺度是现实利益，所有着法和棋形都要追求最大利益。三是采取创新求变的发展路线。从布局、中盘到收官，都不拘泥传统，不迷信前人，不盲从他人，一切都可以试、可以走，从中发现新的可能，形成新的套路。四是贯穿精确致胜的作战原则。总体构想和局部战斗，都建立在准确计算的基础上，力求在算度上高人一等，以强大的计算能力挑起复杂战斗，在乱战中取胜。五是具有通盘顽强作战的战斗理念。把一盘棋看作是完整的进程，强调阶段性的优劣不等于结果，往往是后半盘机会更多，在逆境中更能够利用对手的弱点，放大对手的漏洞，抓住对手的要害，绝地反击，翻盘致胜。以上是总体情况，具体到不同的棋手则有不同的表现特征。如作为韩国围棋崛起第一代的代表人物曹薰铉、第二代李昌镐、第三代李世石，行棋风格、思路各不相同，但本质上、骨子里却有着相同的基因。韩国围棋存在自身的局限性，如有的片面追求战斗，按规律行棋、把握大局不够，有的无理手过多，过分依靠乱战搅局，等等。但从总体上看，韩国围棋在竞技思想上独特的、具有创新意义的表现，对现代围棋博弈艺术包括战略思想的发展，做出了重要贡献。

第四章 战略的形成：
围棋战略理论的发展

古代围棋战略思想是中国特有的精神宝藏，因为17世纪以前，日本等国还没有自己的围棋理论著作。这些思想，具有深厚的文化底蕴，追求高尚的境界品味，包含丰富的战略要素，形成特有的概念体系，不仅是当时的弈理指南，而且成为现代围棋战略思想的重要基础和来源。

第一节　萌芽形态

围棋产生后，有一个从简单到完善的发展过程，从考古发现看，棋盘有十路、十三路、十五路、十七路到十九路线，反映出围棋像中华民族的许多艺术形式一样，不是某一个人的发明创造，而是在漫长的历史长河中不断被丰富、发展和完善，是民族的集体创造和智慧成果。棋盘路数的扩展，为弈者的想象力和作战空间提供了更广阔的舞台。可以想见，在围棋的形制内涵不断丰富时，当人们开始把对弈作为一种游戏乐此不疲时，自然会萌发一种关照全局、照应左右的战略思维雏形，只是并没有留下文字记载。自春秋以降，关于围棋的记载才逐渐见诸文献典籍，从中反映出早期的围棋理念和思想。

一 春秋时期《左传·襄公二十五年》中的弈棋之喻

迄今所见关于围棋的最早文字记载，是春秋时《左传·襄公二十五年》中的表述："今宁子视君不如弈棋，其何以免乎？弈者举棋不定，不胜其耦，而况置君而弗定乎？必不免矣。"① 大叔文子的这番话不是直接谈论围棋的，而是在评论政事活动时用围棋来作譬喻。所谓"弈者举棋不定，不胜其耦"，反映了一条弈棋的重要经验，这只有对下围棋有过多次的临局体验后才有可能被人们总结概括出来，它已经初步触及了临局者的竞技状态与心理素质对胜负的影响，用极为凝练的语言保存了最早的围棋理论。上引这段话是由公元前559年卫国（卫的原封地在殷墟，前659年迁于楚丘，即今河南滑县东，前629年迁于帝丘，即今河南濮阳县）境内发生的大事而引出的。当时卫献公在位，专横粗暴，不敬礼大臣。上卿孙林父、亚卿宁殖共同发动宫廷政变，迎立殇公为君，献公逃奔到了齐国。十二年后，宁殖的儿子宁喜当了左相，和孙氏共同执

---

① 《左传全译》下册，贵州人民出版社1990年版，第962页。

政。孙、宁之间争宠相恶，适卫献公袭据卫地夷仪，遂派人与宁喜谈判，表示如果宁氏废去殇公，支持他复国，以后一切国政皆由宁氏处理。宁喜答应了献公的要求。大叔文子听到这一消息后，便发了一通议论，大意是说：宁喜对国君太轻率了，迎立国君而拿不定主意，简直比下围棋还不如，怎么能免于失败呢？下围棋的人如果下不了决心，举棋不定，就不能战胜对手，何况迎立国君而不下定决心呢？宁喜一定不免于失败和毁灭了。卫国后来的政局变化果然不出大叔文子所料。大叔文子以弈喻事，并留下了对围棋活动最初的经验总结，这也是围棋进入信史时代的标志。

二 春秋后期道家著作《关尹子》中的弈见胜负说

春秋后期与孔子同时代的道家代表人物关尹说："两人射相遇，则工拙见。两人弈相遇，则胜负见。两人道相遇，则无可示者，无工无拙，无胜无负。"[①]（《关尹子》）这是第一次明确提出围棋是要争胜负的，揭示了围棋博弈的直接目的。围棋的一切方略、技艺都是为了争胜，不争胜就不是下围棋。围棋的所有内涵深意都是通过博弈求胜生发、表现出来的。大境界也是为了更大的胜利。

[①]《中国仙道之究竟第六集（文始真经新译）》，台北2006年版，第27页。

三 战国时期道家著作《尹文子》中的围棋智力论

战国中期与孟子同时代的道家代表人物尹文说:"以智力求者,譬如围棋,进退取与,功劫放舍,在我者也。"[①](《尹文子》)这是第一次明确提出围棋是智力角逐的游戏,而且这种智力游戏包含"进退、取与、攻劫、放舍"等深刻的战略战术内容。其中的"劫"是围棋专有术语,劫争,是围棋特有的复杂技术。"进退取与,攻劫放舍",指围棋战略战术的运用。"在我者也",鲜明地揭示了围棋战略的主动性,说明人的主观能动作用是决定棋局走向和最终胜负的关键所在。这从一个侧面反映出当时人们对围棋的理解已经脱离早期低级状态,产生了对弈中的一些基本概念和术语,对围棋战略的运用有了初步的认识。

第二节　文化形态

西汉建立后,随着大一统帝国的稳固和社会生活的繁荣发展,人们对围棋功能价值的认识不断提高,围棋开始从各种游戏中脱颖而出,成为帝王、将相和文人士大夫喜爱的怡情雅趣活动。以围棋为主题的文学作品包括文论、赋铭、诗词、故事等不断产生,既抒发了高雅的围棋情趣,又蕴含了许多围棋术语、技巧和战略思想,在围棋发展史上占有重要的地位。

---

① 《太平御览》第七卷,河北教育出版社1994年版,第72页。

一 围棋文论

东汉和魏晋南北朝时期，围棋理论多以旨、赋、论、铭等形式出现，这与当时盛行辞赋、骈体文有直接渊源。宋代高似孙在其所著《纬略》一书中提出了围棋的"五赋三论"，他说："棋有赋五，一曰汉马融《围棋赋》，二曰晋曹摅《围棋赋》，三曰晋蔡洪《围棋赋》，四曰梁武帝《围棋赋》，五曰梁宣帝《围棋赋》。棋有论三，一曰汉班固《弈旨》，二曰魏应玚《弈势》，三曰梁沈约《棋品序》。有能悟其一，当所向无敌，况尽得其理乎？"除"五赋三论"外，东汉黄宪《机论》也是一篇有影响的重要围棋专论。这些围棋著述既有外在体式的丰富多样，也表现了各具特色的内容，既涵盖了儒道思想，又融兵家、天文、阴阳于其中，总体上反映了隋唐以前中国围棋战略思想的发展成果。

（一）班固《弈旨》

现存最早的关于围棋的专论是东汉著名史学家、文学家班固（32—92）所著《弈旨》。《弈旨》鲜明提出棋道蕴含阴阳、天文、地则、王政等思想，深刻揭示了围棋的特征、内涵、地位、价值和功能，是古代围棋思想的奠基之作。

班固以质疑当时好博远弈的社会风气开篇："孔子称有博弈，今博行于世，而弈独绝。博义既弘，弈义不述，闻之论家，师不能说，其声可闻乎？"进而给出自己的回答，阐发围棋深广的义旨。他说："北方之人，谓棋为弈。弘而说之，举其大略，厥义深矣。局必方正，象地则也；道必正直，神明德也，棋有白黑，阴阳分也；骈罗列布，效天文也。四象既陈，行之在人，盖王政也。成败臧否，为仁由己，危之正也。"揭示围棋的"象"与中华文化传统的契合，是班固《弈旨》的一大理论创举。从此，立象比德、肯定围棋的社会功用成为后世弈论的一个基调。

班固指出，围棋中寓有治乱得失的道理："上有天地之象，次有帝王之治，中有五霸之权，下有战国之事，览其得失，古今略备。"班固认为，"夫博悬于投，不专在行，优者有不遇，劣者有侥幸，踦拿相凌，气势力争，踵有雄雌，未足以为平也。"即博以掷琼决胜负，靠侥幸和机遇而不是技术取胜，负者常心中不平。"至于弈则不然，高下相推，人有等级。"而围棋的胜负完全建立在公平斗智的基础上，棋制具有自然和王政之道。这些论述，充分辩明了博和弈的高下优劣，使"弈优于博"的观念逐渐深入人心，极大地提高了围棋艺术的社会地位。

尤为可贵的是，《弈旨》中以较大篇幅阐述了围棋的基本战略思想。班固认为，棋具是固定不变的，棋势却千变万化（"器用有常，施设无析"），高手"因敌为资，应时屈伸"，即审时度势，随敌棋的变化而变化，灵活地运用战略战术。提出要像网罩一样，"虚设预置，以自护卫"，构筑起模样；或者如夏禹治水，"堤防固起，障塞满决"，堵截敌棋侵入己方势力范围。他形象地描述了局部关联全局的具体情景，如"一棋破室，亡地复还""一孔有阙，坏颓不振"。他还提出了"作伏设诈，突围横行""要厄相劫，割地取偿"等作战原则。班固对围棋的全局观有重要的表述，如"固本自广，敌人恐惧",即在巩固自身的基础上扩大势力范围;"三分有二,释而不诛",局面大优的情况下,对敌不再穷追诛杀;如果出现一时过失,"能量弱强,逡巡儒行,保角依旁,却自补续",力求摆脱被动局面,局部虽损而全局未亡。班固用生动的语言、形象的比喻,表达出围棋中的深奥思想。自《弈旨》问世后,棋类文学的写作蔚成风气。

(二)黄宪《机论》

黄宪(75—122)是东汉汝南慎阳的著名隐士,号"征君"。今传《机论》据说是他出仕时的名作,主要讲韩王召征君谋辅王室之策,韩人有善弈者给征君出主意,说围棋以机胜,天地万物皆机,当今之世得机者才可以有大作为,是中国历史上少有的以棋论政的代表性作品。黄宪在《机论》中第一次精辟阐析了围棋中的虚与实、势与实的辩证矛盾,确立了棋道辩证法中两对基本范畴,对围棋思想的发展作出了贡献。

《机论》认为,弈之道"以机胜,以不机败",以弈之机说明"天地万物皆机也""得机者显""握圣人之机,以游说诸侯,则汉室可举"。对弈机的阐述是《机论》的核心和最为精彩之处,文中说道:"弈之机,虚实是已。实而张之以虚,故能完其势;虚则击之以实,故能制其形。是机也,圆而神,诡而变,故善弈者能出其机而不散,能藏其机而不贪。先机而后战,是以势完而难制。"[①] 他所说的"机"含义很深,意指通晓事物变化规律的认识与谋略。西汉时期,黄老之说盛行,崇尚黄老的人反对"机心",有的并进而反对围棋("恶机而不弈")。黄宪的《机论》针锋相对,以机为主题,通篇讲

---

① 《天禄阁外史(一)》,商务印书馆1937年版,第6页。

机，以弈论机，以机谋政，在当时可谓振聋发聩之作。它最早明确地把"弈之道"与"圣人之机"紧密联系起来，对围棋博弈规律与天地万物变化规律的内在统一性作出深刻论述，也是把通晓围棋之机、掌握圣人之机与实现扶举汉室的政治目的直接挂钩的政治策论。黄宪提出，谋势取势要解决虚实问题，始终保持有利态势，进可以攻，退可以守，才能克敌制胜。

（三）马融《围棋赋》

马融（79—166）是东汉著名经学家，被称为"汉末通达的先觉者，正始玄风的远祖"。他撰写的《围棋赋》首次从兵法的角度系统地论述围棋的义旨，对棋艺的总结理解更加深刻，将围棋理论推进到一个新的高度。

在这篇著述中，不仅提供了一些古代特有的围棋术语，如"棋雅""踔度""马首""雁行"等，更使我们领略了当时围棋战略、战术中的一些精辟理论。马融开宗明义地指出，"略观围棋兮，法于用兵"，"三尺之局兮，为战斗场。陈象士卒兮，两敌相当"，再以"拙者无功、弱者先亡"从反面说明弈棋中智慧和勇气的重要性。他说："自有中和兮，请说其方。"这里，马融首次用"中和"来表征围棋的战略战术思想，其意深远。儒家经典《礼记·中庸》讲，"喜怒哀乐之未发谓之中，发而皆中节谓之和。……致中和，天地位焉，万物育焉。"可见马融作为儒学大家，对围棋弈道与自然规律契合的认识角度。

《围棋赋》对围棋实战经验进行了高度提炼与总结。马融写道："先据四道兮，保角依旁。缘边遮列兮，往往相望，离离马首兮，连连雁行。踔度间置兮，徘徊中央。违阁奋翼兮，左右翱翔。道狭敌众兮，情无远行。棋多无策兮，如聚群羊。骆驿自保兮，先后来迎。"这是对围棋布局和序盘阶段的规律性认识。关于中盘进攻，马融说："攻宽击虚兮，蹠跻内房。利则为时兮，便则为强。厌于食兮，坏决垣墙。堤溃不塞兮，泛滥远长。横行阵乱兮，敌心骇惶。迫兼棋雅兮，颇弃其装。已下险口兮，凿置清坑。穷其中罝兮，如鼠入囊。收取死卒兮，无使相迎。当食不食兮，反受其殃。胜负之策兮，于言如发。乍缓乍急兮，上且未别。白黑纷乱兮，于约如葛。杂乱交错兮，更相度越。"其中"攻宽"一说，首见其文，见识卓远。涂光社先生在《势与中国艺术》中曾评论到："古人主张'宽攻'，备受今人的赞许。'宽攻'可以视为运用势（即子力的'场'）改逼对方孤棋的方式：攻击的落子距孤棋较远（宽）、然而子力所及威胁着孤棋的要害，即使对方不能摆脱纠缠，收取攻击之利，又便于相机改变策略，回避对方困兽犹斗的反击锋芒。"①

马融从四个方面论述了失败的教训："守规不固兮，为所唐突。深入贪地兮，杀亡士卒。狂攘相救兮，先后并没。上下杂沓兮，四面隔闭。围合罕散兮，所对哽咽。""守规"一句指己方阵地不巩固，就会受到攻击；"深入"一句指一味深入，贪占虚空，就有被杀子的危险；"狂攘"一句指救棋急躁，狂冲乱突，就会被对方各个击破；"上下"一句指子与子若不讲究连络呼应之法，就有遭四面切断隔绝之虞。马融接着从正面论述取胜之道。他指出，棋陷死地时宜出奇兵制胜："韩信将兵兮，难通易绝。自陷死地兮，设见嘩讁"；或诱敌

---

① 转引自张如安著：《中国围棋史》，团结出版社1998年版，第37页至第38页。

先行而入其室："诱敌先行兮，往往一室"；或舍小以取大："损棋委食兮，遗三将七"，即老子"将欲取之，必先予之"之意。在子力的布势上，要做到"驰逐爽间兮，转相伺密。商度地道兮，期相连结。蔓延连阁兮，如火不灭。扶疏布散兮，左右流溢"，意指行棋要相互关联、疏密有度、不断拓展，如果局促一隅，谨谨自守，难免失败。

马融最后说："浸淫不振兮，敌人惧栗。迫促踧踖兮，惆怅自失。计功相除兮，以时早讫。事留变生兮，拾棋欲疾。荧惑窘乏兮，无令诈出。深念远虑兮，胜乃可必。"以我之积极主动，深远谋划，用计事功，善于将胜势定形，陷敌于"浸淫""踧踖""窘乏"之境，胜利就是必然的结果了。总的看，《围棋赋》反映出东汉时人们对围棋术语的概括已处于由粗泛向细密演进的阶段，在围棋的整体理论方面已相当成熟。

（四）应玚《弈势》

应玚（177—217），是"建安七子"之一，曹操征为丞相掾，后为五官中郎将文学。东汉末至三国时期围棋对弈之风在士大夫阶层渐次兴起，但流传下来的围棋论著鲜见，应玚的《弈势》当是代表。《弈势》用我国历史上几个典型的重大战役来类比围棋的特性，分析战役成败之因，从棋法与兵法的相似之处出发，说明围棋对局的战略战术，是第一篇分类阐述弈势特点的专论，篇幅虽短，对弈势的概括却代表了汉魏时的理论高度。

"势"是古时一种文章之体，汉崔瑗有《草势》、蔡邕有《篆势》，反映了传统诸艺对"势"的重视。《弈势》主要是描述围棋的形势特点，应玚认为"弈棋之制"，"有像军戎战阵之纪：旌旗既列，权虑蜂起。络绎雨集，鱼鳞雁峙。奋维阐翼，固卫边鄙"。接着，他分类描述了对弈双方所运用的技、战术和可能出现的各种局势，并以历史上著名人物的领兵事迹及著名战役类比之。

应玚说："或饰遁伪旋，卓轹軿列，羸师延敌，一乘虚绝，归不得合，两见擒灭，淮阴之谋，拔旗之势也"，用韩信拔旗之计类比对弈中"饰遁伪旋""羸师延敌"等示弱欺诈、骄敌诱敌之法；"或匡设无常，寻变应危，寇动北垒，备在南麾，中棋既捷，四表自亏，亚夫之智，耿弇之奇也"，用周亚夫、耿弇用兵的智谋类比对弈中的洞窥敌意和随机应变；"或假道四布，周爰繁昌，云合星罗，侵逼郊场，师弱众寡，临据孤亡，披扫强御，广略土疆，昆阳之威，官渡之方也"，用刘秀昆阳之战、曹操官渡之战的战例来类比对弈中歼敌要害、以弱胜强的运用。应玚又用项羽终败、楚怀王被俘的反例，类比对弈中跟着对手被动应对、贪图小利、急躁盲动的取败做法："挑诱既战，见欺敌对，纷挐相救，不量进退，群聚俱陨，力行唐突，瞋目恚愤，覆局崩溃，项将之咎，楚怀之悖也。"应玚指出，在劣势下，要补强自身，然后伺机进攻，才能反败为胜，正如燕昭王纳贤强国、齐顷王败后求治的故事："时或失谬，收奔摄北，还自保固，完聚补塞，见可而进，先负后克，燕昭之贤，齐顷之德也。"应玚认为，进攻时如果"长驱驰逐，见利忘害，轻敌寡备，所丧弥大，临疑犹豫，算虑不详，苟贪少获，不知所亡，当断不断，还为所谋，项羽之失，吴王之尤也"，至于战略相持阶段，则应"持棋相守，莫敢先动，由楚、汉之兵，相拒索巩也"。

（五）曹摅《围棋赋》

曹摅（255—308），西晋谯县人，魏大司马曹休之后，历官洛阳令、中书侍郎、襄阳太守等。曹摅在赋前的序中阐述了写作的缘由："昔班固造弈旨之论，马融有围棋之赋，拟军政以为本，引兵家以为喻，盖宣尼之所以称美，而君子之所以游虑也，既好其事而壮其辞，聊因翰墨，述而赋焉。"在围棋价值观上，总结了此前班、马诸家以军政和兵法类比围棋功用的思维范式，进一步提出君子玩之可以"游虑"，把围棋的价值拓展到"艺"的层面。曹摅在赋中说："览斯戏以广思，仪群方之妙理。"明确指出围棋对弈可使人的思维驰骋致远，体悟玄理的奥妙。这一认识，代表了魏晋围棋思想发展的新方向。

赋曰："局则邓林之木，鲁班所造，规方砥平，素质元道，犀角象牙，是错是砺，内含光润，形亦应制。于是二敌交行，星罗宿列，云会中区，网布四裔，合围促阵，交相侵伐，六军之际也。张甄设伏，挑敌诱寇，纵败先锋，要胜后复，寻道为扬，频战累斗，夫保角依边，处山营也，隔道相望，夹水兵也。二斗共生，皆目并也，持棋合围，连理形也。览斯戏以广思，仪群方之妙理，讶奇变之可嘉，思孙吴与白起，世既平而功绝，局告成而巧止。当无为之余日，羞见玩于君子。"

曹摅的《围棋赋》不事铺陈，精练概括，从"二敌交行"至"夹水兵也"这部分语句，总的是以兵法类比弈道，与前人相比没有多少新的发挥。而下文"二斗共生，皆目并也；持棋合围，连理形也"，则是该文精彩之处。此所谓"共生""持棋"，即今之"双活""共活"，是竞争中的妥协，作者用"目并（比目鱼）"和"连理"来譬喻，颇具奇思妙想，反映了西晋初年人们对围棋的认识水平。

(六) 蔡洪《围棋赋》

蔡洪，初仕吴，入晋为州从事、松滋令等职。他由吴至洛，兼知南北棋坛的真貌，所著《围棋赋》文笔优美、辞藻富赡，运用大量的想象类比手法表现出行棋的千变万化和神妙莫测，体现了对博弈思维特点的深刻认识。

蔡洪在《围棋赋》中极尽铺陈之能事，用马、星、歌、鹤、兔、飞电、积珠、大罗、城廓、扬尘、八卦、尺蠖、龙翻、云起、山结、雾分、清夜之列宿、流彗之互奔等，来譬喻围棋之变化多端、对抗激烈，这说明西晋初年围棋对弈的竞技性大大提高了，这应是西晋短暂统一局面所带来的文化融合的结果。蔡洪说："局不弘席，子不盈卷，秉二仪之极要，握众巧之至权。"意谓棋局虽小，棋子虽少，但变化无穷，至巧莫测。围棋高手能够做到"殿未结而算子，隶首不得窥其门，局覆乱而不惑，研桑不足识其源"[①]。隶首、研桑均是古代善于计算的大师，但是弈家在"殿未结"的中盘而默算彼此胜负的本领，就连算术大师隶首也难窥门道；而弈家在棋局纷杂的情况下仍能保持算路清醒，这连研桑也难识其来龙去脉。蔡洪的这些论述，实际上已触及到了博弈思维的独特规律。

(七) 梁武帝《围棋赋》

经过魏晋两百年的弘扬、传承，围棋在南北朝迎来了第一个"黄金时代"。其代表人物就是建立南梁政权、在位时间达48年的梁武帝萧衍（464—549）。萧衍酷爱围棋，并极力倡导，令柳恽品定棋谱，编为《棋品》三卷，并命沈约作序。他

---

① 《全晋文》中册，商务印书馆1999年版，第862页。

还亲撰围棋著作多种，传世的除《围棋赋》外，敦煌石室遗书中还发现了他的另一重要著述《棋评》的节录本。《围棋赋》是对六朝围棋理论的总结性论著，代表了晋梁时代弈论的最高成就。此外，沈约《棋品序》、萧衍《围棋赋》虽理论内蕴不多，但具有很重要的史料价值，也为后人所推崇。

萧衍《围棋赋》与东汉以来的同类作品相比，文学色彩淡化而理论色彩更浓，这与他精通弈道、棋登逸品有很大关系。萧衍在赋中提出了一系列围棋的基本原则。他告诫说："用忿兵而不顾，亦冯河而必危。无成术而好斗，非智者之所为。运疑心而犹豫，志无成而必亏。"意指围棋是斗智的艺术，一定要讲究战略战术的运用，下棋还要有旺盛的斗志，不能临局疑心犹豫。萧衍进一步指出："今一棋之出手，思九事而为防。"要求每一步棋出手，都要精心计算、周虑思考。从敌我双方来看，要让每一子发挥"敌谋断而计屈，欲侵地而无方；不失行而致寇，不助彼而为强；不让他以增地，不失子而云亡"的最佳功效。在行棋策略上，不要帮人补强（"不失行而致寇，不助彼而为强"），不要打入过深（"落重围而计穷"），不要棋形过薄（"欲佻巧而行促"），优势下不要得意忘形（"若局势已胜，不宜过轻，祸起于所忽，功坠于垂成"），甚至敢于弃子（"失不为悴，得不为荣。若有苦战，未必能平，用折雄威，致损令名"），善于取舍（"城有所不攻，地有所不争"）。萧衍还说，行棋要有独悟神变，不能胶柱鼓瑟，一味防守而待敌攻击。行棋还要善于蓄势，表面的"居谦"实际上蕴含着强烈的反击手段，譬如"猛兽之将击，亦俛耳而固伏"。关于棋势问题，萧衍也总结了一些经验。他说："局有众势，多不可名",但对于一些基本棋形或定式,如玉壶银台、车厢井栏、方四聚五、花六持七之类,"或取结角,或营边鄙,或先点而亡,或先撇而死",均要做到"临局而应悉",[①]将对棋形棋图的经验性认识上升到了理论认识的高度。

(八)沈约《棋品序》

沈约(441—513),南朝史学家、文学家,历仕宋、齐、梁三代,在齐梁之际执文坛牛耳。梁武帝时期,沈约奉皇帝之诏为《棋品》一书作序,是我国棋书现存最早的一篇序文。

沈约在《棋品序》中明确写道:"圣上听朝之余,因日之暇,迴景纡情,降临小道,以为凝神之性难限,入玄之致不穷。今撰录名氏,随品详书。俾粹理深情,永垂芳于来叶。"说明了其撰文的由来。沈约对围棋活动作出了高度评价:"弈之时义,大矣哉!体希微之趣,含奇正之情。静则合道,动必适变。若夫入神造极之灵,经武纬文之德,故可与和乐等妙,上艺齐工。"这段话将围棋的社会功用、游艺价值和心灵体道作用汇集一体,反映了梁初士人对弈艺的高度重视,与沈约所谓"天下唯有文义棋书"的时代思潮完全一致。沈约说道:"支公以为'手谈',王生谓之'坐隐'。是以汉魏名贤,高品间出。晋宋盛士,逸思争流。"他还对弈艺的博大深邃发出感慨:"虽复理生于数,研求之所不能涉。义出乎几,爻象未之或尽。"[②]认为弈理是无法穷尽的,围棋之几连爻象也不能完全反映。

---

① 《全梁文》上册,商务印书馆1999年版,第7页。
② 《全梁文》上册,商务印书馆1999年版,第324页。

（九）梁宣帝《围棋赋》

梁宣帝萧詧（519—562），著有《围棋赋》，今可见者，唯存四十四字，看上去意犹未尽，语亦未详，似非全篇。存文如下："引如征鸿赴沼，布若群鹊依枝。类林麓之隐隐，匹星汉之离离。蜂起百涂，从横万制，或无厌而反失，或先赢而后济。"萧詧别出心裁地将黑白子分别喻为鹊鸟和鸿雁，并对棋势作了动态描绘，指出了对局中无厌反失、先赢后济这种得失转化的现象。

二 围棋诗

诗是中国古代文学宝库中的一颗耀眼明珠。历代诗人当中，爱好围棋者甚众，他们兴之所至，歌之咏之，写下了许多有关围棋主题的诗作，形成了在中国诗歌史中独树一帜的一类诗篇——围棋诗。与诗人的文化属性相一致，这些围棋诗中更多的是关注围棋的寓意，又或注重弈棋时的恬淡隐逸，体现"坐隐"之情。描写棋局上的争斗、体现出围棋战略思想的，虽然数量远逊前者，但更具独特价值和影响。

唐太宗李世民是雄韬伟略的一代名君，作有两首《五言咏棋》，以兵喻棋，气势宏阔。《其一》云："手谈标昔美，坐隐逸前良。参差分两势，玄素引双行。舍生非假命，带死不关伤。方知仙岭侧，烂斧几寒芳。"《其二》云："治兵期制胜，裂地不要勋。半死围中断，全生节外分。雁行非假翼，阵气本无云。玩此孙吴意，怡神静俗氛。"[①] 指出围棋寓"孙吴

[①] 《全唐诗补编》上册，中华书局1992年版，第663页。

意"，"治兵"目的是"制胜"，途径为"裂地"（分割占领地盘），反映了围棋形制的本质；用"围中断""节外分"等手段致敌"半死"或令己"全生"，揭示了棋子死生的关键要害；对"雁行""阵气"等围棋术语用"非假翼"和"本无云"作阐释，生动而形象，全诗展现了一个军事家政治家观棋识棋的视角。

唐代著名诗人杜牧有《送国棋王逢》："玉子纹楸一路饶，最宜檐雨竹萧萧。羸形暗去春泉长，拔势横来野火烧。守道还如周伏柱，鏖兵不羡霍嫖姚。浮生七十更万日，与子期于局上销。"① 一路饶，即让先之意，王逢是国手，而杜牧只需被让一子即可与之匹敌，可见他棋艺了得。杜牧还喜好言兵，曾在曹操注《孙子》的基础上，结合历代用兵的形势虚实，重新注释《孙子》，还写了《战论》《守论》《原十六卫》等军事文论。兵道弈道相通，杜牧在这首诗中，借用典故，用形象化的语言阐说围棋理论，颇为精辟，也是作者的下棋心得。

晚唐诗人张乔曾作《送棋待诏朴球归新罗》："海东谁敌手，归去道应孤。阙下传新势，船中覆旧图。穷荒回日月，积水载寰区。故国多年别，桑田复在无。"② 表达了对来自朝鲜半岛新罗的棋待诏朴球回归故乡的惜别之情。他又有《赠棋僧侣》一诗："机谋时未有，多向弈棋销。已与山僧敌，无令海客饶。静驱云阵起，疏点雁行遥。夜雨如相忆，松窗更见招。"③ 对弈棋境界的理解很是深刻。

唐末诗人杜荀鹤有《观棋》诗："对面不相见，用心如用

---

① 《渊鉴类函》卷三百二十九，文渊阁四库全书本，第23页至第24页。
② 《全唐诗》第十九册，中华书局1960年版，第7308页。
③ 《全唐诗》第十九册，中华书局1960年版，第7319页。

兵。算人常欲杀，顾己且偷生。得势侵吞远，乘危打劫赢。有时逢对手，当局到深更。"①其中指出了攻彼顾我、彼强自保、厚势莫围空等棋理。

宋太宗赵光义棋艺高超，作有《缘识》一诗："凡棋妙手不可得，纵横自在能消息。不贪小利远施张，举措安详求爱力。曲须曲，直须直，打节斜飞防不测。潜思静虑一时间，取舍临时方便逼。牢己疆场煞三思，不骄不法常翼翼。势输他，勿动色，暗设机筹倍雅饰。恒持自固最为强，尤宜闲暇心先抑。"②该诗非常具体地阐述了围棋的作战思想，如"不贪小利远施张""取舍临时方便逼""暗设机筹""恒持自固"等，而"曲须曲，直须直"之语更体现了作者对棋形的理解和重视，这在当时是难能可贵的。

北宋著名理学家、数学家、诗人邵雍写过很多围棋诗，其中《何事吟寄三城富相公》如下："何事教人用意深？出尘些子索沉吟。施为欲似千钧弩，磨砺当如百炼金。钓水误持生杀柄，着棋闲动战争心。一杯酒美聊康济，林下时时或自斟。"诗的颔联、颈联以围棋比喻围棋与战争、战略之关系。③

北宋郑侠有《观棋》诗："三百六十路，通精此有门。数奇藏日月，机发动乾坤。对面知为敌，浑输却有翻。诈贪常易丧，仁守乃长存。只子如轻用，全功更莫论。就令投险胜，宁抵被围奔。纵得四方尽，宁同一腹尊。傍观饶好着，当局奈嗔言。惭愧中孚信，几危大壮藩。坐观成败者，安得不惊魂。"④

---

① 《全唐诗》第二十册，中华书局1960年版，第7947页。
② 《全宋诗》第一册，北京大学出版社1991年版，第438页。
③ 《伊川击壤集》，上海世纪出版集团——学林出版社2003年版，第25页。
④ 《宋诗钞》卷二十三，文渊阁四库全书本，第18页。

诗中所论"就令投险胜，宁抵被围奔"，表现了强烈的主动意识；"纵得四方尽，宁同一腹尊"，则突出了抢占中腹、腹高为尊的重要性，这些表述是独具特色、令人耳目一新的。

三 围棋传说故事

围棋以其具有的独特艺术气质，在中国古代文化中始终与仙道、传奇和轶闻相伴随。两晋南北朝的小说、宋话本、唐传奇、元戏曲和明清笔记小说中，都不乏有关围棋的神鬼灵异故事。这些围棋传说故事，是中国古代社会生活中围棋活动的反映，代表了当时人们对围棋的复杂的认识和情感。

晋干宝《搜神记》载有南斗北斗桑下围棋，赵颜前往求寿的故事；传为晋陶潜著的《搜神后记》亦载有仙馆大夫家中围棋的故事[①]。南朝梁任昉《述异记》记载的观棋烂柯的故事，最为著名："信安郡石室山，晋时王质伐木至，见童子数人棋而歌，质因听之。童子以一物与质，如枣核，质含之不觉饥，俄童子谓曰：'何不去？'质起视斧柯尽烂。既归，无复时人。"[②] 这一故事后来经文人士大夫的想象和再创造，采入诗文，几乎是无人不晓，无人不知，仁者见仁，智者见智，成了围棋史上最著名的传说之一。

唐代传奇《虬髯客传》说虬髯客和道士邀李世民观弈，趁机看他是否有帝王之相。道士一见世民风采，"……惨然，下棋子曰：'此局全输矣！于此失却局哉！救无路矣！复奚

---

① 《新辑搜神记　新辑搜神后记》上册，中华书局 2007 年版，第 66 页至第 67 页。
② 《前定录等》上册之《述异记》，中华书局 1991 年版，第 10 页。

言!'罢弈而请去。"另有传说谓下棋的是虬髯客和李世民,一开局,虬髯于四四星位各置一子,喝道:"老虬四子占四方!"李世民不慌不忙,在天元下了一子,回敬道:"小子一子定乾坤!"据说他的气势立即震慑了虬髯,打消了逐鹿中原的念头,棋也认输了。

唐薛用弱《集异记》记载了一段王积薪偶遇民间女子高手的逸事[①]。安史之乱爆发后,唐玄宗逃到四川,王积薪跟随同行。一天王积薪投宿客店,灭烛之后听见隔壁有婆媳两人说话。婆婆招呼儿媳:"良宵无以为适,与子围棋一赌可乎?"儿媳应声同意。王积薪心里非常奇怪,暗想:"室内既无灯光,况且婆媳各住东西房,怎能下围棋呢?"他细心听着两人的对话。原来婆媳两人在黑暗中口念置子点位对弈,几十回合后,婆婆说:"子已败矣"。王积薪暗自记住棋局,第二天复盘,自愧不如。"邓艾开蜀势"便是那天夜里学得的。这个故事颇具传奇色彩,但说明唐代民间已有棋艺高超的女棋手。

晚唐时代,世事如弈,藩镇们你争我夺,战伐不休,于是知兵棋以献策、借兵棋以喻世者屡见不鲜,其中"南山木强人"的故事,在怪诞的内容中蕴涵着较为深刻的围棋战略思想。现从唐柳祥《潇湘录》录其原文如下:

马举镇淮南日,有人携一棋局献之,皆饰以珠玉,举与钱千万而纳焉。数日,忽失其所在,举命求之,未得。而忽有一叟,策杖诣门,请见举,多言兵法。举遥坐以问之,叟曰:"方今正用兵之时也,公何不求兵机战术,而将御寇雠?若不如是,又何作镇之为也!"公曰:"仆且治疲民,未暇于兵机

[①] 《博异志、集异记》集异记卷,中华书局1980年版,第2至第3页。

战法也。幸先生辱顾,其何以教之?"老叟曰:"夫兵法不可废也,废则乱生,乱生则民疲,而治则非所闻,曷若先以法而治兵,兵治而后将校精,将校精而后士卒勇。且夫将校者,在乎识虚盈,明向背,冒矢石,触锋刃也;士卒者,在乎赴汤蹈火,出生入死,不旋踵而一焉。今公既为列藩连帅,当有为帅之才,不可旷职也。"举曰:"敢问为帅之事何如?"叟曰:"夫为帅也,必先取胜地,次对于敌军,用一卒,必思之于生死,见一路,必察之于出入。至于冲关入劫,虽军中之余事,亦不可忘也,仍有全小而舍大,急杀而屡逃,据其险地,张其疑兵,妙在急攻,不可持疑也。其或迟速未决,险易相悬,前进不能,差须求活,屡胜必败,慎在欺敌,若深测此术,则为帅之道毕矣。"举惊异之,谓叟曰:"先生何许人?何学之深耶?"叟曰:"余南山木强之人也,自幼好奇尚异,人人多以为有韬玉含珠之誉,屡经战争,故尽识兵家之事。但乾坤之内,物无不衰,况假合之体,殊不坚牢,岂得更久耶?聊得晤言,一述兵家之要耳,幸明公稍留意焉。"因遽辞,公坚留,延于客馆,至夜,令左右召之,见室内唯一棋局耳,乃是所失之者。公知其精怪,遂令左右以古镜照之,棋局忽跃起,坠地而碎,似不能变化。公甚惊异,乃令尽焚之。

这则志怪故事,曲折生动,中间部分老叟以棋法论兵机,实属棋艺经验的结晶。它主要阐述的围棋战略思想有数点:①先取胜地,次对于敌军。即先占要点,先捞实地,其次才是与敌军的对阵厮杀。②用一卒必思之于生死,见一路必察之于出入。即每一投子,要明了此一子的生死后路;每一空路,要察知棋子的出入方向。③全小而舍大。④"急杀而屡逃"五句,指对敌方仓皇逃遁的孤棋,采用急攻战术。⑤"其或迟速必决"四句,即己方处于险境而又不能前进的孤棋,赶快就地做活。⑥慎在欺敌。这些围棋理论,反映了唐人的认识水平,吉光片羽,弥足珍贵。"南山木强人"虽然不是专门的围棋理论文献,但它是第一次用围棋理论为基础创作出来的志怪小说。①

明凌蒙初《二刻拍案惊奇》中的《小道人一道饶天下,女棋童两局注终身》,描写了一棋艺高超的村童,扮成小道人,挟技游历,在辽国都城燕山遇辽国女国手妙观,几经波折,终成眷属的爱情故事。这个故事源于宋人姚宽《西溪丛语》卷上,当时不过百余字。"蔡州褒信县有棋师闵秀才说:'尝有道人善棋,凡对局,率饶人一先。后死于褒信,托后事于一村叟。数年后,叟为改葬,但空棺衣衾而已。道人有诗云:"烂柯真诀妙通神,一局曾经几度春。自出洞来无敌手,得饶人处且饶人。"'"经凌蒙初妙笔生花,演绎为一万三千余字结构缜密、情节跌宕起伏、人物形象鲜明的故事。

第三节 经验形态

经过两汉和魏晋时期的积累和发展,人们对围棋的理解不断加深,棋艺水平不断提高,对弈道的著述逐渐由赋论等文学形式向棋势、棋谱的编录和棋艺经验的总结深化。这些著述如梁武帝《棋评》、唐王积薪《围棋十诀》、刘仲甫《棋诀》等,总的看是对弈棋经验的高度概括和总结,但还未达到系统的理论著作的程度。同时,在棋谱的绪论和解说中,往往都不同程

---

① 参见张如安著:《中国围棋史》,团结出版社1998年版,第208页至第209页。

度地阐述了棋理棋道，都可归为围棋战略思想表现的经验形态。

一 梁武帝萧衍的《棋评》

梁武帝《棋评》原著已佚，敦煌《棋经》中保存有节录本《棋评要略》，这是一篇极为重要的棋论文献。《棋评要略》篇幅虽短，却字字珠玑，对棋之大要作了总结和归纳，反映了当时的棋艺水平。主要是：①带生为先。《棋评要略》云："棋之大要，当立根源。根源之意，以带生为先。根元既同，行以陵敌，则我意镜而敌人惧也云尔。"意谓棋要有根，有根之棋，攻敌而无顾忌。②提出了处理"年均四等"（犹今之术语"见合"）的原则："凡争地校利而年均四等者，应化方彼我所获多少。若我获有宜，虽少必取，彼得相足，虽大可遗。"③阐明了先据四道，守角依傍的棋理："凡略道，依傍将军，又先争彼此所共形处。将军为柱石，又如山岳。是先以据四道，守角依傍。彼棋虽小，而有活形，得不足以益我，死不足以损我，若营攻击，容或失利云尔。"④强调先手主动权："凡行，便既出手而无彼累，便宜详慎谨录，先行之无可择，又置其尤。宁我薄人，无人薄我，此先行之谓也。"⑤指出行棋要善结阵势："凡行，多欲笼罩局上，以为阵势，成则攻也。"⑥善于审局，攻敌之弱而救己之孤："大行粗遍，当观形势，无使失局也。观察既竟，挥彼孤弱者，当系之；此有孤弱，当生救之；彼见孤弱，我势自强也。"① 梁武帝的棋论是黄金时代弈坛的棋艺经验的深刻总结，富有真知灼见，许多

---

① 《围棋古谱大全》，上海古籍出版社1994年版，第19页。

地方体现着深刻的围棋战略思想精华。

二 唐王积薪的《围棋十诀》

王积薪是盛唐时的一代国手,棋艺在开元和天宝时期独领风骚。《围棋十诀》相传为王积薪所作,最早见载于南宋陈元靓《事林广记》,明刘仲达《鸿书》《秋仙遗谱》《石室仙机》等书均有转载。该诀包括"一不得贪胜、二入界宜缓、三攻彼顾我、四弃子争先、五舍小就大、六逢危须弃、七慎勿轻速、八动须相应、九彼强自保、十势孤取和"十条[1],是古人对围棋取胜秘诀的高度概括和总结,对后世中外棋界有广泛影响。十诀内涵丰富,思想深刻,反映了围棋对弈的普遍规律。①不得贪胜。适可而止,不得过度。贪往往导致不顾或暴露自身的弱点,容易被对手抓住机会反戈一击,与骄兵必败的道理相同。②入界宜缓。在侵入对方势力范围时,宜采取缓慢、宽松的策略。逼近对方厚势行棋,入子过深易遭攻击陷入被动,把握好侵消点,由浅入深、稳妥求活是关键。③攻彼顾我。进攻时要考虑自己,不能自己留有破绽盲目去攻,进攻的目的是获取自身利益最大化。④弃子争先。行棋的先手非常重要,必要时要勇于和善于弃子,掌握主动、赢得先机。⑤舍小就大。当面临取舍时要勇做决断,用小的损失博取更大的利益。⑥逢危须弃。陷入死地的棋子要及早放弃,抱住不放将造成更大的损失。⑦慎勿轻速。落子要谨慎,不能轻举妄动、急躁冒进,不打无把握之战。⑧动须相应。行动要相互照应,相互配合,

---

[1] 《续修四库全书》第1097册,上海古籍出版社2002年版,第354页至第355页。

发挥子力效能。⑨彼强自保。对方强大的情况下首先保存好自己，防止无根受攻。⑩势孤取和。外势较少的情况下，应不惜损失实利去获取势力以谋求地与势的和谐以及全局势力的平衡。围棋十诀极其简练、准确而又通俗地概括了围棋实战中的战略和战术，总结了全局和局部、进攻和防守中的一些重要原理，因此至今仍被中外弈家奉为圭臬。

三 宋刘仲甫的《棋诀》

刘仲甫所著《棋诀》，是对王积薪《十诀》的发展。刘仲甫结合以前历代棋家的经验，把围棋实战中各种着法、各种变化、各种次序，在理论上概括为布置、侵凌、用战、取舍这四个方面，并对各方面做了深刻的阐述。原文如下：

"一曰布置。盖布置棋之先务，如兵之先阵而待敌也。意在疏密得中，形式不屈，远近足以相援，先后可以相符。若于他境，或于六三、三六下子，及九三、十三之着，思不执一，进退合宜。诀曰：'远不可太疏，疏则易断，近不可太促，促则势羸。'正谓此也。善棋者不困在此，使困在彼；势壮在己，势羸在人。此乃为格。

"二曰侵凌。夫棋路无必成，子无必杀，乘机智变，不可预图。且布置已定，则强弱未分，形势鼎峙，然后侵凌之法得以行乎其间，必使应援相接，勾落相连，多方以拥逼，迤逦而侵袭。侵袭若行，则彼路不得不促；拥逼渐急，彼势不得不羸。矣乎忿而先动，则视敌而索其情，观动而制乎变。此之谓善应者也。

第四章 战略的形成：围棋战略理论的发展

"三曰用战。用战之法，非棋要道也。不得已而用之，则务在廉慎以守封疆，端重而全形势。封疆善授我者逸矣。夫以实击虚，以逸待劳，则攻必破，战必克矣。

"四曰取舍。取舍者，棋之大计。转战之后，孤棋隔绝，取舍不明，患将及矣。盖施行决胜谓之取，弃子取势谓之舍。若内足以预奇谋，外足以隆形势，纵之则莫御，守之则莫攻，如是之棋，虽少可取而保之；若内无所图，外无所援，出之则愈穷，而徒益彼之势；守之则愈困，而徒壮彼之威，如是之棋，虽多可舍而委之。

"棋者意同于用兵，故叙此四篇，粗合孙吴之法。古人所谓'怯敌则运计乘虚，沉谋默战于方寸之间，解难排纷于顷刻之际。动静迭居，莫测奇正。不以犹豫而害成功，不以小利而妨远略。'此非谀闻者能议其仿佛耳。"①

《棋诀》从理论上阐明了布局的重要性。第一次从战略的角度提出布局问题。刘仲甫准确地指出了布局的原则，在着法上也提出了具有普遍意义的意见。刘仲甫认为，布局是围棋之基础。从全局、从战略上重视打入，是刘仲甫围棋理论的又一特色。他提出了进攻的时机问题，总结了打入的普遍原则。

刘仲甫对战术上的对杀，持慎重态度。他认为不可轻举妄动，不打无准备之仗，不打无把握之仗。《棋诀》的精彩之处，还在于它把任何一个局部得失，都放在全局加以考察。对于实战中的取舍，刘仲甫也有独特的创见。

总的来说，刘仲甫的《棋诀》较之前人的棋书，更全面、更系统、更深刻地总结了围棋的一些规律，在理论和实践上都

---

① 《忘忧清乐集》，蜀蓉棋艺出版社1987年版，第9页至第10页。

具有较高的价值,是围棋发展史上的一部重要著作。

四 棋谱绪论中的棋理论述

明、清时期围棋名手的棋谱集往往在绪论中包含独到、精辟的棋理论述。比如,施襄夏在《弈理指归》的自序中说,弈之为道,要"行乎当行,止乎当止,任其自然","穷向背之由于无形,而决胜负之源于布局。"[①]论述深刻、透彻,至今仍有参考价值。又如,徐星友《兼山堂弈谱》序云:"用虚不如用实也,用巧不如用拙也。其弃也,乃所以为取也;其退也,乃所以为进也。制于有形,不若制于无形。臻于有用之用,未若臻于无用之用。"[②]其中蕴含着深刻的辩证法思想。

第四节　理论形态

在中国历史上,阐述完整的围棋战略理论的是北周敦煌写本《棋经》和北宋张靖(一说张拟)的《棋经十三篇》。它们的出现不是偶然的,是围棋活动发展到一定阶段的必然产物,代表了围棋理论发展的高峰。在这以前,棋艺著述虽然涉及到围棋理论中的若干问题,但却不是棋艺和围棋有关问题的系统总结和论述。比如,东汉初桓谭的《新论》,不是专门讲棋的著作,其中讲到棋理的部分主要是以兵法来做比喻。东汉末应玚的《棋势》是讲围棋的专著,开头就说围棋"有象军戎战

---

① 《弈潜斋集谱二编》,弈潜斋刊本,《弈理指归》施序第1页至第2页。
② 《围棋古谱大全》,上海古籍出版社1994年版,第505页。

第四章 战略的形成：围棋战略理论的发展

阵之纪"，然后通篇以知名的将领、战役作比拟，也没有直接从棋的本身去研究棋理。马融的《围棋赋》讲到了"先据四道""缘边遮列"等布局原则；梁武帝的《围棋赋》讲到了"玉壶银台、车厢井栏""方四聚五、花六持七"等棋形，为棋经的系统总结打下了基础，提供了素材，但内容还不够充实和丰富。到南北朝后期，中国的围棋至少有一千年以上的历史了，历史上积累起来的大量经验，棋品制、围棋官署等制度的建立，以及越来越多的围棋爱好者迫切要求有一本系统的围棋理论著述，以总结前人成果，启迪后世。在这种历史条件下，先后出现了敦煌写本《棋经》和北宋《棋经十三篇》这两部划时代的光辉著作。

一 北周敦煌《棋经》

敦煌《棋经》内容丰富，体系完备，语言精练警策，是目前所知和所能见到的最早的一部棋经。它长期失传，1899年由王园箓道士发现于敦煌石窟。原文写在佛经的背面，随大批敦煌遗书一起被斯坦因劫往英国，现藏大英博物馆。中华人民共和国成立后成恩元先生发表《敦煌写本〈棋经〉初探》一文之后，该书方为广大棋艺爱好者所认识。长期以来，人们都将北宋张靖《棋经十三篇》看作是我国最早的棋经，而敦煌《棋经》的发现，将这一时间提早了五百年。它是唐以前围棋棋艺发展水平的大总结，是围棋理论研究宝库中不可多得的璀璨明珠，表明古代围棋的发展和围棋理论的研究在唐以前就达到了较高的水平。

敦煌《棋经》作者不详，全书分为七篇正文和附录，原件卷首已残损，所存159行、2443字，因系抄本，脱讹之处和漫漶不识之处较多，异体字、俗体字和笔误也随处可见。成恩元先生通过较深入的研究，对全文作了整理，后收入《中国围棋》第二编①。成恩元著有《敦煌碁经笺证》②，从目录文献、避讳文字和全书内容入手，做了大量考订工作，认为此书是南北朝的北周时期所作。主要论据有二：①《棋经》文字简约，多引兵家史实、前朝典故，阐明行棋方略，如"陈平之计，有节便打。""似晋君之伐虢，更有所窥；若诸葛之行丘，多能好诈。"又如，"王孙龟镜，秦师亡类。""秦蹇叔送三字，知亡于崤。""王朗号为'坐隐'，祖讷称为'手谈'"等等，所引典故，均无南北朝以后者。②《棋经》通卷有一个显著特征，将黑子写为乌子，而北周宇文泰帝小字"黑獭"，以乌代黑系避宇文泰讳，因而当为北周（557—581年）手写本。这一结论是有说服力的。

敦煌写本《棋经》卷首残缺，第一篇篇名不详，从该篇残存文字看，主要是总述弈棋的基本要领道理和法则。接下来是《诱征篇第二》，专论征子之法。《势用篇第三》主要讲"势"在行棋时的具体应用。这里所说的"势"，是指具体的死活和对杀图形，是综合前人经验并经过验证的，如"直四曲四，便是活棋""花六聚五，恒为死亡"等等。《像名篇第四》所谓"像名"，是古人对某一特定的棋形，充分发挥想象力而赋予的名称。即"像体之为名，托形之作号"。同时，

---

① 刘善承主编：《中国围棋》，蜀蓉棋艺出版社1985年版，第140页至第148页。
② 成恩元著：《敦煌碁经笺证》，蜀蓉棋艺出版社1990年版。

论述这些棋形的各自所长，或"四角之能"或"边畔之巧"或"中央之善"，即分别适用于角、边和中腹的作战，指出正是这些富于想象力的形象的图势名，才使得围棋别具一番情趣。《释图势篇第五》论述图与势的关系和复图打谱的重要性。指出"图者，养生之巧，大格之能"，是大规模作战的谋略来源。"势者，弓刀之用，皆有所宜"，是具体战斗时的武器。所以棋手必须经常复图打谱、熟悉各种图势，"多习有益，数学渐能"，而"不叶（业）势图"则"解而难巧"。《棋制篇第六》叙述弈棋的规划和计算输赢的方法。涉及"筹""获筹""取局"等古代围棋的一些专门术语。《部袠篇第七》当中，自述将棋势分为四部的标准和内容，即汉图一十三势、吴图二十四盘和角上对杀之法为一部，各种征子之法和"赌马悬砲"等图势为一部，连环劫、双活等图势为一部，花六、聚五、直持等基本死活图形为一部，使"学者可观，寻思易解"。最后，附录《棋病法》和梁武帝《棋评要略》。据成恩元《敦煌碁经笺证》，将全文引录如下：

□□□□（缺题）

□□□□□□（缺行）平之计，有节便打，使有劣形，纵使无功，于理不损。前锋得膁，宜可侵凌。势若已输，自牢边境。贪则多败，怯则少功。喻两将相谋，有便而取。古人云："不以实心为善，还须巧诈为能。"或意在东南，或诈行西北。似晋君之伐虢，更有所规；若诸葛之行丘，多能好诈。先行不易，后悔实难。棋有万徒，事须谨审。勿使败军反怒，入围重兴，如斯之徒，非乎一也。或诱征而浪出，或因征而反亡，或倚死而营生，或带危而求劫。交军两竞，停战审观。弱者枚之，赢者先击。强者自备，尚修家业。弱者须侵，侵而有益。已活之辈，不假重营。若死之徒，无劳措手。两生勿断，俱死莫连，连而无益，断即输先。棋有弃一之义，而有寻两之行。入境侵疆，常存先手。凡为之劫，胜者先营形势，输筹弱者不须为此。如其谋大，方可救之自外；小行之间，理须停手。虽复文词寡拙，物理可依。据斯行者，保全无失。

诱征篇第二

凡棋有征棋，未须急煞（编者注："煞"同"杀"，下同），使令引出，必获利多。既被入征，前锋必引应子。引征之所，凡有六处：二处当空，四处当实。乌子征白子者，左右二相，各有一角，白子既被入征在中，使为二角。乌子左右二相角外，各有一空角，白子当此角引者，皆得其力。自外引者，全不相应。当此六处引者，道别各有其法。白子当左相空角者，乌子必须在右相当空角，去所引白子畜角对头上下两道，任着之，白子还入征死。白子当乌子左相角引者，乌子又须在左相对自处角，去所引白子一角对头上道着之，对头而死。白子若引自当左相角，乌子在右相自当其对白子一角着之，还入征死。左右各二相，任引皆准此法。白子引二子，各自当二白角者，乌子在外，皆上押二子，入回征之而死。此乃引征之法，必须详审，思而行之。依法为者，获利不少。

势用篇第三

凡论图者，乃有数篇，欲说势名，寻之难尽。犹生犹死之势，余力之能；或劫或持之棋，自由之行。胜者便须为劫，而有劫子之心；弱者先持，而有输局之意。直四曲四，便是活棋。花六聚五，恒为死亡。内怀花六，外煞十一行之棋；果之聚五，取七行之子。非生非死非劫持，此名两劫之棋，行不离手。角傍曲四，局竟乃亡。两幺相连，虽幺不死。直征反拨，尽可录之。花盘字征，略言取要。檀公覆斫，必须布置使然。褚胤悬砲，唯须安稳。直生直死，密行实深。将军生煞之徒，斯当易解。戏中之雅觐，上下之弥佳，妙理无穷，此之谓也。

像名篇第四

棋子圆以法天，棋局方以类地。棋有三百六十一道，故周天之度数。汉图一十三局，像大吕之铖。将军生煞之法，以类征丘。吴图廿四盘，便依廿四气。雁须、菟屈、神化、狼牙，此则四角之能，覆隐之难也。卧龙，赌马，豕、虫、礭、枇杷、玉壶、神盃，边畔之巧也。子冲征法，褚胤悬砲，车相井栏，中央之善。此皆古贤制作，往代流传。像体之为名，托形之作号。纵使投壶之戏，未足为欢；抵掌之谈，岂知其妙？所以王朗号为"坐隐"，祖讷称为"手谈"。尔后以来，莫不宜用。

释图势篇第五

依寻略者，指示廓落教人。欲得为能，多修势图。图者，养生之巧，大格之能。喻若人住牢城，贼徒难越。势者，弓刀之用，皆有所宜。破阵攻城，无不伤煞。此则先人之巧，智士之威。遂使似死更生，如生更死。多习有益，教学渐能。不业势图，解而难巧也。譬如温书广涉自达人才，诸子博通三隅自返，生而知之者，故不自论。非周孔之才，终须习此。

棋制篇第六

凡论筹者，初捻一子为三筹，后取三子为一筹。积而数之，故名为"筹"。下子之法，不许再移。占之不举，君子所上。凡获筹有持者，必须先破求；取局者，勿论。收子了讫，更欲破取筹，不合。棋有停道及两溢者，子多为胜。取局子停，受饶先下者输。纵有多子，理不合计。凡砲棋者，不计外行。有险之处，理须随应所无。不问多少，任下皆得。古人云："砲棋忿君子是以不满其三。"此则缘取人情谓之言也。凡棋斗劫者，应所不问。先有契约者，勿论。

部袠篇第七

余志修棋法，性好手谈。薄学之能，微寻之巧。凡名势者，分为四部，部别四篇，而为成帙。乃集汉图一十三势，吴图廿四盘，将军生煞之能，用为一部。乃集杂征、持趁、赌马、悬砲，像名余死之徒又一部。非生非死，持劫自活，犹犹生生之徒，又为一部。花六、聚五、直、持，又为一部。依情据理，搜觅所知，使学者可观，寻思易解。虽录古人之巧，不复更寻；依约前贤，粗论云尔。未敢用斯为好，唯以自诫于身，岂或流传，以备亡也。（编者注：以上是《棋经》正文。《棋病法》以下是《棋经》附录）

棋病法

棋有"三恶""二不祥"。何谓"三恶"？第一傍畔萦角，第二应手鹿鹿，第三断绝不续。若傍畔萦角，他子在内，形势遂大。出境宽假，欲于内下子，敌势已壮，营活山四，急何能破敌也。数行入内，便相连接，形势常令不绝。计投下子，常须两坚：一、自取出境；二、觅敌人便。若应他手，他常得便，自取其宜也。子没，即输他局。若其断绝，即为两段，不可并救。何谓"二不祥"？一谓下子无理，任急速；二谓救死，形势不足。夫下子皆须思量，有利然后下之。不得虚费棋子，致失方便，得作两眼形势。有五三子者，必不可救，慎勿救之。设令方便，待作两眼形势，大境并属敌家。兵书云："全军第一。"棋之大体，本拟全局，审知得局，然后可奇兵异讨，虏掠敌人。局势未分，以救五三死子，覆局倾败，有何疑也。棋有"两存""二好"。何谓"两存"？一者，入内不绝，远望相连；二者，八通四达，以惑敌人。凡所下子，使内外相应，子相得力。若触处断绝，难以相救。若下子于敌家之内，无得出理。此谓无力搦虎口，自贻伊戚。若发手觅筹者，轻敌多败。此谓王孙龟镜，秦师亡类。夫谓下子，慎勿过深入，使子没于敌人之手。深入无救，必败。若败，深入傍敌，其死交手。此谓秦蹇叔送三子，知亡于崤之类。必须斟酌远近，内外相及，万胜之功全矣。"二好"者：无力不贪为一好；有力怯战必少功，此须斟酌前敌，使子不虚发也。

夫棋法本由人心，思虑须精，计算须审。所下之子，必须有意，不得随他下讫遂即下。初下半已前，争取形势。腹内须强，不得傍畔萦角，规觅小利，致失大势。既分，须先看局上周遍，于审最急处，先手下之，不得输他先手。一两子以下及十子以上，必为救之，致失局势，反被驱逐。至于讫竟虽活，只得二眼，必须斟酌。更有形势道数利胜者，便即弈之。俗语云："棋有弃一义。"又不宜过贪，专规煞他，使棋势多节，反被斫截，分为二处，俱难可救之。又不得过怯，专自保守，径即输局,所谓"怯者少功,贪者多亡"。又棋之体,专任权变,赢兵设伏,以诳敌人。或输其少子,取其多利;或觅便为劫,以惑敌人。不得旬旬,徒为费子之行。为劫之体,须计多少,然后为之。作劫之时,先从大者作之,不得从小,他不应人。若作劫应,自非觅筹不须也。若作劫,输子少,得道利多,作之。在局常行竖一拆一,竖二拆三,竖三拆四,竖四拆五,即不得断。又急挤漫角,反破斫眼孔,如此之徒,皆须精熟悉。

梁武帝《棋评要略》

棋之大要,当立根根源源之意,以带生为先。根元既同,引以陵敌,则我意镜而敌人惧也云尔。凡争地校利而年均四等者,应化方彼我所获多少。若我获有宜,虽少必取。彼得相匹,虽大可遗。凡略道,依傍将军,又先争彼此所共形处。将军为柱石,又如山岳。是以先据四道,守角依傍。彼棋虽小,而有活形,得不足以益我,死不足以损我,若营攻击,容或失利云尔。凡行,便既出手而无彼累,弥宜详慎。谨录先行之无可择,又置其尤。"宁我薄人,无人薄我",此先行之谓也。凡行,多欲笼罩局上,以为阵势,成败攻也。大行粗遍,当观形势,无使失局也。观察既竟,挥彼孤弱者,当系之;此有孤弱,当生救之;彼见孤弱,我势自强也。

棋经一卷。

敦煌《棋经》行文朴实,用语专深,总结和提炼了极为宝贵的古代围棋战略思想,其突出特点:一是突出强调围棋战略与战争用兵的相通性。文中多结合古代著名战例来说明围棋的战略战术，从春秋时期秦晋之战到作者所处南北朝时期檀道济等战略家的军事实践，全文有8条这样的例子，作者把它们作为围棋战略理论的注脚来运用，战争气息浓厚，给读者以生动实际的深刻印象。二是突出强调"巧诈为能"的谋略运用。在第一篇就鲜明提出，"喻两将相谋，有便而取"，"不以实心为善，还须巧诈为能"。作者以"晋君伐虢，更有所规""诸葛行兵，多能多诈"以及陈平之计等兵家史实，说明变诈劫杀这一原则的重要性。三是突出强调"有节便打"的战略主动和进取性。作者说道："有节便打，使有劣形，纵使无功，于理不损。"这种贴近缠斗、打击对手弱点不给其喘息之机的战斗风格，正是古棋擅博杀之风的体现。作者对棋的争先非常重视，指出"先行不易，后悔实难"，"棋有弃一之义，而有寻两之行"，"入境侵疆，常存先手"，充分认识到了掌握主动事关优势获取和全局胜败。四是突出强调全局关联、审局而动的战略形势判断。比如："前锋得朦，宜可侵凌。势若已输，自牢边境。"对局部的关联带来的效应举例说明，"或诱征而浪出，或因征而反亡，或倚死而营生，或带危而求劫。"指出在强弱的不同状态下的行棋方向，即"弱者枚之，赢者先击。强者自备，尚修家业。弱者须侵，侵而有益。已活之辈，不假重营。若死之徒，无劳措手。两生勿断，俱死莫连，连而无益，断即输先"，等等。五是突出强调"为劫"取舍的战略意义。作者在第一篇指出，"凡为之劫，胜者先营形势，输筹弱者不须为此。如其谋大，方可救之自外；小行之间，理须停手。"其中先营形势、谋大放小之论，意义深刻。在第三篇中又说道，"胜者便须为劫，而有劫子之心；弱者先持，而有输局之意。"准确阐释了为劫的作用和意图，发前人所未论。六是突出强调"征棋"的战略价值。作者以单独一篇"诱征第二"详细论述征棋、引棋的方法和行棋准则，大异后世棋手习用手法，体现出作者的独到见解。作者指出，"凡棋有征棋，未须急煞，使令引出，必获利多"，"引征之法，必须详审，思而行之"，"依法为者，获利不少"，"依法"二字反映出当时对围棋规律的认识高度自觉性。

敦煌《棋经》还保留了若干极为重要的古代弈棋制度和规则的资料。从"取局子停，受饶先下者输"看，我们可以知道，"取局"是一种对弈的方法。在这种方法下对弈，若出现子数相同的情况，则受饶先者为输。也就是说，古代围棋没有贴子（目）制度，只有饶先，输赢全凭收子计数。从"将军生煞（杀）之能"等记述，则证明古人对"将军"周围的格杀（即角上的争夺）极为重视，已积累了很多定式性质的图形。这部《棋经》也使我们了解了古代棋谱、图势的收集和流传情况。书中两次提到"汉图一十三势"和"吴图二十四盘"，并视作经典，可见汉代和三国吴时围棋水平的发展已相当高，为研究三国和三国以前围棋的发展提供了有力的证据。至于"檀公覆斫""褚胤悬砲""子冲征法"，不仅使我们知道了棋手的创造和擅长，也表明这部棋经融汇了南北棋艺的精华。书中提到"卧龙赌马""雁须菟屈""车厢井栏""玉壶神杯"等图势名，使我们更深切地感受到围棋文化对社会各阶层的影响，更深地体验到古人高雅的围棋情趣。

二 北宋张靖《棋经十三篇》

宋代张靖（1004—1078）（一说张拟）所著《棋经十三篇》成书于北宋仁宗皇祐年间（1049—1052年），是集历代棋经之大成的专著，也是我国迄今存世最完整、最系统的围棋理论经典著作。其作者，长期以来有宋张拟之说，但据今人考证，宋片署名"皇祐中张学士拟撰"之拟，非人名，为拟《孙子十三篇》之拟。《棋经十三篇》从形式上仿拟《孙子兵法》，但并不是一部纯粹的以兵论棋的专书，而是从儒家、兵家、棋家三个方面结合来阐述围棋的基本理论。

《棋经十三篇》序称："春秋而下，代有其人，则弈棋之道，从来尚矣。今取胜败之要，分为十三篇。有与兵法合者，亦附于中云尔。"表明成书之旨是继承汉人以兵言棋的观点，探寻深奥的棋理，总结千余年来的棋艺经验，因此模仿《孙子兵法》十三篇的体例，撰成该书。

全书十三篇按棋局、得算、权舆、合战、虚实、自知、审局、度情、斜正、洞微、名数、品格、杂说排列，次第井然，内容十分丰富。《棋局篇》专论围棋的象征和意义；《得算篇第二》《自知篇第六》《度情篇第八》主要论述对局的注意事项和态度；《斜正篇第九》及《杂说篇第十三》的一部分主要讲弈者的品德和作风；《名数篇第十一》则继承徐铉的《围棋义例诠释》，论行棋的术语及其含义；《品格篇第十二》说列九品的名称。《权舆篇第三》《合战篇第四》《虚实篇第五》《审局篇第七》《洞微篇第十》，以及《杂说篇第十三》的一部分，以最大的篇幅总结了围棋的实战经验。作者对棋艺有深刻的理解，能够运用简洁明快和朗朗上口的语言将围棋的道理讲得深入浅出，并善于引用古文经典中的论述来进行说理和论证，具有很强的思想性和强烈的感染力。《棋经十三篇》全文如下（以元人严德甫、晏天章《玄玄棋经》为底本，参见清邓元鏸编《弈潜斋集谱二编》之《棋经十三篇》）：

序

《传》曰："饱食终日，无所用心，不有博弈者乎？"桓谭《新论》曰："世有围棋之戏，或言是兵法之类。上者远其疏张，置以会围，因而成得道之胜；中者则务相绝遮，要以争便求利，故胜负狐疑，须计数以定；下者则守边隅趋作罫，以自生于小地。"春秋而下，代有其人，则弈棋之道，从来尚矣。今取胜败之要，分十三篇，有与兵法合者，亦附于中云尔。

棋局篇第一

夫万物之数，从一而起，局之路，三百六十有一。一者，生数之主，据其极而运四方也。三百六十，以象周天之数。分而为四隅，以象四时。隅各九十路，以象其日。外周七十二路，以象其候。枯棋三百六十，白黑相半，以法阴阳。局之线道谓之枰，线道之间谓之罫。局方而静，棋圆而动。自古及今，弈者无同局。《传》曰："日日新。"故宜用意深而存虑精，以求其胜负之由，则至其所未至矣。

得算篇第二

棋者，以正合其势，以权制其敌。故计定于内，而势成于外。战未合而算胜者，得算多也。算不胜者，得算少也。战已合而不知胜负者，无算也。《兵法》曰："多算胜，少算不胜，而况于无算乎？由此观之，胜负见矣。"

权舆篇第三

权舆者，弈棋布置，务守纲格。先于四隅分定势子，然后拆二斜飞，下势子一等。立二可以拆三，立三可以拆四，与势子相望可以拆五。近不必比，远不必乖。此皆古人之论，后学之规，舍此改作，未之或知。《诗》曰："靡不有初，鲜克有终。"

合战篇第四

博弈之道，贵乎谨严。高者在腹，下者在边，中者占角，此棋家之常然。法曰："宁输数子，勿失一先。"有先而后，有后而先。击左则视右，攻后则瞻前。两生勿断，皆活勿连。阔不可太疏，密不可太促。与其恋子以求生，不若弃之而取势。与其无事而强行，不若因之而自补。彼众我寡，先谋其生；我众彼寡，务张其势。善胜敌者不争，善阵者不战，善战者不败，善败者不乱。夫棋始以正合，终以奇胜。必也四顾其地牢不可破，方可出人不意，掩人不备。凡敌无事而自补者，有侵绝之意也；弃小而不救者，有图大之心也。随手而下者，无谋之人也。不思而应者，取败之道也。《诗》云："惴惴小心，如临于谷。"

虚实篇第五

夫弈棋，绪多则势分，势分则难救。投棋勿逼，逼则使彼实而我虚。虚则易攻，实则难破。临时变通，宜勿执一。《传》曰："见可而进，知难而退。"又曰："执中无权，犹执一也。"

自知篇第六

夫智者见于未萌，愚者暗于成事。故知己之害而图彼之利者，胜；知可以战不可以战者，胜；识众寡之用者，胜；以虞待不虞者，胜；以逸待劳者，胜；不战而屈人者，胜。《老子》曰："自知者明。"

审局篇第七

夫弈棋布势，务相接连。自始至终，着着求先。临局交争，雌雄未决，毫厘不可以差焉。局势已赢，专精求生；局势已弱，锐意侵绰。沿边而走，虽得其生者，败。弱而不伏者，愈屈。躁而求胜者，多败。两势相围，先虑其外。势孤援寡则勿走，机危阵溃则勿下。是故，棋有不走之走，不下之下。误人者多方，成功者一路而已。能审局者则多胜矣。《易》曰："穷则变，变则通，通则久。"

度情篇第八

人生而静，气情难见。感物而动，然后可辨。推之于棋，胜败可得而先验。法曰："夫持重而廉者多得，轻易而贪者多丧，不争而自保者多胜，务杀而不顾者多败。"因败而思者，其势进；战胜而骄者，其势退。求己弊不求人之弊者，益；攻其敌不知敌之攻己者，损。目凝一局者其思周，心役他事者其虑散。行远而正者吉，机浅而诈者凶。能自畏敌者强，谓人莫己若者亡。意旁通者高，心执一者卑。语默有常，使敌难量。动静无度，招人所恶。《诗》云："他人有心，予忖度之。"

斜正篇第九

或曰："棋以变诈为务，劫杀为名，岂非诡道耶？"予曰："不然。《易》云：'师出以律，否臧凶。'"兵本不尚诈谋，言诡道者，乃战国纵横之说。棋虽小道，实与兵合。故棋之品甚繁，而弈之者不一。得品之下者，举无思虑，动则变诈，或用手以影其势，或发言以泄其机；得品之上者则异于是，皆沉思而远虑，因形而用权，神游局内，意在子先，图胜于无朕，灭行于未然。岂假言辞喋喋，手势翩翩者哉？《传》曰："正而不谲。"其是之谓欤？

洞微篇第十

凡棋有益之而损者，有损之而益者；有侵而利者，有侵而害者；有宜左投者，有宜右投者；有先着者，有后着者；有紧辟者，有慢行者。粘子勿前，弃子思后。有始近而终远者，有始少而终多者。欲强外先攻内，欲实东先击西。路虚而无眼则先觑，无害于他棋则做劫。饶路则宜疏，受路则勿战。择地而侵，无碍则进。此皆棋家之幽微，不可不知也。《易》曰："非天下之至精，其孰能与于此？"

名数篇第十一

夫弈棋者，凡下一子，皆有定名。棋之形势、死生、存亡，因名而可见。有冲，有斡，有绰，有约，有飞，有关，有劄，有粘，有顶，有尖，有觑，有门，有打，有断，有行，有立，有捺，有点，有聚，有跷，有夹，有拶，有辟，有刺，有勒，有扑，有征，有劫，有持，有杀，有松，有盘。用棋之名，三十有二。围棋之人，意在万周。临局变化，远近纵横，我不得而前知也。用倖取胜，难逃此名。《传》曰："必也正名乎！"棋之谓欤？

品格篇第十二

夫围棋之品有九：一曰入神，二曰坐照，三曰具体，四曰通幽，五曰用智，六曰小巧，七曰斗力，八曰若愚，九曰守拙。九品之外，不可胜计，未能入格，今不复云。《传》曰："生而知之者，上也；学而知之者，次也；困而学之，又其次也。"

杂说篇第十三

夫棋，边不如角，角不如腹。约轻于捺，捺轻于辟。夹有虚实，打有情伪。逢绰多约，遇拶多粘。大眼可赢小眼，斜行不如正行。两关对直则先觑，前途有碍则勿征。施行未成，不可先动。角盘曲四，局终乃亡。直四板六，皆是活棋。花聚透点，多无生路。四隅十字，不可先纽。势子在心，勿打角图。弈不欲数，数则忿，忿则不精。弈不欲疏，疏则忘，忘则多失。胜不言，败不语，振廉让之风者，乃君子也。起愤怒之色者，小人也。高者无亢，卑者无怯，气和而韵舒者，有喜其将胜也；色变者，忧其将败也。赧莫赧于易，耻莫耻于盗，妙莫妙于用松，昏莫昏于复劫。凡棋直行三则改，方聚四则非。胜而路多，名曰赢局；败而无路，名曰输筹。皆筹为溢，停路为节。打筹不得过三，淘子不限其数。劫有金井、辘轳，有无休之势，有交递之图，弈棋者不可不知也。凡棋有敌手，有半先，有先两，有桃花五，有北斗七。夫棋有无之相生，远近之相成，强弱之相形，利害之相倾，不可不察也。是以安而不泰，存而不骄。安而泰则危，存而骄则亡。《易》曰："君子安而不忘危，存而不忘亡。"

跋

我朝善弈显名天下者，昔年待诏老刘宗，今日刘仲甫、杨中隐，以至王玩、孙侁、郭范、李百祥辈，人人皆能诵此十三篇，体其常而生其变也。古人谓："犹盘中去圆，横斜曲直，系于临时，不可尽知。而必可知者，是圆不能出于盘也。"《棋经》，盘也；弈者，圆也。士君子无所用心，则可观焉。

《棋经十三篇》中，涉及围棋战略思维的论述遍布棋经各篇，占有突出的地位。这些围棋战略思想内涵极为丰富和深刻，不仅吸纳了《围棋十诀》等前代国手的主要思想，而且将古人的经验概括得更为精辟，可以概括为以下方面：

①谋计度算思想。强调决定全局胜负的根本原因，是一方比另一方思虑更深、计算更多、谋划更周全。比如书中讲到，"故宜用意深而存虑精，以求其胜负之由。"（《棋局篇》）"故计定于内，而势成于外。""战未合而算胜者，得算多也。战已合而不知胜负者，无算也。"（《棋局篇》）"随手而下者，无谋之人也。不思而应者，取败之道也。"（《合战篇》）极言胜败之理皆由于算、而战之不可以无算的道理。

②察情审局思想。强调能审明局势、因势度情者多胜，揭示了战略形势判断的重要性，并指出不同情势下的行棋方向。比如，"局势已赢，专精求生。局势已弱，锐意侵绰"（《审局篇》），局势大优时确保活棋，局势不利时主动进攻、挑起战斗。"两势相围，先蹙其外。势孤援寡则勿走，机危阵溃则勿下"（《审局篇》），双方相围时走在外边为好，孤立寡援、难以自保的棋不继续走。还有如，"两生勿断，皆活勿连""彼众我寡，先谋其生；我众彼寡，务张其势"（《合战篇》）等，都把局势的判断与下法紧密关联。

③勿失先机思想。棋经对掌握行棋先手的价值有清醒的认识，强调始终要掌握对弈的主动权。正如文中所说："宁输数

子，勿失一先"（《合战篇》），先手蕴含的效能是区区数子难以比拟的。对什么是先手、先机也有辩证的认识，即"有先而后，有后而先"（《合战篇》），有的看似先手、却导致落后手，有的后手应棋却暗藏先机。所以，要"自始至终，着着求先"（《审局篇》），如果能全盘都能努力去争取并掌握主动，那确乎达到高手的境界了。

④相对相生思想。中国古代传统文化讲阴阳相克相生，其实质是对立统一的辩证思想，这一点在中国围棋战略思想中有鲜明的体现。《棋经十三篇》全文贯穿着阴阳对立、相伴相生、相辅相成的辩证法思想。比如，"欲强外先攻内，欲实东先击西。"（《洞微篇》）"因败而思者，其势进。战胜而骄者，其势退。"（《度情篇》）"有先而后，有后而先。击左则视右，攻后则瞻前。"（《合战篇》）"凡敌无事而自补者，有侵绝之意。弃小而不救者，有图大之心也。"（《合战篇》）所以作者说，"夫棋，有无之相生，远近之相成，强弱之相形，利害之相倾，不可不察也。"（《杂说篇》）

⑤先胜后战思想。强调先为不可胜、以待敌之可胜，这样就能始终立于不败之地。棋经中的表述与兵法极为一致。比如，"善胜者不争，善阵者不战。"（《合战篇》）"夫棋，始以正合，终以奇胜，必也。四顾其地，牢不可破，方可出入不意，掩人不备。"（《合战篇》）"夫持重而廉者多得，轻易而贪者多丧，不争而自保者多胜，务杀而不顾者多败。""求己弊不求人之弊者，益。攻其敌不知敌之攻己者，损。"（《度情篇》）"故知己之害而图彼之利者，胜；知可以战不可以战者，胜；识众寡之用者，胜；以虞待不虞者，胜；以逸

待劳者，胜；不战而屈人棋者，胜。"（《自知篇》）这种思想与《围棋十诀》中"攻彼顾我"类似，但又更为系统而深入。

⑥正合权制思想。强调围棋制胜要将堂堂之阵与灵活权变有机结合起来。制胜的基础是"正"，即按照公认的行棋准则和规矩排兵布阵，是巩固和扩大自身利益之需，而非人意料之举。正如《权舆篇》所说，"弈棋布置，务守纲格"；《合战篇》中也指出，"博弈之道，贵乎谨严"。谨严就是要周密运筹、布势严整，行棋合乎棋理，就如兵法中所说"师出以律"。同时，制胜的关键是"权"。"棋者，以正合其势，以权制其敌"（《得算篇》），善于捕捉和制造战机，在审慎运筹、进退有据的情况下灵活变化，运用谋略和诡诈之法使对手难以察觉、赢得优势，以奇制胜。

⑦虚实结合思想。强调行棋要有实有虚、虚实统一，才能实现效率的最大化。这一思想既体现在自身的巩固上，如《合战篇》所说，"阔不可太疏，密不可太促"；《权舆篇》所述，"近不必比，远不必乖。"也体现在针对对手的着法上，如《虚实篇》指出，"投棋勿逼，逼则使彼实而我虚。虚则易攻，实则难破。"棋经对"虚"作了深刻分析，指出"绪多则势分，势分则难救"（《虚实篇》），头绪太多是虚弱的一种，对己不利；但"虚"并不等同于"弱"，正如《杂说篇》所说"夹有虚实，打有情伪"，有时故意露出"虚"来可迷惑对手用强，可达到制造头绪、转守为攻为效果。

⑧变通勿执思想。这是棋经全文中蕴含的一个重要思想，强调行棋要灵活变通，根据棋局和对手的变化"因形而用权"

（《斜正篇》），不能执念呆板。审局、度情、斜正、虚实等篇中都体现着当变则变的思想。比如，在《虚实篇》中明确指出"临时变通，宜勿执"；在《度情篇》中强调"意旁通者高，心执一者卑"，善于触类旁通、因形变化者为高，而眼界狭小、固执一端者为低；在《名数篇》形容围棋的变化多端，"临局变化，远近纵横，我不得而前知也"，反映出围棋"自古及今，弈者无同局""日日新"的无穷魅力。

　　《棋经十三篇》是一部划时代的棋艺经典著作，它总结的棋战经验比之以前的任何一部作品均要丰富深刻，代表着围棋战略思想的一个高峰，是我国古代围棋理论瑰宝中的一颗耀眼明珠。在南北朝的时候，虽然出现过敦煌《棋经》，但其没能在棋坛流传，未起到应有的作用。《棋经十三篇》却不同，它一经问世，就受到棋手们的重视，成为指导棋手探索棋艺奥秘的理论指南，刘仲甫等国手皆奉为圭臬，争相传诵，"体其常而生其变"，以至于到了"我朝善弈显名天下者……人人皆能诵此十三篇"的地步。又有"古人谓盘中走丸，横斜曲直，系于临时，不可尽知。而必可知者，是丸不能出于盘也，棋经，盘也，弈者，丸也"的评价。从北宋起一直到今天，张靖的《棋经十三篇》受到历代弈家的高度重视，成为我国围棋著述中注家最多、版本最繁、流行最广、影响最深，而且是敦煌《棋经》尚未发现之前我国唯一存世的一部理论性的围棋经典著作。《棋经十三篇》对于推动围棋进一步的发展，推动围棋棋艺水平和战略思维能力的提高，起了巨大的作用。

第五章 战略的内涵：
传统的和最新的围棋战略理念

围棋战略理念，是围棋战略艺术在思想理论和观念形态上的集中体现。这些理念，在不同时期、不同范围，有不同的表现形态和基本内涵。主要可以从两个方面来看。

第一节 传统的或经典的围棋战略理念

围棋战略思想中的传统、经典理念，也可称为核心理念，带有普遍性质，反映围棋博弈的客观规律，被无数实战经验所证明，是公认的、不能随意违背的原则。如果违背了，或者直接导致竞技失利；或者偶然获胜，但不能在多数比赛中胜利；或者小有成就，但最终难以成为大棋士。这些理念，主要包括以下 10 条。

一 多算先胜

围棋是数的科学。围棋的战略构想、战役组织、战斗实施正确与否，都建立在计算是否准确的基础上，通过算度的深浅反映出来。《孙子兵法》中"多算胜"的思想，在围棋竞技中表现得最为充分和突出。比如，博弈之前的"庙算"，就是预先分析敌我双方情况，构思、盘算作战的总体方略；布局开始时的"筹算"，就是根据双方初始构想碰撞的情况，筹划、谋算整个作战的走向和作战部署；子力展开时的"估算"，就是对不同方向投入子力的效率进行思索和估量；组织战役时的"测算"，就是对预想目标、手段步骤、发展变化和关联影响进行推想和测度；战局进程中的"格算"，就是对交战双方的得失进行比较和掂量；具体战斗中的"精算"，就是对行棋的着法、变化、结果进行精确、周密的计算。每一种计算方式，都联系特定的思维模式。计算，不仅是战术思维的要素和依据，而且是战略思维的要素和依据。战略构思也要计算。围棋计算的特征，纵向看，是从定性到定量、从大体到具体、从模糊到清晰、从概略到精确；横向看，每个阶段的计算都是在比较双方量化的程度、准确的程度、预测的程度。特别是在严格限制时间的情况下，更是在比较双方思维的强度、计算的准度和反应的速度。谁算得早、算得快、算得多、算得细、算得准，谁就是强者，谁就能胜利。

二 主导在我

掌握行棋的主导权，占据博弈的主动地位，是围棋战略思想中最早也是最重要的古训，是围棋竞技艺术的最高境界。博弈是双方意志的较量，主导，就是通过"手谈"传达的信息，把自己的意志强加给对方，迫使对方为了自身的利益而不得不在行棋中偏离或违背自己的意志，而服从或屈从于我方的意志。主导，包括套路主导，使整个行棋的路数和步调，走入我方熟悉的、优势的、预想的套路，而使对方不能充分发挥其优势；局势主导，在双方对抗中以高人一筹的构思与计算，形成符合我方意图、抑制对方意图的局面、结构、态势；发展主导，对局面的发展趋势预想、设计在先，迫使或诱使对方按我方设想行走，从而把握整个棋局的走向。主导有两个尺度：一是我方满意、主动、得利的程度，一是对方难受、被动、损利的程度，这两个指数一正一反，都是形成主导的标志。主导权反映在行棋状态上，就是作战的主动权。主动权是重要的战略概念。毛泽东说过：主动权就是行动的自由权。自由权不是随意行棋的权利，而是能够制人而不制于人的表现，是主导权的表现。掌握行棋的主导权、主动权，是追求高端博弈艺术的目标。

三 以势压人

势是围棋战略思想的核心概念。势的构想、营造和运用，即谋势、造势、用势，是围棋战略艺术的关键要素。势的本意是指由力量的一致性、事物的共同趋向和营造产生的潜能，所形成的一种特殊的能量结构和表现形态。《孙子兵法》中有"兵势篇"专门论势，指出："善战者，求之于势。"强调利用无可抵御的能量释放，创造一种压倒性的战斗力，比如"激水之疾至于漂石""转圆石于千仞之山"。围棋博弈中的势主要指：态势，形成使对手感到压力和威胁、行动受到制约，使自己行棋顺畅、高效的格局和战略环境；外势，外线作战是战略主动的表现，把棋走在正面、宽大的空间，夺取战场制高点和控制权；气势，势是一种能量场，势能既包括物理能量，也包括心理能量，通过能量的聚集和发挥，不仅在局面上，而且在心态上影响和震慑对手；趋势，逐步释放蓄积的潜能，主导和控制棋局发展的走向。围棋造势、用势的基本手法是：布局、序盘作战中贯彻我方意图、破坏对方意图形成的压迫；营造大模样形成的压迫；实施包围、隔断形成的压迫；进行"宽攻"即保持一定距离的威胁和攻击形成的压迫，等等，都是"以势压人"的具体体现。势的运用是有条件的，也有自身的局限性，包括：要付代价，可能在实地上受损、出现漏洞或意图落空，关键在得失比较；有阶段性，只能在战略展开即序盘和进入中盘作战时使用；需要结合，不可能独立进行，要与其他作战手段相互融合；必须转化，围棋虚与实的转化主要表现在势与地的转化上，势要能导致优势，最终转化、落实到实际利益即实地上。势的功能和作用释放、发挥的过程，就是逐步向实利、实地转化的过程，转化的结果，是衡量势的作用的最终尺度。

四 照应全局

围棋博弈是由一系列战役战斗相互连接和组合而成的战略全局。把握大局、照应全局，是围棋战略思维的关键原则。照应全局的核心内涵是：全局利益高于一切，行棋所有问题和相互关系的判断、选择和处置，都必须以全局的需要为转移。围棋的全局与局部具有特殊关系，不存在抽象的全局，全局利益完全由各个局部利益组合而成，并通过各个局部的比较表现出来。这是因为，围棋没有同步、统一进行的全局行动，各个局部的子力不能同时动作，只能按照轻重缓急依次行动。这就使得全局考虑与局部选择具有了高度的一致性，必须根据全局需要确定盘面最大、最紧迫的一手。"急所重于大场"，就是指在关键部位应对重大的甚至是颠覆性的变化，比占领一般大场对全局的影响更大。要着眼全局态势安排、协调相关局部的行动，使各个局部子力的运动目标统一、思路连贯、逻辑一致、动作协调，具有整体性。所谓"兄弟打架"，是指因为相关局部的行动相互抵触而降低了效率；而"缠绕攻击"，则是因为相关局部的棋形缺乏有机连络而可实施交叉进攻。这是把握全局者所务求避免的。

五 攻守平衡

进攻与防御，是作战行动的基本类型，也是围棋博弈的基本手段。围棋的攻防，集中表现在攻杀与做活、破空与护空、隔断与连络、打入与守地等等行动上。恰当地选择、使用攻防手段，达到攻守平衡，是围棋战略艺术的生动体现和重要指导原则。攻守平衡，不是在进攻和防守之间走一条中庸路线，而是使二者有机结合、互为保障、辩证统一。从一定意义上说，进攻是最好的防御。而这并不意味着攻守可以失衡。进攻是主要的、第一位的，但进攻是有条件的。这里的条件除力量和时机之外，还包括自我防护的程度。没有相应防护的进攻不是最好的进攻。战争中，组织进攻作战的同时要组织防卫作战，原因就在这里。有人认为，攻守平衡在现代围棋中已经过时。其实不然。一方面，这是由战争的目的决定的，保护自己与消灭敌人是一切军事行动的依据；另一方面，是由进攻的规律决定的，进攻越过顶点会走下坡，防护意识是防止越过顶点的重要保证。围棋博弈是天然的攻防统一。比如，打入是进攻，而连络或者做活或者延气对杀，则是防守。坚持攻防的辩证统一，是攻守平衡的核心。表现在进攻上：利用厚势（既有的坚固防御阵地）进攻；攻击成空或攻击护空；攻击的目标、方向与己方需防护的区域不相矛盾；对攻击子力队形的保护，等等。表现在防守上：创造和利用对方进攻中的破绽和漏洞，为反攻创造条件；在收缩中强化自己，积蓄反攻的力量；发现和等待反攻的时机，适时反击制胜。

六 效率至上

竞技围棋以争胜负、夺锦标为首要目标，竞技性是主导因素。竞技围棋的本质，是基于效果，追求最高效率，实现局部与全局的利益最大化。这就决定了在围棋博弈中,效率成为衡量行棋价值的根本尺度;效率至上,成为核心价值观。比如,棋谚所说的"高者在腹""入腹争正面""二路连爬活也输"等等,都是讲的在行棋方向和路线上,效率决定价值的一般规律。追求最高效率和利益最大化,要坚持赢棋第一的原则。效率高低,利益大小,都取决于胜负相关联的程度。为了赢棋,不能满足于"有一手棋"的价值,而必须力求每一手棋的最高效率和价值,力戒松缓,力避低效、无效甚至负效,为胜利争取最大的可能。要坚持效率高于审美的原则。行棋效率与棋形美感本来是统一的,所谓的棋形美本意是指效率高。但在有的围棋流派的观念和实践中,美的棋形成了形而上的东西,审美要求甚至超过了胜负标准,这是不正确的。实践中棋手之所以在意棋形,是因为好的棋形本身就是高效行棋的结果,而好的棋形会带来好的效率。所以,不能以僵化的思想对待棋形和效率,要贯彻实战第一、效果第一,为了争取优势,敢于和善于运用"场合手段",必要时敢于使用"怪招妙手""愚形杀手"。要坚持以风险博效果的原则。风险与效果往往是辩证的统一。追求利益最大化必须敢于面对风险。风险是共同的,自己冒风险,也把对手拉入风险;一方不按规则出牌,另一方也要陪着走钢丝;一方看不清,另一方也未必看得清。夺取最大利益,要敢付风险成本。这不是盲目冒险、铤而走险,而是在客观估量、精确判断基础上的自觉选择。

七 抢占先机

先机是战机的一种,是能够直接夺取主动和优势的战机。所谓战机,是作战中出现和遇到的有利于我方的机遇、机会。战机稍纵即逝,可遇不可求。善于捕捉和把握战机,是重要的战争指导艺术。抢占先机,争夺先手,在围棋博弈中具有战略意义,是把握战机最重要的内容。过去有"占山为王",围棋则是"占先为王"。《棋经十三篇》上讲"宁输数子,不失一先",就是指先手的重要性。争取先手,是为了先敌抢占战略、战役、战斗的要点,夺取全局和局部的主动地位;在作战中先敌动手,在竞争的起跑线上就取得领先优势;在各种利益的选择上抢先占有较大、较多的利益,而把较小、较少的利益留给对方。抢占先机,争取先手,也有相对性。要把握"绝先"的利弊。所谓"绝先"是我动敌必应,在定形时好处极大,但如使用时机不当,也会失去变化,损失劫材,可见绝先并不是绝对的。要防止"似先非先"。先机、先手是比较的概念,相对于全局利益而言,如果对形势、得失判断不准,也会出现以为是先其实不是,造成我动而敌不应,抢先而未得先机的局面。要认清"先中后"和"后中先"。先手、后手与主动、被动是辩证关系。一般情况下,先手主动,后手被动,但由于作用与反作用的原理,在有的情况下,抢先会留后患,后发可以制人。

八 弃保转换

转换是围棋博弈中双方在战略层次进行对等较量的一种思维模式和作战模式。转换以已布下的子力或已取得的利益为成本，得到相应的战果。转换本质上是有代价的获取。转换在理论上应是对等或基本对等的，完全不对等的不称其为转换。转换分为三种类型：主动转换。按照我方的战略意图和行棋步调，或佯顺敌意，迫使或诱使对方接受利益的交换，结果一般于我有利；被动转换。当形势不利或行棋受制时，为了求得转机或保持相对平衡，不得不实行的交换；劫争转换。劫争的表现为要点争夺，实质上是围绕利益转换进行讨价还价的谈判。谈判中实力强（劫材有利）的一方，往往使得对方接受不平等条约。转换不仅需要敏锐的眼光、精准的计算和深远的预见，而且需要坚强的意志和很强的魄力。几乎所有的棋类都有子力兑换的战术行为，唯有围棋的弃保转换，堪称战略艺术。

九 以强击弱

在作战行动中，集中优势兵力，形成强势坚壁，用于打击敌人，这是重要的军事方略。在围棋博弈中，强指的是厚。厚为强，薄为弱。厚有三种：铁厚，就是活棋，无可撼动；厚势，子力多，棋形好，眼位丰富，连络可靠；厚味，有厚的初步形态和发展趋势，但还不够厚。以上也可统称为厚势。厚势作为支撑，主要用于攻击对方，或制约对方行动，但一般不用来围空。"厚势不成空"有数学根据。用大量子力构筑厚势，再投入子力进行围空，行棋的平均效率和总效率会降低；与此同时，对方在空旷处行棋，相同的子力速度、效率可能会更高。以厚势坚壁为背景，在对方的背面或侧翼空虚处展开行动，一方面，自己成空并破坏对方成空；另一方面，迫使对方在我厚势面前行棋，行动受制，或被动作战，从而改变双方行棋的效率比。这就是围棋的以强击弱，实质是以厚制薄。运用厚势的原则：形成要早，多方发挥辐射作用；充分用于作战，依托厚势，强手攻击。厚势形成的过程，是力量积蓄的过程，是拳头攥紧和收缩的过程，需要付出子力效率的代价，其实际效益应当结合力量释放和爆发的总效果一起计算。

十 出奇制胜

出其不意，攻其无备，是古今中外共同的军事原则，也是围棋战略思维的重要内涵和特征。保持行棋意图的突然性，尽可能出乎对方意料之外，在比赛中发挥重要甚至决定性作用。出奇制胜的核心是设计用谋。围棋作为完全公开状态下的博弈，仍给谋略运用留下巨大空间，这是由围棋的特性决定的。首先是意图表达的组合性。一方的思路通过相互间隔和独立的布子来显现，为对方理解、判断的偏差和失误提供了可能。其次是子力布放的多义性。每一枚棋子所下的位置，都可能具有多种含义，究竟哪一种是真意，往往难以捉摸。再者是施策应对的随变性。一种意图，可能通过多种手段实现；一种手段，可能导致多种结果，双方的不同应对造成行棋路线的变化多端与莫测。围棋谋略的运用往往带有隐蔽性、预设性、突发性和不可逆性特征，就其主要内容而言，包括"权变"和"诡道"两个方面，简单地说，就是"变"与"诈"。变，指奇正之变。所谓正，就是正道、正招，即普遍规律；所谓奇，就是奇招、变招，即特殊规律。奇正互用，才能制敌而不制于敌。奇正之术的关键在变，权变，就是权衡利弊而变化，不拘一格，不守一术。要综合运用经验思维、公理思维和辩证思维，有时堂堂正正行棋，有时不按常规出牌，一切以获利为原则，以达到出其不意的效果。诈，指欺敌以方，示假隐真。增强行棋构思、手段、步骤上的隐蔽性和伪装性，使对手摸不清真实意图，始终处于被动状态。用诈的基础，在于筹算的深度、精度高于对手。有的棋我已发现，对手没有看到；我已算清，对手没有算到；我已下套，对手还不知道。结果，一旦出手，完全出乎对方预料，达到出奇制胜的结果。

以上围棋战略思想的核心理念或基本内涵，如同一切学科领域的原理、原则一样，是既有真理性的一面，也有经验性的一面；既有绝对性的一面，也有相对性的一面；既有普遍性的一面，也有特殊性的一面。必须紧密结合实际，完全从实际出发，正确理解和运用。要抓住实质，辩证认识；要整体把握，综合运用；要因情而变，不拘一格；要与时俱进，创新发展。这本身也是围棋博弈的本质要求。

第二节　当代最新的围棋战略理念

当代竞技围棋的实践，使围棋战略思想得到了极大的丰富和发展。特别是一大批年轻优秀棋手的出现，给围棋注入了新的活力。他们对围棋艺术的理解，在传统、经典理念和思维模式的基础上，有很多新的发展。他们以自己的风格，对 21 世纪的围棋作出了新的诠释。当代围棋战略思想，植根于当代经济社会发展的深厚土壤之中，带有鲜明的时代印记。突出表现在：功利性特征，竞技获胜的动机更加强烈；时效性特征，力求在最短的时间里得到最佳效益；个性化特征，张扬个性成为新的时尚；此外，还有一个特别值得注意的方面，就是军事化特征。军事是围棋产生的母体之一。信息化条件下，战争形态和作战样式发生质的变化，出现了三军联合、整体联动，体系对抗、节点破击，精密定位、精确打击，急谋速断、快速反应等新趋势。传统的、机械化条件下的作战理念正在被信息化条件下的作战理念所取代。这些新的变化，给予竞技围棋的思维模式包括战略思想，以深刻启发和影响。反映在博弈实践中，催生了一系列崭新的理念。可以初步概括为以下 8 条：

一　整体联动

把棋局作为一个整体战局，进行大规模作战的构想和设计。这种全局性整体作战，不是指全局到处都有战斗，这与过去并无区别，而是指全局范围内的大规模作战。这种作战，整体联动性更强。各个局部的战斗，不再是相互分割和独立进行的战斗，而是一个更大的作战行动的有机组成部分，其子力运动的方向和结果都融汇于一个统一的作战意图之中；根据总的设想，策划、组织和协调各个方向、局部的战斗。整个棋局犬牙交错，但贯穿着内在的指向性。这种以大规模联动为特征的整体作战，体现了21世纪围棋战略思维的境界与本质。

二 精准博杀

21世纪的围棋充满战斗。"手谈"在很大程度上是靠战斗说话，靠作战表达，靠博杀解决问题。由于计算能力的提高，使作战形态发生变化，从回避复杂战斗，到制造复杂战斗；从应付复杂变化，到操控复杂变化。精准计算，给了人们敢于进行任何博杀的高度自信。正是在深度计算的基础上，能够设计和组织人不敢为的行动，达到人不能及的效果。这种以精确化计算为基础的博杀作战，成为典型的时代特征。

三 高效极限

追求最高效的行棋，把各种相对松缓的着法都视为效率不高。接触作战中，坚持最紧凑的着法，使对方不能脱离我方的设计而自由行动；坚持最有压力的着法，使对方始终感到受威胁而处于紧张状态。把战斗延伸到一切有利益争夺的地方，把作战的效应发挥到极致，务求利益最大化。这种以最高效行棋为目的的极限作战，成为当代竞技围棋获胜的一种锐利武器。

四 实地取向

酷爱实地，抢占实地，是当代竞技围棋一种具有代表性的行棋路线。由此产生了保角依边、先捞后洗等等战法。有时为了争夺实地，甚至不惜低位行棋。这反映了重视现实利益、可靠利益和行棋实效的价值观念。以实地化争夺为取向的作战路线，当与把握全局变化走向的能力有机结合时，也会具有难以撼动的力量。

五 个性追求

战略的制造和实施，本身就带有人的个性特征。21世纪的围棋博弈，棋手个人的性格特点和技术风格，会更鲜明地体现出来。在行棋中张扬个性，特立独行，成为新的时尚和追求，这是精神生活的开放性和多样性在围棋竞技中的反映。不同类型的棋手，面对棋局，有时会作出截然不同的选择，使对弈变得更加丰富多彩、变化莫测。这种以个性化风格为特征的多样作战，是当代围棋一道亮丽的风景线。

六 灵活变换

当代围棋比以往任何时候都更充满变化和变数，这就要求博弈思维富有高度的灵活性，善于变换转身，以变制胜。从总体构想、行棋方向、攻击对象、作战手段到预期结果，都应根据对手和棋局的变化，及时地不断调整，甚至重新构思。围棋竞技没有也不可能以不变应万变。不仅要因敌而变，敌变我变，而且要审时度势，先敌而变，以变促变，在变中求胜。

七 快速反应

快棋、超快棋正在成为21世纪最时尚的围棋赛制。新的发展趋势，对围棋博弈的思维方式、思维强度和思维质量，提出了极大的挑战。对此，必须培养急谋速断、快速反应的习惯和能力，善于对局面变化和行棋路线，作出短时、瞬时的正确反应与抉择，在以快节奏为主旋律的快反作战中成为强者和胜者。

八 创新超常

21世纪的围棋秉承传统，但不墨守成规。创新，是围棋艺术包括战略思想丰富发展的时代标志与内在动力。不论是理念、定式、手法、习惯还是规则、赛制，都有创新发展的空间。已有的，可以重新审视和完善；没有的，也可以发现和发掘出来。实践催生一切。当代竞技围棋，可以说是一种以全维度创新为标志的超常作战，敢于超越传统与常规者，引领发展方向。

由于理论和实践的发展，当代竞技围棋更具有整体性、对抗性、进攻性、精确性、时效性、多变性和创新性。对局的精彩程度大大上升。当然，很多新出现的东西，目前认识还不完全一致，还需要经过时间和实践的检验。这些都要求我们结合新的实际，对围棋战略理念的内涵与实质不断进行深入探索和思考，丰富围棋理论文化宝库，用以指导、推动竞技与普及两个方面的发展。

第六章 战略与谋略：
围棋的战略体系与谋略元素

　　战略是人类社会领域最高层次的智慧，谋略则是智慧运用的思维方法的概称，战略思想精华的实质是谋略在带有全局性的东西上的表现。中国古代兵家极为重视谋略，像"三十六计""百战奇略"等都是谋略运用的精粹，军事家们以此在战争舞台上演绎出一幕幕精彩剧目。围棋与兵法相通，行棋中的谋略贯穿布局至终盘的每个阶段，体现在围棋的战术和战略思想之中。围棋的战略体系，从一定意义上说就是围棋谋略元素在战略层面的关联运用和思维成果。

第一节　围棋战略与谋略的辩证关系

一　战略离不开谋略的运用

"经武之略，在于先谋。"谋略，从根本上说，属于思维范畴，是思维发展到高级阶段的产物。广义的谋略指思维的技巧，是解决复杂矛盾问题的巧妙方法。狭义的谋略主要指抗争谋略，特别是军事谋略。崇尚和善用谋略，是东方民族特别是中华民族的典型思想文化特征，具体表现为政治统御、军事指挥、社会管理、经济运营以及体育竞赛等各方面的智谋运用。战争中为达成战略目的，贯穿着谋略思维的运用。以公元前341年齐魏"马陵之战"为例，魏军深入韩境，韩求救于齐，孙膑、田忌定下了"攻必不守、围魏救韩"的战略方针。围绕这一目标，孙膑妙计迭出，先口头答应救韩，实际按兵不动"以逸待劳""坐山观虎斗"。韩国全力抵抗魏军，五战皆北，再次告急，魏军也遭到严重消耗。齐军才在韩魏俱疲之时发兵直指魏都大梁，"攻其所必救"，魏军果然回师。孙膑又根据魏军主将庞涓刚愎自用、求胜心切的特点，采用"能而示之不能""卑而骄之"的谋略，"减灶诱敌"。在魏军轻兵冒进追赶时，齐军于马陵设伏一举克敌。再以毛泽东指挥中央苏区反"围剿"作战为例，红军制定了"诱敌深入""打歼灭战"的战略方针，采取以小股兵力伪装主力调动敌人（"隐真示假")、敌进我退示弱骄敌、快速机动从内线跳到外线等谋略，待机寻找突进孤立之敌以优势兵力聚歼之，打完一路再打另一路，在总体力量对比悬殊的情况下，取得了前四次反"围剿"作战的辉煌胜利。从宏观的角度看，战略方针本身也蕴含着大谋略。元末农民起义时，朱升为朱元璋定下"高筑城、缓称王、广积粮"的战略，包含着"隔岸观火""韬晦待机""先胜而后求战"等谋略考量。抗日战争时期，八路军提出"基本的是游击战，但不放松有利条件下的运动战"的方针，就体现了"因敌致胜""累积优势""兵民是胜利之本"等谋略元素。这些都对围棋战略思想具有很强的比照和启发作用。

二 围棋是透明的诡道

就军事谋略而言，其首要为"权变"之说和"诡道"理论，"兵者，诡道也""兵不厌诈"。简单地说，就是"变"与"诈"。围棋谋略运用，也主要体现在这两个方面。但围棋的"诡道"与用兵不同，三尺纹枰，是公开透明的战场，以手谈传递信息，只有"阳谋"，没有"阴谋"，用谋只能在增强构思和行棋手段、步骤上的隐蔽性和伪装性上下功夫。有人说谋略是"欺敌以方"，虽有片面之处，但也说出了用谋的重要本质特征。中国古代的权谋之说强调示假隐真，"能而示之不能，用而示之不用"，"大成若缺，大盈若冲，大直若屈，大巧若拙，大辩若讷"，"将欲歙之，必固张之；将欲弱之，必固强之；将欲废之，必固兴之；将欲取之，必固与之。"（《老子》），目的是麻痹对方，隐蔽企图，积蓄力量，等待变化，最后战而胜之。这些谋略，在现代竞技围棋中仍有重要意义。比如，在布局构思上似缓实急，在力量对比上示弱隐强，在方向选择上避强击弱，在行动方式上以退为进，在手段运用上奇正交织，在时机把握上以后取先，等等。围棋谋略运用往往带有隐蔽性、预设性、突发性和不可逆性的特征，使对手搞不清真实意图，始终处于被动状态，所谓"一计而定胜负""一筹而转危局""一子而分优劣"，在比赛中发挥重要甚至决定性作用。

宋代李廌曾作《兵法奇正论》，用围棋之法阐述奇正之理。他说："胜者不可传也。……故奇正之理，古人议而不辩；奇正之法，古人论而不议；奇正之变，古人存而不论。非不论也，不可论也。不可论，故不敝而常新，以俟后世君子，俾因袭致用，可以神遇，而不可以智知；可以道运，而不可以迹究。法犹弈之局也，兵犹弈之棋也，奇正犹弈之智也。智无一揆，棋无定形。观其黑白不相容，新故不相仍，咫尺数路，情状万变，胜负得失，在于一子。然则奇正之形，所以使敌人前后不相及，众寡不相待，贵贱不相救，上下不相扶，亦一二策而已。"把围棋的奇正运用之变化多端，讲得很深刻。

著名棋手马晓春曾在1990年创作了《三十六计与围棋》一书，将中国传统智谋"三十六计"体现在围棋实战运用中，为每一"计"选配了一个实战对局，可谓别出心裁。书中的每一题材都反映出对局者的精深算路和高超谋略，而且这种谋略运用着眼全局，实质是战略构思和战略思想的体现，对读者领会围棋战略、围棋谋略极具启发作用。比如，其中的"第1计瞒天过海"（以下摘引自《三十六计与围棋》）。书中讲道，围

第六章　战略与谋略：围棋的战略体系与谋略元素

棋是一切都明摆在棋盘上的，怎么能施"瞒天过海"计呢？那就是要把不常用的手段，表现为常见的手段，棋手构思的攻击或防守方案，对方并不知道。把巧妙的构思掩盖起来，在不引起对方怀疑的情况下去实现，这就得运用"瞒天过海"计。

题材选自1984年"新体育杯"赛的对局（见实战图一）。白方刚在▲位打入，从全局看，黑方右边获利较多，但左边被白棋分隔，形势很乱，正是最关键的时刻。

变化图一：右下角的死活是关键。黑1团破眼往往是最容易想到的。白2立下常形。黑3点入、黑5长进是唯一的杀角办法；如果和外面无关的话，此角是"盘角曲四"，白方被杀。但现在情况有异，白6立，黑7破眼时，白8立下逃掉二路子后可做一眼，黑失败。

变化图二：此时黑1点入是急所（白方初看图一是活棋，而忽略了这点入的手段），白如在11位接，黑3位扳成"盘角曲四"，白被杀。因此白2尖作最强抵抗。黑3先扳好次序，白4只能挡，黑5爬回后至11破眼，白12提劫成劫杀（从这个变化看，黑在图中A位虎是绝对先手，白不应即被净杀，有此手段，现在全局的形势可以判断为黑较容易

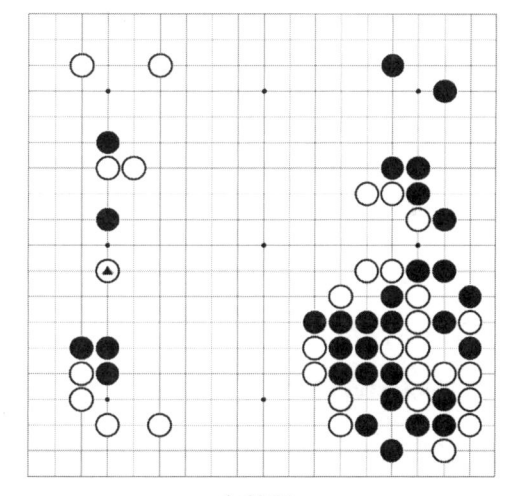

实战图一

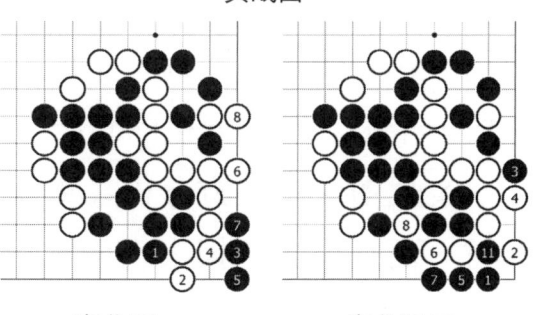

变化图一　　　变化图二

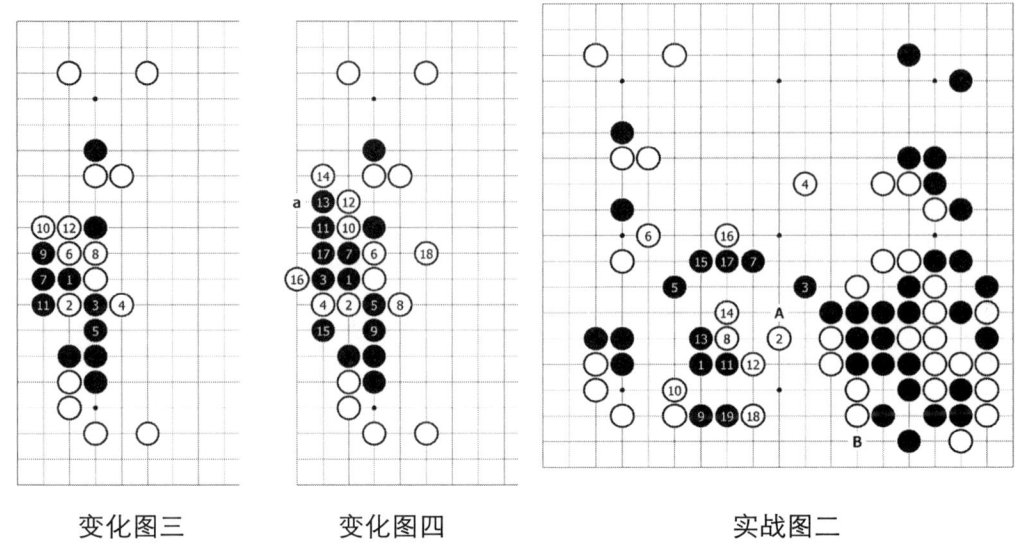

变化图三 变化图四 实战图二

下）。又如黑1如改为2位点，则白3位立下，白角上净活。

变化图三：关于左边的形。黑1托、3断是常见的腾挪手法，但这种手法在此局面中运用不太合适，因为黑下面三子出头的路还很畅，处境并不危险。白4打吃，然后6打下去隔断黑一子。黑9拐时，白10扳住紧凑，黑无奈只能11拐吃，让白12接上；这个变化的结果白棋非常厚实，黑连四·6路一子都失去活动余地，黑棋失败。

变化图四：黑如改为1托3立的下法，白4挡下。黑5断时，白6顶，黑无奈只能挡紧气。白8打吃后10断掉黑一子。演变至白18补的结果，从实地上来看黑略优于上图，但以后白一旦在外面将黑封锁，里面只要简单地A位扳即可先手将黑缩成一个眼。黑有死棋的负担，因此和上图比大同小异。

实战图二：黑方分析，如果马上杀白角，白有很多的本身劫材，而且黑棋的损失也非常大，不好。又如黑1于A位跳，白肯定会13位飞出，这样，白右面四子轻，黑需先处理左边

第六章 战略与谋略：围棋的战略体系与谋略元素

三子，黑全局被动。从基本图白⊙打入时的想法来看，白棋似乎误认为角上是活棋。对此，黑棋的作战方案就明确了——通过正常的行棋而自然争取B扳虎的先手，在白丝毫不注意的情况下吃掉白角。

黑1跳出边上三子，是运用"瞒天过海"计的第一步，重要的是造成角是活棋的假象。白2跳出预料中的下法（此着在下面飞应是不能考虑的）。黑3、黑5、黑7保持自身连络仍是当初的意图，迫使白在下面成空，黑就可以达到B扳的目的了。白8跳时，黑9靠下要紧。白10长是必然之形。黑11顺势贴、13拐、15尖均在情理之中，都是堂堂正正的着法，使白不可能会怀疑角上有缺陷。

实战图三： 白1并瞄着黑棋毛病，采取以攻为守的策略，在正常情况下是可行的，黑2扳终于抓住时机达到了预期目的。白3扳下以后由于上面有眼，本身是活形，但黑棋通过对白的攻击，走到中央12尖的先手，完全地补住了自身毛病，14点入杀角时已无丝毫顾虑了。此时对于白棋来说一切为时晚矣，15尖企图断开黑棋作最后抵抗，但黑16挡、18虎，22反而将白封锁，在这样的形势下黑只要自己求

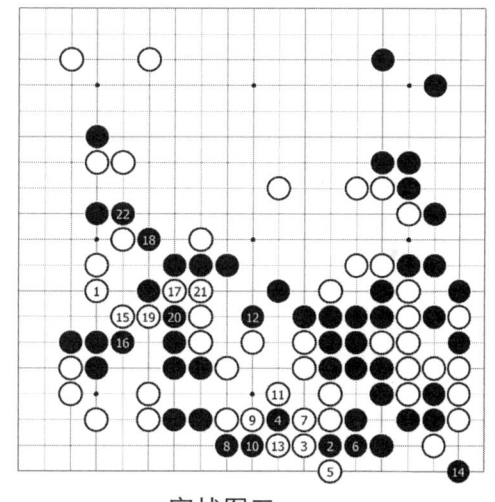

实战图三

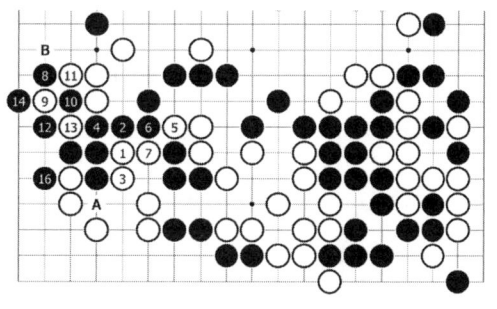

变化图五　⑮=❿

活那是太轻而易举了。至此黑方胜势确立。

变化图五： 白1如改为靠断，黑可以弃掉下面七子，而简单地8位大飞破空，白也将实地大差。白9靠下是无用的抵抗，黑10挖几乎和没有劫一样，16虎后，白A、B不能两全。

结论： 黑方在作战时，以丝毫不引起对方注意的着法（完全按常规行棋），来慢慢地引导对方朝自己的意图里走，最后在几乎不冒任何风险的情况下达到了目的。这是黑方运用"瞒天过海"计的成果。

三 善变是围棋致胜的关键

棋者，奇也。古代谋略起源于奇正之说。相传为中国最早兵书的《握奇经》只有300余字，专讲奇正之变。所谓正，就是正道、正招，即普遍规律；所谓奇，就是奇招、变招，即特殊规律。奇正互用，才能制敌而不制于敌。奇正的关键在于变。权变，就是权衡利弊而变化，不拘常规，不守一术。围棋是变数最多而又最讲定式的棋类运动，善变是致胜关键，也是最难做到的一点。行棋中的变化有四个层次：最低层次是被动应变，自己的意图被对方识破采取反制手段，不得不改变原有意图，寻求新的行棋路径，这在对局中是很常见的现象。如果一方感到对方这样下可以接受，也可能顺势而为，无须变化，定式就是双方认同的结果。第二个层次是劣势下主动求变，不变不足以改变不利局面，通过变化打乱对手节奏，引发对手失误，创造扭转局势的可能。第三个层次是均衡或优势情况下因敌而变，瞄准对方弱点突出奇招，一举奠定胜势。最高的层次是以求新求变作为棋道的追求，不满足于常规的下法。吴清源先生就是这方面的典型代表，他的棋以创新为主，淋漓尽致地体现出围棋常变常新、玄而又玄的艺术本质。在吴清源的时代，还没有"大贴目"的规定，相对于今天的7目半甚至更多的贴目来说，当时执白的棋手要想弥补这样的差距，困难之大不言而喻。因此吴清源有意突破昔日的"小目定式"，开始打出三三或星的布局，一手占角，尽快向边翼展开，在与本因坊秀哉的对局中石破天惊地下出"三三、星、天元"布局，开启了围棋新布局的时代。他的棋几乎每一局都有新意，或向传统发起挑战，或给棋界提出新的问题，而他发明的新手、新型、新定式更是多得不胜枚举，从而给当时以小目缔角为传统的日本棋界带来巨大震动，引领棋手的思维方法向更为自由的方向发展，使棋盘上的世界变得更加宽广。吴清源一生追求棋艺的突破，晚年仍孜孜以求"21世纪围棋"的新变化。从第二次世界大战后围棋的发展看，从新布局、中国流、宇宙流，乃至世纪之交风行一时的韩国流，围棋在求变求新中迎来了黄金时代。也正是一代代棋手们对围棋变化的研究和实践，使围棋长久地展现出无穷魅力，焕发着蓬勃生机。

第二节　围棋谋略思维的性质与形态

围棋，主要是斗智，不是斗力。虽然随着围棋比赛强度的增加，体力包括耐久力和各项人体健康指标的状态，对胜负结果会产生微妙的影响，但从根本上说还是斗智。能用和善用谋略，是棋手处于积极和主动思维状态的重要标志。

围棋是在子力投放和行棋进程完全公开状态下的博弈，为什么仍给谋略运用留下巨大的空间？这是由围棋本身特性决定的。

一 意图表达的组合性

一方的出路通过相互间隔和独立的布子来显现，为对方理解、判断的偏差和失误提供了可能。

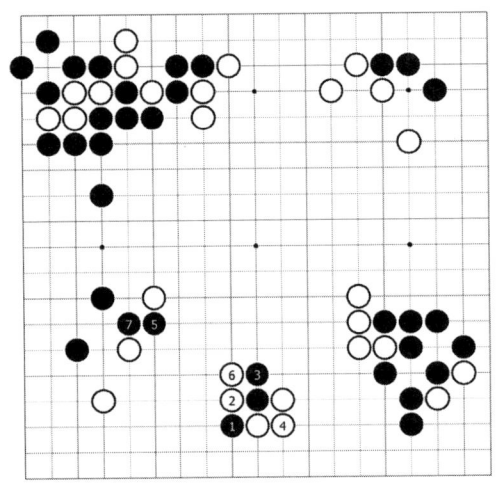

实战图

实战图： 下方白棋模样宏大，黑如何利用残子侵入进去？实战黑1扳要点，白2断打，黑3长，白4接，黑棋似乎难以作为。岂料黑埋伏有5位跨入并引征白2的手段，白只能6位长，黑7连入，成功侵入白势。黑1、黑3、黑5的组合焕发出了威力。

二 子力布放的多义性

每一枚棋子所下的位置，都可能具有多种含义，究竟哪一种为对手的真意，往往难以捉摸。

如**实战图一**，盘面白棋实地占优，下面的黑棋白棋都未活净，现在轮黑下。如黑平稳地在A位跳，白势必在B位跳，黑难以扭转颓势；如黑在B位镇，但白方C位尖出，黑没有后续手段，也不行。实战黑棋下在1位攻击右上白子（见**实战图**

第六章 战略与谋略：围棋的战略体系与谋略元素

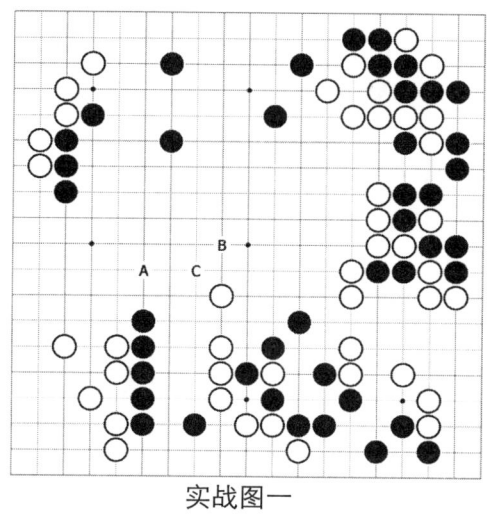

实战图一

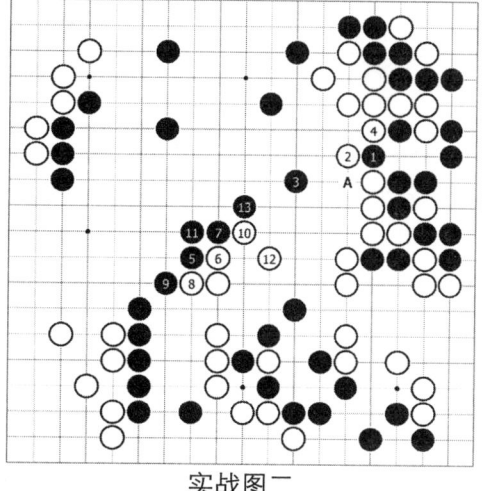

实战图二

二），逼白在2位应，随即黑3大飞，这是一手妙着，看似瞄着A位断点，实则意在围中腹大空。白方老老实实在4位应，处理好右上白棋。这时黑又下出黑5的妙棋，即攻击下边白棋，又与黑3配合，至黑13围位了中腹大空，白无有效手段突破黑的围堵。图2中黑3、5可称为一子多义、"一石多鸟"的典型代表。

三 谋略运用的随变性

一种意图，可能通过多种手段实现；一种手段，可能导致多种结果，弈棋双方的随机应变造成谋略运用的变化多端与莫测。比如下例：

实战图一：黑 ▲ 侵消白势力，白决定在上边黑阵中投入一枚深水炸弹。

实战图二：白1在2路托，是体现谋略运用的鬼手。黑2退、黑4攻，白5、白7灵活转身，黑8、黑10之后——

145

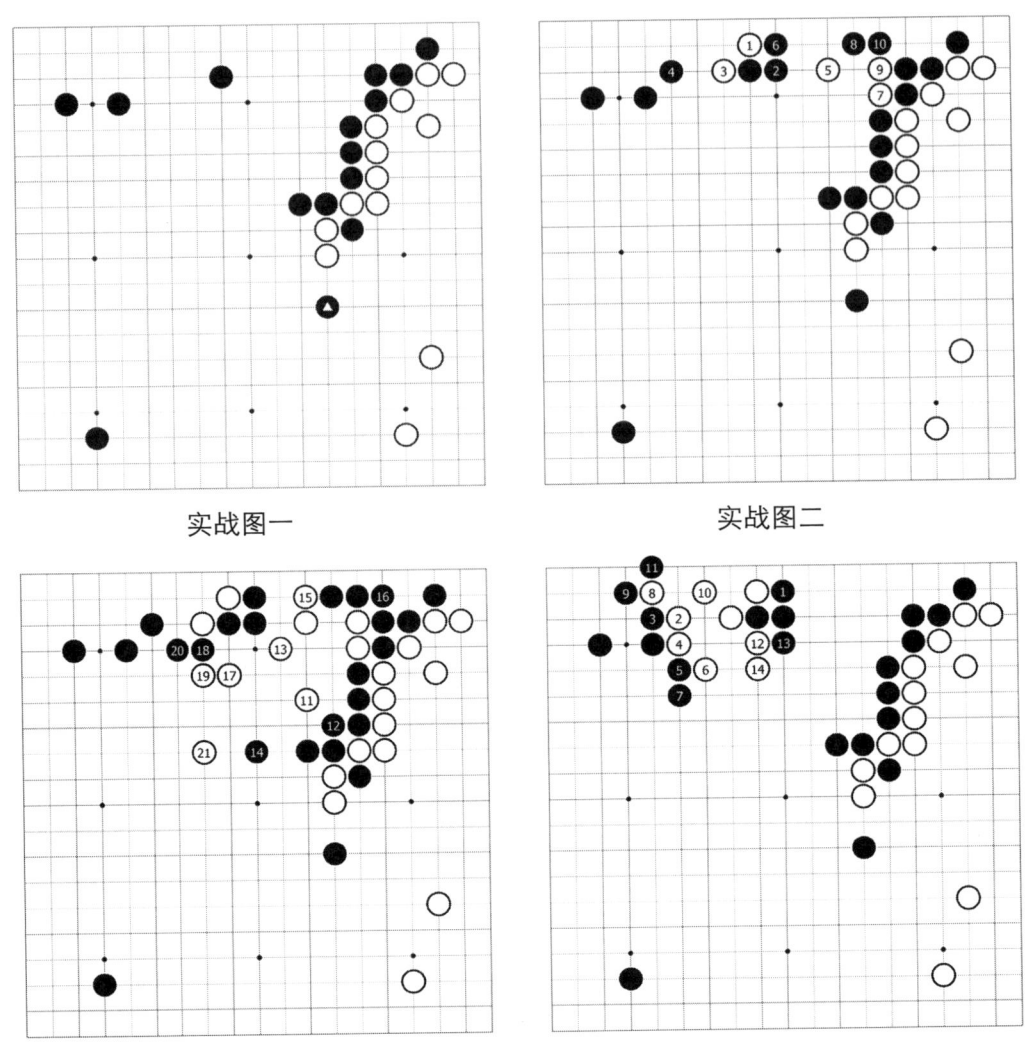

实战图一　　　　　　　　　　实战图二

实战图三　　　　　　　　　　变化图一

实战图三：白 11 点方是棋形要点，黑 14 虽是急所，但白 15 先手挡，再自白 17、白 19、白 21 出头，黑模样被大幅度破坏，中央一块还要受攻，如此白作战成功。

变化图一：黑 1 若从这边挡，白 2、白 4 是求活好手，以下至白 14 长，白棋可以满意。

变化图二：白 ⊙ 点方后，黑如走 1 位抵抗，白 2 断，然后白 4 枷进行战斗。白 6、白 8 弃掉上面 3 子，然后转身走 10 位

第六章 战略与谋略：围棋的战略体系与谋略元素

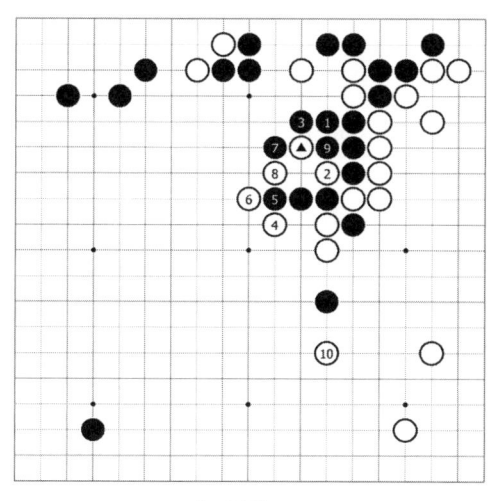

变化图二

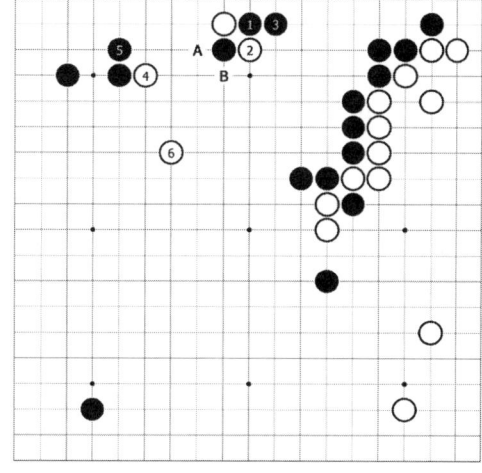

变化图三

攻击有力，顺势扩张下边。

变化图三：黑1如从右边扳，白2断、黑3长顽强抵抗时，白可走4位碰腾挪。黑5应后，白6向上大飞轻灵，白还有A、B的利用，治孤非常轻松。白1后，多种选择、灵活变化的谋略运用在此例中有生动体现。

围棋对弈中善用谋略，出奇制胜，要求在思维层次上突破经验思维和公理思维的局限，达到辩证思维的境界。经验思维以过去的经验为基础，公理思维以一般道理为依据，这两者都是一般认识的基础。而辩证思维则是更高层次的思维。学习围棋常常从熟悉掌握定式开始，这主要是在锻炼经验思维和公理思维；到了一定阶段后，棋手了解了定式的各种变化和来龙去脉，懂得根据周围形势的不同而选择不同的定式和变化，甚至能突破定式的束缚下出前所未有的新手，这就是棋手辩证思维能力不断提高的结果。辩证思维从一开始就着眼客观事物和现实情况，透过现象抓住特定事物的本质，以创造性的思路和方法解决问题。围棋谋略运用正是建立在这三种思维状态综合运用的基础上，有时堂堂正正行棋，有时不按常规出牌，一切以获利为原则，以达到出其不意的效果。

据载，中国清代国手施襄夏年轻时，棋下到相当高的水平，但总离国手的水平差那么一点。无论如何用功，总上不去。于是请教前辈棋手梁魏今。梁没有直接回答这个问题，而是带他上吴兴岘山游玩。山上一股泉水自上而下，流到身旁，成溪流而过。梁魏今以泉水作喻说："子之弈工矣，盍会心于此乎？行当乎行，止当乎止，任其自然，而与物无竞，乃弈之道也。子锐意深求，则过犹不及，故三载仍未脱一先耳。"施襄夏由此对弈道深有所悟，他讲道："余因悟化机流行，无所迹象；百工造极，咸出自然。则棋之止于中正，犹琴之止于淡雅也。回忆从前登高涉远，每入迂途。言下有会，即与诸前辈分先角胜。益穷向背之由于未形，而决胜负之源于布局也。"[①] 此后施襄夏棋力大长，最后成为国手。掌握围棋中的辩证思维，大概就如同流水因势而为的道理吧。

第三节　围棋谋略与棋德棋规

围棋谋略运用与棋手的伦理价值观有直接关系。任何谋略的发生和选择，都离不开谋略者所处的伦理环境、自身的伦理修养和价值取向的影响与制约。

---

① 《弈潜斋集谱二编》，弈潜斋刊本，《弈理指归》施序，第1页至第2页。

第六章 战略与谋略：围棋的战略体系与谋略元素

一 用谋略是不是"棋品低下"的表现

棋手历来把品德看得很重，"以棋识人"，"棋如其人"，以及"棋品如人品"，成了棋界的专用术语。唐《玉泉子》就记载了名臣吕元膺"一枚棋子识人"的故事："吕元膺为东都留守，常与处士对棋之次，有文簿堆拥。元膺方秉笔阅览，棋侣谓吕必不顾矣，因私易一子以自胜。吕辄已窥之，而棋侣不悟。翌日，吕请棋处士他适，内外人莫测，者亦不会，仍以束帛赆之。如是十年许。吕疾亟，命儿侄列前曰：'游处交友，尔宜精择。为东都留守，有一棋者云云，吾以他事俾去。当日一棋子，亦未足介意，但心迹可畏。亟言，虑其忧畏；终不言，又恐汝辈灭裂于知闻。'言毕，悯然长逝。"吕元膺以自己丰富的人生阅历，看出棋品正如人品，二者不可分割。

从伦理观的角度看，有的棋手认为运用谋略是"棋品低下"的表现，与围棋作为高雅的竞技活动的属性不符。对此，应有正确的认识。谋略作为人类思维的高级创造活动，本身就体现了人的自由自觉的创造力，体现了人自身的价值。弈棋用谋，天经地义，只要符合围棋竞技规则，不存在"棋品低下"问题。

著名棋手聂卫平善于用谋。他第一次和高川格九段对弈，当时聂还年轻，未胜过著名的日本九段。高川是一名扎实型的棋手，完全按棋理下棋，最是循规蹈矩。棋下到中盘时，聂卫平已占优势，怎样确保优势变为胜势呢？他注意到高川只剩五分钟的时间了,就在对方空中放了一枚子。高川想了半天想不出棋,他看不懂,空中放枚子又不能活,那作用是什么呢?聂没有读秒,不像打将。一直在犯疑,五分钟时间用光,还是没看懂,于是应了一手。聂卫平就到别的地方收官子去了。这盘棋下完,旁观者问聂卫平那手棋什么意思,聂回答说:"没意思的,他看一万年也看不懂。浪费他五分钟时间,省得他有时间反击。"职业棋手的优良习惯也被他利用到了。第一届中日围棋擂台赛与小林光一对垒时,棋下到收官阶段时盘面很细微,聂卫平稍稍差一点,按小林的技术水平,不可能送出一点便宜。聂在收官时,在左下摆了个"机关",如果这时小林下出一步愚形来是最好的应对,聂卫平就输了。小林按照通常情况"愚形是不能走的",走了另外的棋,于是小林反而输了。聂卫平事后说,他估计小林是不会走这步愚形棋的,所以才会这样下。

二 有的棋手谋略选择上表现明显的中庸性

中庸是儒家的哲学命题和处世之道,即以中为用,以中和之道处事。受此影响,中国传统谋略带有中庸性的特征,主要表现在:一是用谋求稳,规避风险,害怕危险;二是不求全胜,见好就收,适可而止;三是后发制人,迫而后动,力求立于不败之地。这些在一定条件下有其合理性,但也有明显的不合理性。主要在于稳健有余而敢冒风险不足,不能获得更大胜利、彻底胜利,有时贻误良机,错失战机,甚至给对手以喘息之机,放虎归山,东山再起,后患无穷。

三 纹枰心理战的合理运用

谋略运用，本质上是对对方心理的扰乱、利用和打击。这主要包括：满足对方心理需求，就是佯顺敌意，以满足对方心理需求为诱饵行权诈之谋。利用对方心理弱点，比如视听误差、定势错觉、心理疲劳、情绪波动等等，进行扰乱、诱骗和打击。

心理战历来就为棋手所采用，越是重大的比赛，心理战的作用就越明显。因为高手之间棋力的差别非常细微、难分伯仲，心理因素的影响往往导致棋手下出的棋有失水准乃至丢掉比赛。有的棋手在对局时，善于分析和利用对手的心理状况，做到对方欲求战时，他却偏偏迂回腾挪，避其锋芒；对方想稳扎稳打，他却四处寻衅，主动出击。这样，对手处处不顺手，便会急躁起来，而急躁正是棋家之大忌。日本的桥本昌二九段，曾经在一次比赛时面对空无一子的棋盘，整整想了一个多小时，才下出第一着棋。一方面是稳定自己的情绪，培养必胜的信念；另一方面要搅乱对手的心神，造成一种莫测高深的气氛，这无疑也是一种特殊的心理战。

众所周知，棋手很不愿意"读秒"，因为一进入"读秒"，就必须在三十秒或一分钟内走出一步棋来，否则就会被判输，所以棋手惨败在秒针催促之下的情形是屡见不鲜的。但是，实战经验极其丰富的棋手，甚至能将"读秒"也当成纹枰心理战的手段。1978 年在厦门的全国比赛上，陈祖德对刘小光的一局棋，就有过这种情况。中盘过半刘小光形势大优，轮到陈祖德走棋，他便开始了一个多小时的大长考，把以后的变化、定型、收官仔仔细细地算了一遍，一直到时间用光进入"读秒"为止。本来就处于优势的刘小光，一见对方已经"读秒"，更觉得胜券在握，于是在不让对手喘息的心理下，一步紧似一步地把棋下得飞快，岂不知这正好中了圈套。一方是周密准备而主动迎接"读秒"，一方是放着时间不用而盲目求快，结果自然可知，这局棋以刘小光败北而告终。[①] 这就是心理战的威力。这种棋盘上的心理战，属棋理之外，但在情理之中。从更广阔的视角看，也可视为棋理上的特殊性表现，属公平竞赛的范畴，这也给纹枰对弈增添了更多的趣味和魅力。

需要指出的是，一些棋手称为"盘外招"的行为不能称为是心理战，比如在对方思考时故意用动作扰乱其视线，开合扇子弄出些声响干扰对方，轮到对方落子时就站起身去看别人的棋，等等，这些都是真正属于违背棋品的行为，也是为棋界所谴责的。

---

① 聂卫平、王端阳：《聂卫平：围棋人生》，文化艺术出版社 2010 版，第 145 页至第 146 页。

第七章 战略的运用：
围棋战略思维的影响与延伸

围棋战略思想是中华民族和全人类宝贵的精神财富。其功能和作用，不仅表现在围棋博弈领域，而且延伸到社会实践的各个领域。

第一节　围棋是人类战略智慧的宝贵资源

围棋特有的思维方式和战略理念，从古到今，都是丰富的战略智慧的源泉，不仅对围棋博弈具有根本的指导意义，而且对包括治国、治军和国际政治思维在内的各个领域，具有重要的启发和借鉴作用。

一 围棋战略思维对古人练兵备战的启示

唐代著名兵书《李卫公问对》记载了唐太宗与大将李靖关于"布阵如弈"的对话。太宗曰:"画方以见步,点圆以见兵。步教足法,兵教手法。手足便利,思过半乎?"靖曰:"吴起云:'绝而不离,却而不散。'此步法也。教士犹布棋于盘,若无画路,棋安用之?孙武曰:'地生度,度生量,量生数,数生称,称生胜。胜兵若以镒称铢,败兵若以铢称镒。'皆起于度量方国也。"太宗曰:"深乎,孙武之言!不度地之远近,形之广狭,则何以制其节乎?"靖曰:"庸将罕能知其节者也。善战者,其势险,其节短,势加骥弩,节如发机。臣修其术:凡立队,相去各十步,驻队去师队二十步。每隔一队立一战队,前进以五十步为节。角一声,诸队皆散立,不过十步之内。至第四角声,笼枪跪坐。于是鼓之,三呼三击,三十步至五十步以制敌之变。马军从背出,亦五十步临时节止。前正后奇,观敌如何。再鼓之,则前奇后正,复邀敌来,伺隙捣虚。此六花大率皆然也。"《李卫公问对》中"胜败由一误"一节也以弈棋为喻。太宗曰:"朕观千章万句,不出乎'多方以误之'一句而已。"靖良久曰:"诚如圣语。大凡用兵,若敌人不误,则我师安能克哉?譬如弈棋,两敌均焉,一着或失,竟莫能救。是古今胜败,率由一误而已,况多失者乎?"其中可见,李靖具有深厚围棋素养,对其练兵用兵的将兵之道是相融相通、多有借鉴的。

北宋名臣李纲曾向皇帝奉诏条具边防利害奏状(李纲《梁

第七章 战略的运用：围棋战略思维的影响与延伸

溪集》卷七十八），多用围棋之理说明强边武备之道："譬如弈棋，先当自生，乃可杀敌。生理未固，而欲浪战以侥幸，此非制胜之术也。高祖先保关中，故能东向与项籍争；光武先保河内，故能出征以降赤眉铜马之属；肃宗先保灵武，故能破安史而复两京。……譬如弈棋，舍局心而就边角，迫蹙褊小，浸以衰微，何以取胜？秦师伐晋，以报殽之师；诸葛亮佐蜀，连年出师，以图中原。不如是不足以立国。高祖在汉中谓萧何曰：'吾亦欲东耳，安能郁郁久居此乎？'光武破隗嚣，诏岑彭曰：'人苦不知足，既平陇，复望蜀。'此皆帝王以天下为度者也，不如是不足以混一区宇，戡定祸乱。……如弈棋之立意，后图其功；如弈棋之置子，必可得志。"他还在《论天下之势如弈棋》（李纲《梁溪集》卷一百四十七）中写道："凡定天下者，如弈棋之取势。得势而奄有局中者多胜，失势而求生边隅者多败。善任人者，如弈棋之置子。夫置子不定，不足以胜敌，而况于任人乎？楚汉之相拒于荥阳、成皋之间也，高祖虽屡败，而莫肯先退，其后既割鸿沟，羽引而南，汉军乘之，而楚遂亡。曹操、袁绍之相拒于官渡也，操虽兵少粮乏，而莫肯先退，其后焚绍辎重，绍引而北，操军乘之，而河北遂定。故若高祖、曹操者，可谓能取势者也。高祖用子房、萧何、韩信，皆人杰，而项羽有一范增不能用也。曹操用荀彧、张辽之徒，谋无遗策，而袁绍有一田丰，卒懑而杀之。故若高祖、曹操者，可谓能置子者也。观四方之形势于一枰之上，任人材之智巧于枯棋之间，而天下不难定矣。"

唐宋八大家之一的曾巩在其策论"请减五路城堡"（《元丰类稿》卷三十）中以棋势喻立城之疏密。作者说："夫将之于兵，犹弈之于棋。善弈者置棋虽疏，取数必多，得其要而已。故敌虽万变，途虽百出，而形势足以相援，攻守足以相赴，所保者必其地也。非特如此，所应者又合其变，故用力少而得筭多也。不善弈者，置棋虽密，取数必寡，不得其要而已。故敌有他变，途有他出，而形势不得相援，攻守不能相赴，所保者非必其地也。非特如此，所应者又不能合其变，故用力多而得筭少也。守边之臣，知其要者，所保者必其地，故立城不多则兵不分，兵不分则用士少，所应者又能合其变，故用力少而得筭多，犹之善弈也。不得其要者，所保非必其地，故立城必多，立城多则兵分，兵分则用士众，所应者又不能合其变，故用力多而得筭少，犹之不善弈也。"

南宋将领张浚曾向宋高宗上奏（明杨士奇等编《历代名臣奏议》卷二百三十二·征伐《张浚奏杨沂中破刘猊疏》）说："臣窃惟用兵之道，譬诸弈棋。方两家争战，思虑必惑，立志不专，自须疑贰，一着苟失，胜负遂分。方其急时，要以静应，宁当持子未下，不宜数有更易。今岳飞之军，控制上流，利害至大。傥使之全军而来，万一敌人出没此处，何以支梧？其为患害，与淮西同。非惟川陕隔绝，大江之南无日奠居矣。却欲进兵攻取，不亦甚难已乎！"将棋道喻用兵之道，分析当时宋金交兵之势，建议朝廷不宜经常改变决策，应保持定力，占据要害，待敌而动，是颇有见解的。

第七章 战略的运用:围棋战略思维的影响与延伸

二 围棋战略思维对当今治国理政的启示

围棋自身所具有和承载的政治智慧,在不同历史时期,总能放射出独特的光彩。进入新时代,以习近平同志为核心的党中央,在带领全国人民实现中华民族伟大复兴中国梦的进程中,面对国际国内的"大棋局",大力推进国家治理体系和治理能力现代化建设,形成了一整套新的治国理念和执政方略,并进而形成为习近平新时代中国特色社会主义思想。这一思想体系,不仅集中体现了党的指导理论的创新发展,体现了马克思主义中国化、时代化、大众化的最新成果,而且包涵了中华民族数千年来治理国家的丰富思想内容,其中,也渗透了围棋特有的思想理念和思维特征。在公开发表的习近平重要论述中,有许多精彩的围棋语言与概念,如"全党一盘棋"①"全国一盘棋"②"军地一盘棋"③"世界大棋局"④"要有正确大局观"⑤"统筹推进'五位一体'总体布局,协调推进'四个全面'战略布局"⑥"下好先手棋"⑦"下好'精准'这盘

---

① 《对照检查中央八项规定落实情况讨论研究深化改进作风举措》,载《人民日报》2013年6月26日第1版。
② 《落实创新协调绿色开放共享发展理念 确保如期实现全面建成小康社会目标》,载《人民日报》2016年1月7日第1版。
③ 《军队全力以赴全党全国大力支持推动国防和军队改革向纵深发展》,载《人民日报》2017年7月26日第1版。
④ 《习近平会见德国总理默克尔》,载《人民日报》2014年7月8日第1版。
⑤ 《对照检查践行"三严三实"情况讨论研究加强党风廉政建设措施》,载《人民日报》2015年12月30日第1版。
⑥ 习近平:《决胜全面建成小康社会 夺取新时代中国特色社会主义伟大胜利》,人民出版社2017年版,第3页。
⑦ 《习近平谈治国理政》,外文出版社2014年版,第122页至第123页。

棋"① "围棋中包含着人生的哲学和世界战略"② 等等，内容丰富而睿智。习近平作为人民的领袖、党的核心、军队的统帅，本身也是围棋爱好者，对围棋有深刻的了解。从围棋思维的角度学习、解读习近平新时代中国特色社会主义思想包括治国理政新理念新思想新战略，可以更生动、深刻地理解其中的思想精髓，也可以更充分地感受中华民族优秀传统文化的魅力。这主要表现在十一个方面：

（一）以民为本

"民本思想"是围棋一切思维形态包括战略思维的重要思想根源和人文基础。与其他博弈活动的棋子、牌张由等级规定能量、身份决定作用的设置不同，围棋的每个棋子身份都是平等的，只有被摆在不同的位置、即参与不同的实践才体现出不同的价值。"王侯将相宁有种乎"在围棋中得到了生动诠释。众多普通、平等的棋子，在棋盘这个舞台上，通过有机组合与对手博弈，获胜靠的是"人民"，而不是帝王和权贵。围棋体现的民本思想，是对宗法等级制的冲击与否定，符合社会发展、文明进步的要求，包含治国之道的深刻内涵。"重民本"的思想，贯穿于习近平关于治国理政的全部论述之中。在习近平新时代中国特色社会主义思想体系中，人民是中心。他指出："中国共产党人的初心和使命，就是为中国人民谋幸福，为中华民族谋复兴。"③ "全党必须牢记："为什么人的问题，是检验一个政党、一个政权性质的试金石。带领人民创

---

① 《习近平春节前夕赴河北张家口看望慰问基层干部群众》，载《人民日报》2016年1月25日第1版。
② ［美］熊玠：《大国胸怀与大国威严：习近平的国际新思维》，载《学习时报》2016年7月7日A3版。
③ 习近平：《决胜全面建成小康社会 夺取新时代中国特色社会主义伟大胜利》，人民出版社2017年版，第1页。

造美好生活，是我们党始终不渝的奋斗目标。必须始终把人民利益摆在至高无上的地位。"① 他强调"中国梦归根结底是人民的梦，必须紧紧依靠人民来实现"②"小康不小康，关键看老乡"③"天地之大，黎元为先"④。他明确提出精准扶贫的工作标准是："要下好'精准'这盘棋，做到扶贫对象精准，扶贫产业精准，扶贫方式精准，扶贫成效精准。"⑤ 人民是历史的创造者，群众是真正的英雄，人民群众是力量的源泉，在围棋博弈中是形象的比喻，而在当代中国的大棋局中，得到了最充分的诠释。

（二）大道为梦

"道"，是中国古代关于宇宙、自然界和人类社会客观规律的最高层次的表述。围棋博弈也讲究和追求"道"，古代围棋理论所崇尚的理想境界是"成得道之胜"。所谓得道之胜，就是具有远大目标、宏大境界、宽大格局，符合博弈之道的致胜局面。这种得道之胜的理想境界，表现在当今治国理政的政治智慧中，就是国家、民族、人民之梦。党的十八大后，习近平提出了凝聚中国人民理想的中国梦。在党的十九大报告中，习近平指出："实现中华民族伟大复兴是近代以来中华民族最伟大的梦想。"⑥ 习近平讲中国梦，是和"道"紧紧联系在一起的。他说：中华民族的昨天，可以说是"雄关漫道真如

---

① 习近平：《决胜全面建成小康社会 夺取新时代中国特色社会主义伟大胜利》，人民出版社2017年版，第44页至第45页。
② 《习近平谈治国理政》，外文出版社2014年版，第40页。
③ 《习近平关于全面建成小康社会论述摘编》，中央文献出版社2016年版，第21页。
④ 《习近平关于全面建成小康社会论述摘编》，中央文献出版社2016年版，第13页。
⑤ 《习近平春节前夕赴河北张家口看望慰问基层干部群众》，载《人民日报》2017年1月25日第1版。
⑥ 《习近平谈治国理政》，外文出版社2014年版，第36页。

铁"；中华民族的今天，正可谓"人间正道是沧桑"；中华民族的明天，可以说是"长风破浪会有时"。"雄关漫道""人间正道"都有道。这个道，既是道路，更是规律。所以他强调："道路决定命运"，沿着中国特色社会主义道路坚定走下去，就一定能实现中华民族伟大复兴的目标①。循道成梦，这正是围棋给予我们的解读当今党和国家政治智慧的钥匙。

（三）全局为重

围棋是最体现全局性、整体性、系统性、关联性的智力博弈活动。围棋最注重的是大局。大局，指围棋博弈的整体局面、作战全局和发展大势。对大局的认识与掌控被称为大局观。大局观是围棋特有的理念和术语，它的基本逻辑和内容是：围棋是一个整体，是由多个相互联系、制约的局部战役、战斗组成的战略全局；任何方向、领域的作战都是全局的组成部分，必须统一于整体的构思和行动之中；要想获胜，必须从大处着眼，通观全局、理解全局、关照全局、把握全局；根据全局和发展大势，确定战略重心，组织作战行动。否则，局部可能得利，全局已经输棋。大局观，是围棋致胜的关键，是围棋博弈思想的核心。习近平新时代中国特色社会主义思想的一个突出特点，恰恰就是卓越的大局观。党的十九大报告明确指出："中国特色社会主义进入了新时代，这是我国发展新的历史方位。"②"我国社会的主要矛盾已经转化为人民日益增长的美好生活需要与不平衡不充分的发展之间的矛盾。"③习

---

① 《习近平谈治国理政》，外文出版社2014年版，第35页至第36页。
② 习近平：《决胜全面建成小康社会 夺取新时代中国特色社会主义伟大胜利》，人民出版社2017年版，第10页。
③ 习近平：《决胜全面建成小康社会 夺取新时代中国特色社会主义伟大胜利》，人民出版社2017年版，第11页。

近平新时代中国特色社会主义思想的重要内容，就是从理论和实践的结合上系统回答了新时代坚持和发展中国特色社会主义的总目标、总任务、总体布局、战略布局和发展方向、发展方式、发展动力、战略步骤、外部条件、政治保证等基本问题。这些都是最大的大局。对于大局，习近平突出强调要牢固树立"大局意识"和"大局观"。这里使用的当然是围棋术语。他明确提出："要坚持高度自觉的大局意识。"①"制定各方面决策部署，首先要有正确大局观，站在党和国家大局上想问题、看问题，特别要把所分管方面的工作同党中央重大决策部署衔接起来、统一起来"。②从围棋的大局与大局观，思考治国理政中的大局与大局观，不仅可以看出二者的相通之处，更可以得到深刻的启发。

（四）顺势为上

势，是围棋特有的核心概念之一。势的本意是指由力量的一致性、事物的共同趋向和营造产生的潜能，所形成的一种特殊的能量结构和表现形态，围棋博弈中的"势"主要包括形势、外势、趋势、大势等含义。善于谋势、造势、审势、用势，是围棋战略艺术的关键要素，而其中的核心内容，是要顺应大势、顺势而上。这一思想精髓，在习近平新时代中国特色社会主义思想和实践中，得到了精妙的运用和精彩的展现。习近平告诫全党："历史车轮滚滚向前，时代潮流浩浩荡荡。历史只会眷顾坚定者、奋进者、搏击者，而不会等待犹豫者、懈

---

① 《习近平：办公厅工作要做到"五个坚持"》，人民网，2014 年 8 月 1 日。
② 《对照检查践行"三严三实"情况讨论研究加强党风廉政建设措施》，载《人民日报》2015 年 12 月 30 日第 1 版。

怠者、畏难者。"①他借用中国民主革命的先行者孙中山的话说："世界潮流，浩浩荡荡，顺之则昌，逆之则亡。"指出："历史告诉我们，一个国家要发展繁荣，必须把握和顺应世界发展大势，反之必然会被历史抛弃。什么是当今世界的潮流？答案只有一个，那就是和平、发展、合作、共赢。中国不认同'国强必霸'的陈旧逻辑。"②正是在对世界发展大势透彻认识和把握的基础上，提出了"一带一路"建设的宏伟倡议。他指出：新时代需要新思维。"一带一路"建设将为中国和沿线国家共同发展带来巨大机遇。"一带一路"是开放的、多元的、共赢的。这条路不是某一方的私家小路，而是大家携手前进的阳关大道。③这是"势"的妙用的经典范例。

（五）文化为魂

围棋的本质特征之一是竞技与文化的统一。可以说，围棋是思想性、文化性、艺术性最高的智力竞技运动。围棋的魅力，不仅来自思维博弈的错综复杂、机锋相向、谋算智斗，而且来自文化内涵的博大精深、理参阴阳、道行天下。围棋竞技的提升、价值的体现、功能的发挥、礼仪的规范、氛围的营造，都离不开文化的参与和支撑。文化是围棋的魂。而这恰恰是当今治国理政的精要所在。习近平新时代中国特色社会主义思想的鲜明特征之一，就是把坚定文化自信，推动社会主义文化繁荣兴盛作为重要内容。习近平指出："文化是一个国家、一个民族的灵魂。文化兴国运兴，文化强民族强。没有高度的

---

① 习近平：《决胜全面建成小康社会 夺取新时代中国特色社会主义伟大胜利》，人民出版社2017年版，第69页。
② 《习近平谈治国理政》，外文出版社2014年版，第266页。
③ 《习近平关于全面建成小康社会论述摘编》，中央文献出版社2016年版，第36页。

文化自信，推动社会主义文化的繁荣兴盛，就没有中华民族的伟大复兴。"①"文化自信是一个国家、一个民族发展中更基本、更深沉、更持久的力量。"②他清晰地勾画出中国特色社会主义文化的来龙去脉："源自于中华民族五千多年文明历史所孕育的中华优秀传统文化，熔铸于党领导人民在革命、建设、改革中创造的革命文化和社会主义先进文化，植根于中国特色社会主义伟大实践。"③他强调：要"推动中华优秀传统文化创造性转化、创新性发展，继承革命文化，发展社会主义先进文化，不忘本来、吸收外来、面向未来"，"建设社会主义文化强国。"④这些重要思想，是中华民族文化智慧的最好诠释，展示了新时代文化建设的广阔前景。

（六）和合为贵

围棋深受中国传统的价值观念影响。强调包容竞争、中庸为度、双方接受、攻守平衡、降低风险等。古代围棋理论一般不主张随意博杀，这与中华民族追求和合、中和的理念相一致，即注重利益调合与均衡，以中正、和谐为社会理想境界。这一点，在当今治国理政的实践中也得到了恰当地运用。习近平把"尚和合"的思想列为中国古代留下的具有永恒价值的内容之一。他指出："有着5000多年历史的中华文明，始终崇尚和平，和平、和睦、和谐的追求深深植根于中华民族

---

① 习近平：《决胜全面建成小康社会 夺取新时代中国特色社会主义伟大胜利》，人民出版社2017年版，第40页至第41页。
② 习近平：《决胜全面建成小康社会 夺取新时代中国特色社会主义伟大胜利》，人民出版社2017年版，第23页。
③ 习近平：《决胜全面建成小康社会 夺取新时代中国特色社会主义伟大胜利》，人民出版社2017年版，第41页。
④ 习近平：《决胜全面建成小康社会 夺取新时代中国特色社会主义伟大胜利》，人民出版社2017年版，第23页。

的精神世界之中。""'以和为贵''和而不同''化干戈为玉帛''国泰民安''睦邻友邦''天下太平''天下大同'等理念世代相传。"①正是在这样的认识基础上,习近平提出了"坚持和平发展道路,推动构建人类命运共同体"的重要思想。他指出:"没有哪个国家能够独自应对人类面临的各种挑战,也没有哪个国家能够退回到自我封闭的孤岛。""各国人民同心协力,构建人类命运共同体,建设持久和平、普遍安全、共同繁荣、开放包容、清洁美丽的世界。"②这些思想,与坚定维护国家核心利益的原则立场辩证统一,形成了在当今世界大棋局中纵横捭阖的高度智慧形态。

(七)强己为胜

"先为不可胜,待敌之可胜",是《孙子兵法》阐述的重要军事原则,同时也是围棋博弈的重要原则。下围棋要取胜,首先要把自己的棋走厚、做强。围棋中的强,主要是指厚。厚,是由棋子聚集组合而成、具有较强力量的棋形结构。厚按程度分为三种:铁厚,就是活棋,无可撼动;厚势,子力多,棋形好,眼位丰富,连络可靠,不易受对方攻击;厚味,有厚的初步形态和发展趋势,有力量的潜力,但还不够厚。以上也可统称为厚势。善于博弈的人把自己的棋走厚、做强,就可以形成强有力的支撑,具备战胜对手的强大力量和条件。强己为胜,这在当今治国理政的战略指导中,具有很强的针对性和启发性。应对复杂的国际国内形势,实现宏伟的战略目标,必须先把党、国家和军队自身搞坚强。对此,习近平强调:

---

① 《习近平谈治国理政》,外文出版社2014年版,第265页。
② 习近平:《决胜全面建成小康社会 夺取新时代中国特色社会主义伟大胜利》,人民出版社2017年版,第57页至第59页。

"打铁必须自身硬。党要团结带领人民进行伟大斗争、推进伟大事业、实现伟大梦想,必须毫不动摇坚持和完善党的领导,毫不动摇把党建设得更加坚强有力。"① 他强调要全面增强党的执政本领。"领导十三亿多人的社会主义大国,我们党既要政治过硬,也要本领高强。"② 他指出,新中国成立以来,正是因为我们高度重视国防建设,敢于在关键时刻亮剑,才顶住了来自外部的各种压力。千万不能忘记,军事手段始终是保底的手段。"明确党在新时代的强军目标是建设一支听党指挥、能打胜仗、作风优良的人民军队,把人民军队建设成为世界一流军队。"③ "推进强军事业,必须坚持政治建军、改革强军、科技兴军、依法治军,全面提高国防和军队现代化水平。"④ 下决心把自身建强,这在当今战略博弈中是极为高明的一招。

(八)创新为先

不断创新是围棋的本质特征之一,也是数千年来围棋生生不息、长盛不衰的重要内在动因。围棋由于本身变化量巨大,几近无穷,因此不可简单重复,以至"千古无同局"。围棋有定式即在布局和局部战斗中按稳妥次序、合理应对、正常步调,走出双方都能接受的棋形,经过反复检验,在一定阶段被公认的行棋套路和着法。围棋的定式约有一千多种。但在真正的博弈中,棋局变化无常,没有以不变应万变的可能,照搬

---

① 习近平:《决胜全面建成小康社会 夺取新时代中国特色社会主义伟大胜利》,人民出版社2017年版,第61页。
② 习近平:《决胜全面建成小康社会 夺取新时代中国特色社会主义伟大胜利》,人民出版社2017年版,第68页。
③ 习近平:《决胜全面建成小康社会 夺取新时代中国特色社会主义伟大胜利》,人民出版社2017年版,第19页。
④ 《在庆祝中国人民解放军建军90周年大会上的讲话》,载《解放军报》,2017年8月2日第2版。

定式反而会导致失败。高手过招有时并不按定式行棋，而是按情势的变化和自己的心得，走出新的复杂变化。这些新招经过检验和完善，也可能成为新的定式。围棋人机大战中 AlphaGo（阿尔法围棋）战胜人类棋手的种种创新着法，就是最新的例证。创新为先是发展的普遍规律。在当今治国理政的实践中，坚持全面深化改革，全面推进创新，就充分体现了这个道理。习近平强调指出："实践没有止境，理论创新也没有止境。世界每时每刻都在发生变化，中国也每时每刻都在发生变化，我们必须在理论上跟上时代，不断认识规律，不断推进理论创新、实践创新、制度创新、文化创新以及其他各方面创新。"①习近平明确指出："创新是民族进步的灵魂，是一个国家兴旺发达的不竭源泉，也是中华民族最深沉的民族禀赋，正所谓'苟日新，日日新，又日新。'"②"在新一轮全球增长面前，唯改革者进，唯创新者强，唯改革创新者胜。"③他指出："自主创新是我们攀登世界科技高峰的必由之路。""我国科技发展的方向就是创新、创新、再创新。"正因为如此，必须把科技创新"摆在国家发展全局的核心位置。"习近平再一次用围棋的语言强调，实施创新驱动发展战略，一定要"下好先手棋，打好主动仗，对国家和民族具有重大战略意义的科技决策，想好了、想定了就要决断，不然就可能与历史机遇失之交臂，甚至可能付出更大代价"。④这是具有深刻洞察和先见之明的博弈之策。

---

① 习近平：《决胜全面建成小康社会　夺取新时代中国特色社会主义伟大胜利》，人民出版社 2017 年版，第 26 页。
② 《习近平谈治国理政》，外文出版社 2014 年版，第 51 页。
③ 《习近平谈治国理政》，外文出版社 2014 年版，第 59 页。
④ 《习近平谈治国理政》，外文出版社 2014 年版，第 122 页至第 123 页。

（九）效率为要

围棋与其他棋类根本的不同，在于目的的不同，即决定胜负的方式不同。围棋从本质上来说，是由行棋占地的比较效益决定胜负，即在双方轮流行棋的情况下，看哪一方子力占据实地的平均效率和总效率更高。围棋的这一思维特征，对理解和贯彻当今新发展理念，建设现代化经济体系有深刻的启发。习近平指出："我国经济已由高速增长阶段转向高质量发展阶段，正处在转变发展方式、优化经济结构、转换增长动力的攻关期，建设现代化经济体系是跨越关口的迫切要求和我国发展的战略目标。必须坚持质量第一、效益优先，以供给侧结构性改革为主线，推动经济发展质量变革、效率变革、动力变革，提高全要素生产率，着力加快建设实体经济、科技创新、现代金融、人力资源协同发展的产业体系，着力构建市场机制有效、微观主体有活力、宏观调控有度的经济体制，不断增强我国经济创新力和竞争力。"[①]

（十）自然为根

中国传统的围棋理论、文化，都把围棋看作是一个宇宙和自然的空间，其中发生的变化，犹如阴阳五行、日月星辰、四季寒暑、地理经纬、人文天象等等有序的运动。围棋博弈，最终还是要回归到崇尚自然、顺应自然、天人合一的境界。这种尊崇自然的思维方式，与当今治国理政中重视生态文明的科学理念，是高度吻合的。习近平指出："人与自然是生命共同

[①] 习近平：《决胜全面建成小康社会 夺取新时代中国特色社会主义伟大胜利》，人民出版社2017年版，第30页。

体，人类必须尊重自然、顺应自然、保护自然。"①他强调："建设生态文明是中华民族永续发展的千年大计。必须树立和践行绿水青山就是金山银山的理念，坚持节约资源和保护环境的基本国策，像对待生命一样对待生态环境，统筹山水林田湖草系统治理，实行最严格的生态环境保护制度，形成绿色发展方式和生活方式，坚定走生产发展、生活富裕、生态良好的文明发展道路，建设美丽中国，为人民创造良好生产生活环境，为全球生态安全作出贡献。"②这才是先进、科学的社会主义生态文明观。

（十一）规则为矩

围棋虽然千变万化、头绪繁多、错综复杂，但却依靠简单、明确、权威的规则保证博弈的合理、顺利进行。围棋规则的最大特点是与着法高度统一、融合，即使在没有裁判的情况下，靠棋手的自觉，也可以正常进行博弈。这一点，对当今治国理政是有启示意义的。党的十九大报告明确提出："全面推进依法治国总目标是建设中国特色社会主义法治体系、建设社会主义法治国家。"③针对存在的问题，习近平指出："必须适应国家现代化总进程，提高党科学执政、民主执政、依法执政水平，提高国家机构履职能力，提高人民群众依法管理国家事务、经济社会文化事务、自身事务的能力。"④强调："不论处在什么发展水平上，制度都是社会公平正义的重

---

① 习近平：《决胜全面建成小康社会　夺取新时代中国特色社会主义伟大胜利》，人民出版社2017年版，第50页。
② 习近平：《决胜全面建成小康社会　夺取新时代中国特色社会主义伟大胜利》，人民出版社2017年版，第23页至第24页。
③ 习近平：《决胜全面建成小康社会　夺取新时代中国特色社会主义伟大胜利》，人民出版社2017年版，第19页。
④ 《习近平谈治国理政》，外文出版社2014年版，第104页。

要保证。"①"要努力形成办事依法、遇事找法、解决问题用法、化解矛盾靠法的良好法治环境,在法治轨道上推动各项工作。"②

围棋思维和智慧融入治国理政的理念和实践,成为学习、解读习近平新时代中国特色社会主义思想的一个特殊窗口。

三 围棋战略思维对国际战略博弈的启示

围棋作为高度文明的智力博弈活动,蕴含处理国家、民族关系的丰富文化精神和战略智慧,对在当代国际战略博弈,包括解决复杂问题、化解风险争端中掌握高超的斗争艺术很有帮助。一是注重造势用势,利用各种条件营造有利局势,形成主动态势,把握发展趋势,使问题的解决势不可当、水到渠成。二是争取相对利益,在不具备以绝对优势压垮对手的前提下,善于审时度势,以有限的力量争取更多的利益,达成相对胜利的目标。三是保持总体均衡,在各方力量错综复杂的情况下,以制衡保持平衡。当条件不具备时不主动打破原有平衡,避免由失衡导致失控甚至失败;当条件具备时,顺势而为,打破旧的平衡,在新的高度上实现新的平衡。四是强调利益转换,在有取有舍中博取利益的最大化,体现出利益转换、补偿的调和性,展现取舍转换的高超博弈艺术。在维护国家主权、安全和海洋权益的尖锐斗争中,运用围棋的智慧谋取战略主动,是一个值得思考的课题。首先是大力造势,依据历史和法理,营造

---

① 《习近平谈治国理政》,外文出版社 2014 年版,第 147 页。
② 《习近平谈治国理政》,外文出版社 2014 年版,第 142 页。

民族同心之势、国际正义之势、地区和平之势，以势制敌；其次是因情而变，通盘考虑斗争的战略布局，根据形势发展选择对策，敌变我变，针锋相对；再次是上兵伐谋，用兵的上策是挫败敌人的计谋，善于识破、不上敌人的圈套，使敌人的战略图谋化为泡影；还有是出奇制胜，在大战略指导下，策动奇谋妙策，出招、择时务求出敌意外，高敌一招，胜敌一筹，把握全局主动；最后是果断定型，充分考虑各种变化，选择最佳的定型方案和时机，以高远的战略眼光谋求最大的比较利益。

2009 年，时任美国总统奥巴马首次访华，赠送时任中国国家主席胡锦涛的礼物是一套围棋棋具，包括棋子、棋盘和棋盒。中国中央电视台播出了这副围棋国礼的实物视频。奥巴马的这一举动，表达了对中国传统文化的尊重，但可从中解读出更深的内涵。美国人称当今世界是"G2"即美中两国的对弈，对此中国并不赞成；美国人希望的是按"现有的"即西方主导的规则行事，对此中国当然也不赞成；对弈是以斗智为主，美国人口头这样说，实际并不一定这样做，使用战争方式达到政治目的仍是西方世界的逻辑。美国元首向中国元首赠送了这样一副中国围棋，在尊重之外，也传达了某种国际政治内涵，这是另一种形态的大国智力博弈。对奥巴马的围棋国礼，《解放军报》也曾刊发文章，用中国的围棋思想作了一番解读。文章认为，围棋内涵非常丰富，所蕴含的军事、经济、政治思想，给人很多启迪。比如，大局观、"中和"的思想，就很耐人寻味。下围棋讲"善弈者谋势，不善弈者谋子"，"谋势"就是指在处理问题和矛盾时要高瞻远瞩，着眼大局，不因小失大，为一叶所障目。美国是世界最大的发达国家，中国是世界最大的发展中国家,这两个大国要处理相互关系,要共同应对各种地区和全球性挑战,没有大局观,不谋适应时代发展要求的势,那就将有负两个大国的盛名和两国人民的期待。围棋是竞技项目,下棋要争胜负,这是常人之见,但真正的围棋思想却超越了胜负。围棋大师吴清源说,我从来没有把围棋当成胜负之争去看待。他认为,围棋的理想是中和——只有发挥出棋盘上所有棋子的效率的"那一手",才是"最佳的一手";21 世纪的围棋,应该更充分地体现从棋盘的整体去考虑问题的"中和"思想,每一手棋都必须考虑全盘整体的平衡去下。这一围棋思想对我们看待中美关系很有启示。中美关系的发展必然要超越"零和"博弈思想之所限,代之以非零和的"合作共赢"思想。斗则两伤,和则两利。唯如此,双方才能走得更近。[①]

四 围棋战略思维对军事战略运筹的启示

围棋博弈是认知领域的虚拟战争,富含深邃的谋略思想和战略智慧。在军事战略运筹中学习借鉴围棋理念,有助于获得思维的灵感、思辨的顿悟和思路的拓展,发现并认识更多的带有规律性的东西。信息时代的战争特别注重军事理论创新,围棋的战略特质,使其成为绝好的思维训练工具和研究参照系。军事科学院的研究成果提出,要用围棋的方法而不是象棋的方法研究信息化建设和信息化战争。所谓围棋的方法,是指网络化棋局和发散式子力运动方式;所谓象棋的方法,是指划分区域界限的战场和固定单一的子力行走模式。这种选择,是信

[①] 董国政:《美国有的媒体不懂围棋》,载《解放军报》2009 年 11 月 26 日。

时代、网络革命带给军事思维方式的重要变化。当代围棋博弈中战略功能表现出新的特征，战略运筹更多地依靠战术、战斗的进程来设计和实施，这对当代军事思维具有启发意义。比如，现代战争实践中出现战略决策、战术行动的现象越来越多，战斗、战术的发起与进展直接与战略决策相关联，直接影响战争全局。美军在巴基斯坦击毙本·拉登的作战行动就是一个典型战例。现代战争是体系与体系的对抗，作战体系的关键节点对系统效能的整体发挥有重要影响，围棋体系作战、节点破击的战略运用，与信息化战争整体战思想和体系破击战思想相符。现代战争节奏加快，战场瞬息万变，要求指挥员必须临机快速决策、果断处置情况，围棋竞技强调急谋速断，有助于提高即时判断和随机应变能力。现代战争强调基于效果作战，重视对打击效果的评估，力求最大限度地发挥作战效能；围棋效率至上的理念，专注于从全局上控制，专注于每一子力的实际效果，对基于效果的作战有重要启发意义。现代战争是精确作战，基于信息系统的侦查、筹划、控制和集成能力大大提高，战略和战役由一系列精确打击的战斗组成；围棋战略建立在最大限度地准确计算的基础上，建立在精确战斗的基础上，是对精确作战的最好诠释。现代战争激烈残酷，强调人的精神因素的重要作用；围棋坚韧克敌理念同样强调意志和心理因素，精神士气才是战斗力真正的锋利刀刃。现代战争强调战略指导的自主地位，不被敌人牵着鼻子跑，强调最大限度地发挥己方优势，以我之长克敌之短；围棋强调抢占先机，掌握主动，力争在最有利的时机和地点、采用最有效的战法打击敌人的短处、虚处和弱处。现代战争立足于充分的战争准备，军事力量建设呈现结构一体化趋势，军事训练体系表现出面向实战、重在能力、全要素、全过程等特点；围棋表面上是单打独斗的脑力对抗，其实在这种个体对抗背后有阵营的支撑，大赛前集体力量的凝聚、阵营力量的凝聚、国家力量的凝聚，是克敌制胜的根源，而围棋专业队伍建设也要形成统一合理的力量结构，为促进围棋事业发展、夺取世界围棋比赛锦标奠定基础。

第二节　围棋与军事战略指导的交集

从历史看，在筹划指导战争和国家发展时直接运用围棋战略思想的不乏其例，充分展现出围棋战略思想对民族思维习惯和战略文化的影响。

一　淝水之战双方的围棋思维

十六国时期，前秦皇帝苻坚统一北方后，于378年4月遣征南大将军苻丕率步骑7万人进犯东晋的襄阳，又另派10万多兵众分三路合围襄阳，意在夺取这一战略要地，为之后大举南下做准备。东晋襄阳守将朱序带领军民固守中城，前秦军围攻数月而不可得。378年7月，前秦兖州刺史彭超向苻坚献策，请求率兵攻打彭城，而且说："愿更遣重将攻淮南诸城，为征南棋劫之势，东西并进，丹阳不足平也！"[①] 彭超以"棋劫之势"向苻坚陈画军事形势，建议在西线进攻襄阳的同时，从东线进击彭城（徐州）和淮南地区，东西两路大军并进，

---
① 《资治通鉴》第四册，中华书局1956年版，第3286页。

东晋势必如同围棋中应劫一般，无法同时兼顾，这样丹阳（建康）不难拿下。苻坚听从了彭超的意见，让他都督东讨诸军事，领兵攻打彭城，又派后将军俱难等率领7万步骑兵进攻淮南的淮阳、盱眙等地。秦晋两军在淮南战成胶着状态，而襄阳城在死守近一年后，于379年2月被前秦军攻破。

从彭超向苻坚献策的一番话可见，当时前秦帝王苻坚和大臣彭超等都会下围棋、都懂围棋，对"棋劫之势"的含义心领神会，前秦军在西路也取得了攻克襄阳城的胜利，进一步膨胀了苻坚南下吞并东晋的欲望。劫争是除围棋外其他任何棋类都不具有的争斗形式。劫争的直接目的是关键点的争夺，而结果和本质却是利益的转换。劫不仅关系直接作战地域双方子力的生死存亡和利益消长，而且关系到作为"劫材"的相关地域双方子力的生死存亡和利益消长。彭超正是看到秦对晋优势所在，将襄阳作为劫争关键点，把进攻淮南作为劫材，使东晋只得进行利益取舍，从而让前秦打赢了这一劫争，占领了襄阳。

383年8月，苻坚亲率80余万大军从长安南下，同时命梓潼太守裴元略率水师7万从巴蜀沿江东下，向建康进军，以图一举消灭东晋。他骄狂地宣称："以吾之众旅，投鞭于江，足断其流。"此后苻坚大军进逼淝水，寻求与晋军主力决战。东晋王朝在强敌压境、面临生死存亡的危急关头，以丞相谢安为首的主战派决意奋起抵御。经谢安举荐，晋帝任命谢安之弟谢石为征讨大都督，谢安之侄谢玄为先锋，率军8万沿淮河西上，迎击秦军主力。又任命桓冲为江州刺史，率10万晋军控制长江中游，阻止秦巴蜀军顺江东下。

再看东晋一方。由于前方战局吃紧，将军谢玄前来向谢安请示破敌之策。谢安面无惧色，说是自有办法，让谢玄随他与亲友一起去山中别墅游玩。到了山中，谢安摆开棋盘邀谢玄对局，并"下棋赌墅"。谢玄原本棋高一筹，因为心念战事而紧张，却败给了谢安。谢安返家之后，遂运筹帷幄，面授对敌作战的方案，"指授将师，各当其位"。谢玄豁然开朗，领命而去，在淝水一战破敌。这一仗秦军被杀得胆战心惊，风声鹤唳，草木皆兵，人马相踏，损失惨重。捷报传来，谢安"方与客围棋，投书置床上，了无喜色，围棋如故，客问之，徐答曰：小儿辈遂已破贼"。大将风度，跃然纸上。此事见《晋书·谢安传》。围棋对军事家的影响，由此可见一斑。

二 中国革命战争中的毛泽东围棋战略思想

在现代军事思想体系中，对围棋战略智慧运用最为得心应手的，是毛泽东军事思想。毛泽东文韬武略俱全，也会下围棋。井冈山八角楼上，至今摆放着一张桌面上刻了围棋盘的方桌。这是一件仿制品，文物原件保存在国家博物馆。第一次土地革命战争时期，在极端艰苦、危险的战争环境里，毛泽东和朱德仍在八角楼从容弈棋。当然，现在看来，毛泽东的围棋水平至多是个业余好手，但他却善于运用围棋的哲理去研究战争、指挥作战，是在军事理论上把围棋与"战略"的概念直接联系起来第一人。毛泽东1936年12月在《中国革命战争的战略问题》一文中深刻指出，"说'一着不慎，满盘皆输'，乃是说的带全局性的，即对全局有决定意义的一着，而不是那种带局部性的即对全局无决定意义的一着。下棋如此，战争也是如此。"① "没有全局在胸，是不会真的投下一着好棋子的。"② 如果把中国比作一个大棋盘，中国革命比作一个大棋局，可以说，毛泽东"胸中自有雄兵百万"的大局观和行军布阵的"棋艺"是雄视古今、鲜有敌手的。

当中国革命处于低潮时，毛泽东鲜明地指出："中国是一个大国——'东方不亮西方亮，黑了南方有北方'，不愁没有回旋余地。""如果棋盘太小，没有足够的回旋余地，那么，三十五计用完，第三十六计（编者注：指'走为上计'）就用不上了。"③ 他把中国当作一个大的围棋盘，所以总有地方可以建立根据地，在一处不能立足时，可以转移到另一处寻求出路。毛泽东深谙这个道理。大革命失败以后，毛泽东改变单纯进攻大城市的战略思路，主张先到敌人力量薄弱的广大农村地区去，从而在井冈山建立了中国的第一块农村革命根据地。这正应了棋理的一句话："起手据边隅。"第五次反"围剿"失利后，中国工农红军被迫进行了二万五千里长征这个战略大转移，最终在陕北站稳脚跟。这充分说明了中国这个"大棋盘"所具有的回旋余地。

抗战初期，日寇尚处战略进攻，形势险恶，中国共产党党内和党外都有许多人轻视游击战争的重大战略作用，而只把希望寄托于正规战争，特别是国民党军队的作战。1937年8月22日至25日，中共中央政治局在陕北洛川召开扩大会议，研究确定党在抗日战争时期的纲领、路线、政策和军事战略方针问题。毛泽东在报告中首次明确运用围棋思维、概念，来阐述

---

① 《毛泽东选集》第一卷，人民出版社1991年版，第175页。
② 《毛泽东选集》第一卷，人民出版社1991年版，第221页。
③ 《毛泽东选集》第一卷，人民出版社1991年版，第189页。

第七章 战略的运用:围棋战略思维的影响与延伸

红军所采取的独立自主的山地游击战战略方针。据会议参加者、时任抗日军政大学政治部主任傅钟回忆:毛泽东同志高瞻远瞩,用形象的比喻阐明雄伟、深远的战略思想,给人以不可磨灭的印象。他说,我们已采取"山雀满天飞"的办法,撒出了大批干部,到华北敌后各地组织群众开展游击战争。我们的主力部队到华北,要像下围棋一样做几个"眼","眼"要做得活,做得好,以便和敌人长期作战。① 这一战略思想,在尔后八路军(1937年8月25日,红军改编为国民革命军第八路军)的作战筹划与实施中得到了充分贯彻。1937年11月11日,八路军总部领导朱德、彭德怀、任弼时、左权与129师领导刘伯承、张浩在山西顺县石拐镇商讨该师的战略发展问题。朱德指出:"在8月下旬的洛川会议上,主席提出,我军要实行'围棋'战,采取'山雀满天飞'的办法,把部队撒出去,首先要撒到有利于开展游击战争的山区,依托山地开展游击战争,尔后向平原发展。"刘伯承指出:"我们129师的任务,就是要将主席的'围棋'战略具体化。我们的设想,是要通过创建游击支队,建立军区,划分军分区。也就是从游击队开始建设正规军,从游击区开始建设根据地。这就算是'做眼'吧。"② 可以说,这是毛泽东围棋战略思想最初的提出与贯彻。

"1938年5月,毛泽东写下了《抗日游击战争的战略问题》一文,发表于延安《解放周刊》第40期,指出抗日游击战争发展的正确道路。他以围棋为例,讲敌我双方的攻防作战行动,着重讲"做眼"即建立根据地的战略意义,指出:"由

---

① 傅钟:《敌后抗战的开端》,载《抗日战争回忆录》,党建读物出版社2015年版,第208页。
② 赵建国:《刘伯承元帅》,解放军文艺出版社2007年版,第185页至第186页。

围棋与战略

是敌我各有加于对方的两种包围,大体上好似下围棋一样,敌对于我、我对于敌之战役和战斗的作战好似吃子,敌之据点和我之游击根据地则好似做眼。在这个'做眼'的问题上,表示了敌后游击战争根据地之战略作用的重大性。"① 在此战略指导下,八路军和新四军广泛在敌后开辟抗日根据地,将日军的"实空"淘光,迫使日军龟缩在大中城市和交通线上,成为一条"无眼"的"困龙"、难逃最终覆灭之命运了。

1938年5月26日至6月3日,毛泽东在延安抗日战争研究会的讲演《论持久战》中,又延续了《抗日游击战争的战略问题》中的说法:"这样,敌我各有加于对方的两种包围,大体上好似下围棋一样,敌对于我、我对于敌之战役和战斗的作战,好似吃子,敌的据点(例如太原)和我之游击根据地(例如五台山),好似做'眼'。"紧接着,毛泽东又讲到,"如果把世界性的围棋也算在内,那就还有第三种敌我包围,这就是侵略阵线与和平阵线的关系。敌以前者来包围中、苏、法、捷等国,我以后者反包围德、日、意。但是我之包围好似如来佛的手掌,它将化成一座横亘宇宙的五行山,把这几个新式孙悟空——法西斯侵略主义者,最后压倒在山底下,永世也不得翻身。"② 在一个月内,毛泽东两次用下围棋来比喻中国抗日战争的战略问题,第二次又比前次有了丰富和发展,提出"世界性的围棋"的说法,把围棋的棋盘拓展到全球、用大棋局比拟世界格局,既体现了毛泽东的恢弘战略视野,也反映了围棋战略思想的层次性、深刻性和实用性。《论持久战》这一著作

---

① 《毛泽东选集》第二卷,人民出版社1991年版,第427页。
② 《毛泽东选集》第二卷,人民出版社1991年版,第472页至第473页。

发表不久，在武汉的周恩来即将其基本精神介绍给国民党高级将领白崇禧。白崇禧大为赞赏，联系自己的思考，将其归纳为"积小胜为大胜，以空间换时间"，并建言蒋介石。蒋很赞成，认为这是克敌制胜的最高战略方针，对于抗战的最后胜利起到了至关重要的作用。

毛泽东围棋战略思想，总的看有以下特点：一是运用围棋最本质、最核心的概念"围"。正如《毛泽东军事文选》对"围棋"的注释："围棋是中国的一种很古老的棋。双方的棋子互相包围，一方的一个或一群子被对方所包围，就被'吃'掉。但如果在被包围的一群子中保有必要的空格（'眼'），这群子就是'活'的，不被'吃'掉。"将全局指导建立在包围的思想上。二是将军事上层层包围与反包围的战争局面与围棋上错综复杂的包围局面有机融合在一起。三是在包围中运用了"吃"子和"做"眼表现攻防行动，蕴含着"保存自己、消灭敌人"这一最基本的战争法则。四是不仅注重在战略战役上的运用，而且拓展到世界性的战争格局之中，由民族之间、国家之间的战争上升到国家联盟之间的较量，使围棋战略思想的内涵在更高层面上得到展现和升华。

西方有学者也发现并指出，毛泽东经常用围棋来解释他的战略。美国耶鲁大学教授斯格特·鲍尔曼在《拖长的游戏：从围棋角度解释毛泽东的战略》一书中指出，毛泽东正是利用围棋的原理带领中国共产党打赢中国革命战争的。鲍尔曼指出，共产党中国的军事战略与中国古代围棋游戏远非只是表面上的相似。围棋的胜负只是比较而言，胜者要比负者控制更大的地盘，但不是所有地盘。棋手可能在某一局部遭到战术上的失败，但却能通过从战略上智胜对手而卷土重来。在鲍氏看来，当时被共产党控制的农村地区，就像围棋中的边角，而被国民党控制的城市就是棋盘的中心。与西方战略常常着眼于单一的决定性战役不同，毛泽东的信条是着眼于更加持久的斗争，小区域的控制、地理上的分割，从而导致战略上的胜利。美国战略研究专家爱德华·博伊兰对鲍尔曼的研究给予充分肯定，进一步指出，毛泽东这一代人对孙子思想的继承，使中国古代的许多观念和做法在现代战争中仍然起着重要的作用。如果中国再次面临战争，上面讨论过的许多特色也将重现。

三 当代中国和平崛起中的围棋谋略

对此，西方人的观察给予了很好的说明和解读。美国的中国安全观察委员会在 2002 年给国会的报告[①]中，声称："中国的战略思想和军事计划和美国存在着巨大的差异，因此有必要对这差异进行更为仔细的研究。"该报告还同时警告："由于双方的战略思维存在巨大的'代沟'，所以由于误判和误解而产生的决策应给予相当高的重视。"

该报告认为，20 世纪最重大的事件之一，就是中华人民共和国的成立。尽管作为现代国家，中华人民共和国只有 68 年的历史，但是从先人那里继承了长达 5000 年的璀璨历史与文化。令世界其他国家羡慕的是，中国波澜壮阔的历史长河中从来不缺伟大的军事家与战略家。频繁的战争固然是原因之一，但是从另一个角度来说，中国那些脱颖而出的军事家和战略家

---

① *China Security Commission: Report to the Congress of the United States*, July 2002.

第七章　战略的运用：围棋战略思维的影响与延伸

始终能够保持高度的学术修养也是不能忽略的因素。在现代国家中，和平时期保证军事将领学术素养的方法是靠军事院校教育。而在古代，这又是如何做到的呢？最为美国人所熟悉的孙子，认为要想取得战争的胜利，必须在和平时期就要不断地研习战略战术，最好把这种自我学习当作生活中的习惯。在中国古代，很多著名的军事家都有着相同的爱好——围棋。纵观围棋的游戏过程，就是由无数大大小小的战役和纵横交错的战线所组成的。实际上表现的是两个国家在不同利益方面的"明争暗斗"。在围棋中，前几十步棋被称为开局。在这一阶段，对弈双方要计划总体的战略思想，而且要根据形势的变化来及时调整自己。围棋的开局阶段将影响之后的几十手乃至整个一盘棋，这也体现了围棋要求制定长期性战略的特点。

该报告说，从不同的角度来看，围棋与中国的战争和外交思想都有很多的相通之处。从本质上来讲，围棋就是争夺控制区域。谁赢得的地方多，谁就能获得胜利。围棋的特殊之处在于它可以最大限度地发挥人的创造性的战略思想。根据规则，执黑棋者先行，棋子一落，便不能移动，除非该子被对方包围"吃"掉。随着棋子不断增多游戏也变得越来越复杂。因此，就连最先进的超级计算机也不能摸清围棋的全部奥秘。

2004年，美国陆军战争学院战略研究所提交了一份特殊的报告《他山之石，可以攻玉》，副标题是"从围棋角度剖析中国'势'的概念"[①]。报告认为，围棋是一种生动反映中国哲学、文化、战略思想、战争、战役、战术与外交谈判的艺术；

---

① 来永庆：《他山之石，可以攻玉——从围棋角度剖析中国"势"的概念》，载《空天力量杂志（中文版）》2007年冬季刊（第1卷第3期），第47页至第60页。

围棋与《孙子兵法》中的战略概念特别是"势"的概念有重要联系,孙子的思想和中国战争方式的特点在棋局中显露无遗;美国领导人和军政、外交人员了解中国文化中不同战略思维方式的新方法,就是学习中国的围棋。

这是当代美国以及西方战略研究领域少见的、以围棋为主题分析中国战略思维特征并提出战略对策的研究报告。全文共2万余字,配有11幅围棋对局插图,具有一定的专业水准。该报告主体内容分为六个部分:

第一部分,"势"的含义。"势"是中国古代军事战略大师孙子所著《孙子兵法》中的重要理念,同样也是围棋的指导原则。学习与练习孙子战略与作战理念的新方法是学习围棋。围棋与中国的战争与外交方式有着惊人的相似之处。只要有基本的围棋知识,即可为美国的政治与军事智慧锦上添花;同时也可增强美军政领导人对中国战争与外交方式的理解。

第二部分,中国的战争与外交方式。《孙子兵法》无疑是中国战争与外交方式的缩影。孙子的战争本质、战法、战略与谋略、复杂的辩证观等,增加了斗智的复杂性。受其熏陶,中国人非常习惯以全面辩证的方式看待战争与外交,并据此采取相应行动。而美国的战争方式即是运用强大的力量,使用先进的技术,追求完胜。中国人认为他们的战略传统,在道德和效能上均优于西方,而美国及西方的战争方式刻板呆滞。

比如,围棋中以迂为直、入界宜缓的下法,就体现了典型的中国式的非直接的战略动作。一个现实的例子发生在20世纪60年代。当年,中国花大力量让非洲国家支持中国重返联合国,而采用的方法是在很多非洲国家修建大型体育馆。看上

第七章　战略的运用：围棋战略思维的影响与延伸

去这和中国重返联合国的努力毫无联系。但就在10年后，中国在第三世界的帮助下，终于成为了联合国的一员。然而这种需要耐心的方法却和典型的美国式思维相去甚远。因为一般情况下，美国人更直截了当，需要立竿见影的效果。美国对朝鲜的政策就是这种思维的典型代表。20世纪90年代后期，韩国宣布将执行"阳光政策"，试图通过长期和逐渐的努力来使朝鲜产生"令美国满意"的变化。然而美国的决策者因为不能立即从朝鲜得到"令人满意的"回答，所以经常感到"阳光政策"非常失败。韩国领导人屡次请求美国对其"阳光政策"多一些耐心和理解。然而不幸的是，美国人这两方面都很欠缺。

第三部分，围棋的启示。围棋与中国的战争与外交方式相似。围棋的基本目标是在棋盘上获得更大的空间或更多的领土。为实现这一目标，双方必须尽量围空。角逐领土的竞争衍生出入侵、交战、对峙和作战等。孙子的思想和中国战争方式的特点，在棋局中显露无遗。棋局不断演变，最终成为一场复杂的融合战斗与战役的战争。

作者认为，围棋中的"打劫"十分有助于美国理解中国大陆如何看待中国台湾问题。对于中国台湾，美国可能会"协防"；但对于中国，中国台湾绝对不能失去。中国台湾就如同棋盘上的"劫"，如果中国放弃台湾，就意味中国将永远失去民族复兴的机会。而中国的方法归结起来也很简单，就是让美国确信"协防台湾"所得到的利益将小于由此而遭受的损失。因此最明智的策略是把台湾棋作成一个"劫"来讨价还价。

同样的，中国认为这几年美国也是把中国台湾视为牵制中国的工具之一，一个谈判的筹码。而美国国内却有人一直将

183

"保卫台湾"视为一种责任，这就使美国在未来可能与中国陷入一场武装冲突之中。从围棋的角度看，一旦美国派兵"保卫"千里之外的中国台湾，除了会遭受失败之外，就连美国在西太平洋的主导权也会受到威胁。然而美国过于相信自身的实力，忽略了中国的观点。这在将来有可能导致一场灾难。

第四部分，"势"的发挥。 中国循着古代战略思维的路线，已在追求国家目标方面获得重大进展。在建设中国大陆、营造有利的周边局势和处理台湾问题上的成就尤其显著。1978年，中国开始了大规模改革开放，决心在50到100年中将中国建设成世界强国，为达到这一目标，中国需要稳定的内部和外部环境。从内部来看，中国建立的有中国特色的市场经济体制，在加入世贸组织后，中国的经济和外部的联系显得更加紧密。从外部来看中国采取了三项措施来建立稳定的周边形势：首先是与美国建立建设性的关系；其次是与邻国，如俄罗斯和越南等都改善双边关系；最后，通过开放政策积极融入国际大家庭。这些措施为中国未来发展打下了良好的"势"的基础。

收复台湾地区是一项历史性的任务。中国希望能够完整无损地收复台湾地区。为了达到这一目标，中国力图能达到"不战而屈人之兵"的效果。而这其中，做"势"就是关键的战略。目前来看，中国执行这个战略计划很成功，而其中最有特点的就是大力发展海峡两岸的经济和社会联系。据统计，台湾地区对大陆的贸易量，已经占其外贸总额的15.39%；而从1991年到2003年，大陆累计吸收台资多达300亿美元。与此同时，大量的台湾人前往大陆旅游或定居。大陆已经成为吸收台湾地区资金、技术和人才的巨大"磁铁"。在军事方面，中

第七章 战略的运用：围棋战略思维的影响与延伸

国在20世纪90年代就开始在东南沿海修建导弹基地，此外，中国还加强了解放军的空军和海军力量建设。这种军事上的"势"有效压制了台湾地区内部出现的"迅速独立"倾向。

在对美国方面，中国加强了与美国的关系。布什当选总统后，两国关系曾由于2001年的"撞机事件"而陷入低潮。2001年美国遭到恐怖袭击后，中国领导人马上就抓住了这个机会，表示将在反恐战争上对美国给予帮助。鉴于中国在中东和朝鲜半岛的巨大影响力，美国清楚地知道保持良好关系的价值远远大于对中国台湾地区的"支持"。当陈水扁策划在台湾地区推动两项"公投"来证明台湾是"独立国家"之时，中国大陆并没有像过去那样采取"文攻武吓"的行动，反而利用美国向台湾地区施压。美国驻台湾地区代表向陈水扁表达了美国对局势的担心，因此陈才极不情愿地表示，在选举时的"公投"将不包括有关"台湾独立"的内容。而在与时任中国总理温家宝会见后举行的联合记者招待会上，布什针对陈水扁直截了当地说，美国反对任何旨在改变台湾海峡现状的行为。中国不费一枪一弹就得到了自己需要的东西，所有这些都是由于"势"在起作用。

第五部分，他山之石。 美国军政领导人对于国际象棋、桥牌、拳击与美式橄榄球等游戏均知之甚详。这些游戏很大程度上反映了西方文化，与美国战争方式一样，有多项长处，也有弱点，就是缺乏战略与谋略的老练技巧。中国的战争方式及围棋，在许多方面可以协助美国人克服这些缺陷。

第六部分，结论。 人类社会自有战争开始，即出现体能与智慧的较量；如果只注重用兵，必然失去"伐交"；向对手学习总能获益。遵循孙子的教诲，学习中国的战争方式与外交作为，对美国大有裨益。而学习围棋，正是其不二法门。

这篇报告代表了当代美国和西方战略文化领域对围棋与战略关系研究的最高水平，其研究的深度和深意值得引起重视。

美国军方的这种研究，也引起了美国政界的重视。2010年，美国前国务卿基辛格在《论中国》书中，援用了该研究报告作者公开发表的相关研究成果。《论中国》第一章"中国的特殊性"中专列"中国人的实力政策与《孙子兵法》"一节，指出，中国人是实力政策的出色实践者，其战略思想与西方流行的战略与外交政策截然不同。在陷于冲突中时，中国绝少会孤注一掷，而依靠多年形成的战略思想更符合他们的风格。西方传统推崇决战决胜，强调英雄壮举，而中国的理念强调了巧用计谋及迂回策略，耐心积累相对优势。

美国亚太安全研究中心专家亚历山大·武温（Alexander Vuving）2014年12月在《国家利益》双月刊发表了一篇长文，从围棋角度分析了中国宏大的南中国海战略。作者认为，在南中国海海域，中国可能正在展示围棋大师的地理空间思维。如果有人坚持认为北京在南中国海的举动是微不足道的，那么这种理解就是错误的。这种思维方式是受到国际象棋的影响，即兵卒在很大程度上是可以舍弃的，战略在很大程度上具有线性特征。然而通过部署"兵卒"，即海警船、渔船，以及岛礁，中国正在包围并影响——如果不是控制着——它所声称拥有合法主权的大片海域和天空。随着时间的推移，这些"兵卒"在更强大的力量支持下会带来控制权。从国际的角度来看，中国在南海下着一盘围棋。2017年2月，武温又在"外交政策"网

第七章　战略的运用：围棋战略思维的影响与延伸

站以"美国如何控制南海"为题，建议用两种方式制衡中国大陆。一种是制裁行动，制裁对象可锁定协助中国内地在南海建造或发展项目的个人或公司，进行冻结资产及旅游禁令，也可以对支持中国的第三国家公司或个人进行制裁或旅游禁令。另一种是采取"包覆战术"，即直接效法中国在南海采取的"包覆战术"，通过多层军事及非军事方式阻止他国靠近南海；将民间船只放置在最内层，伴随外层的执法船只，最外层就是军舰保护；再内层就是海上执法船如海岸警卫队船只，内层则可动员菲越民间船只和志愿者或可利用无人机及无人下水器阻挡中国船舰靠近。他认为，借由制裁与协商，以及区域国家和国际民间组织合作，将有较大机会达成美国希望的目标。

美国学者科内尔和默斯尔撰写了《战略思维和东方的围棋》[1]，把围棋战略原则概括为"集体重于个体""要自律莫贪胜""灵活而避免僵硬""重视长远利益而非眼前所得"四条，认为这些反映了东方人的思维方式，了解和学习围棋可使西方人对东方战略思想与竞争观念有进一步的认识。

这些西方学者的研究论述，深刻揭示了围棋与中国战略思想的深厚渊源，阐释了当代中国国家战略与外交战略中蕴含的围棋思维，为读者提供了理解围棋战略思想的另一个视角。

第三节　围棋思维与海洋战略博弈

党的十九大报告明确提出，加快建设海洋强国。当代大国

---

[1]［美］科内尔（D. Cornell）等：《战略思维和东方的围棋》，载《围棋天地》1995年第12期，第28页至第30页。

战略博弈在很大程度上表现为海洋战略博弈，而中国与其他大国间的海洋战略博弈，则在国家战略全局中占有非常重要的地位。从时代的发展看，海洋权益、海洋资源、海上通道的维护与争夺，开发与利用，共享与斗争，已成为影响世界战略格局和国际秩序包括海洋秩序发展变化的重要方面，有时甚至是决定性因素。海洋国土和国家海洋利益的安全，成为国家安全战略、发展战略和军事战略必须着重和优先考虑的重要课题。以海上通道安全为例，中国已成为最大的利益攸关方。2013年时，中国已超过美国成为世界第一大贸易国，进出口贸易总额超过4万亿美元，占全球贸易的12%。中国是世界上120多个国家的第一大贸易伙伴。而中国的对外贸易，90%以上是通过海上运输完成的。同年，中国超过美国成为世界上最大的原油进口国，其中，80%以上的进口原油通过海上通道到达中国。作为海运大国，中国拥有世界上最大的海运船队和最大的远洋轮船生产规模。中国沿海港口吞吐量居世界第一，在世界前五大港口中，中国占了3个。海洋经济已占国家经济总量的10%。此外，中国在海外投资已达数千亿美元，成为世界第三大对外投资国，在海外中资机构、企业工作的职工，人数超过百万。海洋交通线已成为国家经济发展的生命线。维护和保卫国家海洋权益和海上通道的安全，至关重要，刻不容缓。而"一带一路"的宏伟倡议，对走向海洋、经略海洋提出了更高要求，向远海大洋"走出去"的步伐将进一步加快，维护海洋秩序和海外利益的需求将进一步增大。现阶段，对国家安全、发展的威胁与阻力，主要来自于海洋方向。

围棋本身就是古代哲学、兵法、天文、王政和弈术相互融合的产物,因此围棋博弈与军事战略博弈具有天然的相似性、相通性。从围棋理念与思维中可以得出很多对海洋军事战略博弈有益的启发、参考和借鉴。概括起来有二十一式对局之策。

一 大局：经略海洋与国家安全、发展命脉

大局,指围棋博弈的整体局面和作战全局。对大局的认识与掌控被称为大局观。大局观是围棋特有的理念和术语,它的基本逻辑和内容是：围棋是一个整体,是由多个相互联系、制约的局部战役、战斗组成的战略全局；任何方向、领域的作战都是全局的组成部分,必须统一于整体的构思和行动之中；要想获胜,必须从大处着眼,通观全局、理解全局、关照全局、把握全局；根据全局和发展大势,确定战略重心,组织作战行动。否则,局部可能得利,全局已经输棋。大局观,是围棋致胜的关键,是围棋博弈思想的核心。

围棋大局观对海洋军事战略博弈的启示是：必须找准经略海洋在国家安全、发展与军事战略全局中的位置,自觉在大局下行动。当前,国家利益的边界正在扩大,向着传统的领土、领海、领空以外空间拓展。广袤的海洋,承载着越来越多的国家利益。海洋正成为国家利益拓展的主要方向和中华民族伟大复兴的重要战略空间。经略海洋,确保海洋国土、资源和战略通道的安全,成为关系国家安全、发展大局的关键性甚至是决定性因素。在国际战略竞争日益激烈的今天,国家海洋主权、权益受到的挑战和威胁,比以往任何时候都更突出、更严重。主要表现在：部分海洋国土的主权受到侵犯；一些宝贵的海洋

资源受到掠夺，而我对海洋资源的合法开发却受到挑衅；若干海上通道的航行受到监控，在战时可能受到卡阻；海上宝岛的统一受到干扰；部分海外投资和人员的安全受到威胁等。这就需要在有关国家生存、发展、安全战略博弈的大棋局中，把海上方向的战略博弈包括军事斗争准备，作为最紧迫的任务、最重大的课题突出出来。坚持底线思维，作好充分准备，随时应对可能的突发事件，必要时坚决打赢海上自卫战争。

从围棋大局观思考海上方向军事战略博弈还有一个重要的角度，就是任何军事斗争举措、军事手段运用，都必须在大局下行动。下围棋要以大局为重，以大局为胜，海上战略博弈也是如此。海洋权益、海上安全在国家利益全局中至关重要，但还不是全局；相对于全局而言还是局部。换言之，还有更大的、更高的东西制约它、决定它、指导它。这就是国家整体利益、根本利益和战略全局。海洋战略博弈只有在全局层次上、范围里筹划和行动，才能确保胜利和有效。面对海上方向对我主权、权益的威胁和挑衅，是采用战争方式还是和平方式解决？如果采用战争方式，在什么时机打，在什么地点打，用什么力量打，以什么手段打，打到什么程度，如何收局等，都必须听从大局、服从大局，做到军事服从政治、战略服从政略。

二 对手：认清、搞透博弈对象

围棋是双方的思维博弈，是两个相互独立的大脑之间的对抗与竞争。春秋时期的道家著作《关尹子》首次提出："二人弈，相遇则胜负见。"这就告诉我们，围棋是双向诉求，而不是单向诉求；围棋博弈不能脱离对手而存在；要想胜利，必须认清对手、研究对手、吃透对手，有针对性地与对手进行周旋和博杀。搞清对手，包括其意图、状态、风格、手法、长项、短板等方面的特征，做到知彼知己。当代围棋比赛由于深入了解对手，针锋相对作战而致胜的经典棋局当属中日围棋擂台赛中方主将聂卫平与日本超一流棋手武宫正树的对局。聂卫平赛前针对武宫的"宇宙流"，制定了抢占实地、抑制对方向中腹发展的对局思路，并在国内比赛中不计胜负，进行实践检验和完善。结果，在正式比赛中，使对方感到很难受，最终取胜。

在海洋军事战略博弈中，真正搞清对手，是至关重要的、首要的问题之一。根据战略目标、战略任务确定战略对手和作战对象，是制定军事战略的关键。当前海上方向，国家安全面临哪些威胁挑战，对手究竟是谁，其战略目的、威胁程度、作战力量和作战方式、手段等究竟如何，有什么特点和弱点，搞清了这些，才能从根本上提高军事斗争和战略博弈的针对性、有效性。除了搞清对手大的战略意图，还要搞清对手每一步行动的具体意图、方式、力量、部署、步骤。搞清了对手，才能做到料敌行棋，对敌出招，有的放矢。

三 围地：确保利益空间，力求比较效益

围棋与其他棋类最重要、最根本的不同，在于目的的不同，即决定胜负的根本方式不同。围棋不是以杀死对方的帝王、将帅为胜，不是以消灭对方的子力为胜，也不是以攻入对方的王宫、大本营为胜，而是以获取最大的利益（实地）为

胜。围棋棋盘共361个交叉点，这些交叉点就是"地"。围棋博弈的过程和结果，最终要看哪一方能占据更多的"地"，多者为胜。现行中国围棋规则的基本原则，是子、空皆地，就是投下并存活的棋子所占据的交叉点，与由己方棋子围成实空的交叉点都是"地"。围棋的目的，就是争夺"地"，即争夺生存、发展的空间。围棋从本质上来说，是由行棋占地的比较效益决定胜负，即在双方轮流行棋的情况下，看哪一方子力占据实地的平均效率和总效率更高。

围棋目的的特殊性所带来的启示是，现阶段大国战略博弈的根本目的，不是消灭对方的武装力量（灭人之军），也不是占领对方的大本营（灭人之国），而是确立和保卫己方的有效利益空间。在这里，"吃子"固然重要，而围地更重要；作战是手段，围地才是目的；争斗是过程，效益才是根本尺度。海洋军事战略博弈，必须把维护国家利益摆在第一位。同时，必须着眼提高斗争的实际效益。比如，在解决海洋主权争端问题上，邓小平提出的"主权在我，共同开发"和"搁置争议，留待后人"的主张，开创了在坚持主权的前提下，以用智争取实际效益的先例，同时留下了更大的想象空间与实践空间。主权不可以讨论，利益可以共享，效益可以争取。主权的实质，也是要得到实际利益。确立了这样的目的，就可以更好地在战略博弈中实现原则性和灵活性的有机统一。

四 布局：筹划海上斗争的总体格局与基本样式

布局，是围棋特有的开局方式，也是围棋战略品质的突出

第七章 战略的运用：围棋战略思维的影响与延伸

表现之一。其他棋类如象棋、国际象棋都是列阵开局，即把全部参战兵力按固定模式事先排列成阵，开局就进行拼杀。这种方式显然是模仿古代军队列阵作战的形式，作为智力游戏，省略了布局这一步骤。而围棋与此不同，是空枰开局，即从投下第一个棋子开始，就要进行全局的筹划、设计和部署。采取何种方式开局，布成什么样的局势与对方作战，都要思考清楚并逐次投入子力，形成有针对性的作战总体格局与基本样式。古代围棋曾经有过座子，即双方事先在四个星位各摆两个子，现代围棋已经废止，完全是空枰开局，展示从谋局、布局、中局到收局的战略全过程。

围棋布局和空枰开局的思维特征，对加强海洋军事战略博弈的整体筹划具有重要启发意义。搞好海洋战略的总体设计与布局，是国家和军队面临的新的重大课题。新中国成立后很长一段时间内，海上方向军事斗争准备总体上还处在近岸、近海防御阶段，走向海洋、经略海洋还没有上升到国策的高度，对国家安全的威胁主要也不是来自海洋，军事战略博弈的重点并不是放在海上方向。因此，这方面的战略设计并没有显得那样紧迫。随着国家对外开放大格局的形成发展，在海上方向维护国家主权、权益的斗争变得严峻起来，有些方面甚至发生了根本性变化。可以说，现在我们面临着一场全新的海上战略博弈的大棋局。这就使总体战略筹划和布局的重要性突出出来了。近些年来，国家和军队高度重视加强这方面的工作，注重科学确立走向海洋、经略海洋的总体目标和基本方略；深入分析海上方向的安全形势；在确立国家海洋战略的基础上确立海洋防卫战略；明确提出维护国家海上主权、权益斗争的目标任务；

把近海防御与远海防卫结合起来,全面做好海洋军事战略博弈准备,等等。有了这方面的筹划、部署和准备,就能够有效保持战略上的主动地位。

五 谋势:谋取、营造有利的态势

势,是围棋战略思想的核心概念之一。势的本意是指由力量的一致性、事物的共同趋向和营造产生的潜能,所形成的一种特殊的能量结构和表现形态。围棋博弈中的"势"主要有以下含义:态势,形成使对手感到压力和威胁、行动受到制约,使自己行棋顺畅、高效的格局和战略环境;外势,外线作战是战略主动的表现,把棋走在正面、宽大的空间,夺取战场制高点和控制权;趋势,逐步释放蓄积的潜能,主导和控制棋局发展的走向。势的构想、营造和运用,即谋势、造势、审势、用势,是围棋战略艺术的关键要素。其基本手法是:布局、序盘作战中贯彻我方意图、破坏对方意图形成的压迫;营造大模样形成的压迫;实施包围、割断形成的压迫;进行威胁和攻击形成的压迫等,都是"以势压人"的具体体现。"势"与"地"是对立统一的辩证关系,本质上属于虚与实的相辅相成与相互转化。这就决定了势的运用是有条件的,也有自身的局限性,包括:要付代价,可能在实地上受损、出现漏洞或意图落空,关键在得失比较;有阶段性,只能在战略展开即序盘和进入中盘作战时使用;需要结合,不可能独立进行,要与其他作战手段相互融合;必须转化,势要能导致优势,最终转化、落实到实际利益即实地上。势的功能和作用释放、发挥的过程,就是

第七章 战略的运用：围棋战略思维的影响与延伸

逐步向实利、实地转化的过程，转化的结果，是衡量势的作用的最终尺度。

围棋中的"势"，与战略中的"势"有内在的相通性。《孙子兵法》有"势篇"专门论势，"善战者，求之于势"，强调利用无可抵御的能量释放，创造一种压倒性的战斗力，如"激水之疾至于漂石""转圆石于千仞之山"。前述美军专题研究报告的题目就是"从围棋角度剖析中国'势'的概念"，说明"势"不仅是围棋，而且是中华民族战略文化的重要内容与思维特征。英国战略理论家李德·哈特说过："战略真正的目的并非寻求会战，而是寻求一个最有利的态势。"[①] 在当今海洋方向军事战略博弈中，谋势、造势、用势更具有特殊的重要性。这是因为：第一，海洋汇聚了世界各国特别是主要大国以及有关海域相关国家的利益和能量，既是一个利益的大场，也是一个能量的大场，在这里进行任何战略博弈，都必须充分考虑如何谋划、营造和运用有利的战略环境和战略态势；第二，军事战略是国家战略的组成部分，军事博弈的任何举措，都是在国际战略和国家战略博弈的大格局中进行，军事斗争，首先是博势，尔后才是博技；第三，当今海洋斗争包括军事斗争，比以往任何时候都错综复杂，相互制约的因素、不确定的因素、不透明的因素增加，使谋势造势不仅必要，而且可能，更有用武之地。"势"的运用主要有两个层次。首先，是大战略的层面，包括外交、法理、经济、舆论、文化五个方面的造势。例如，在外交领域，通过"双轨制"处理与东盟有关国家的南海争议，强调以域内双边谈判解决争端；在法理领域，充

---

① ［英］李德·哈特：《战略论：间接路线》，上海人民出版社2010年版，第281页。

分申明我主权历史来源，充分揭露有关声索国主权要求的荒谬无理与自相矛盾；在经济领域，大力加强以亚太自贸区、亚投行为纽带的经贸合作，推动亚太经济保持繁荣发展势头；在舆论、文化领域，通过各种举措包括南京大屠杀历史记忆成功申遗，对日本右翼势力给予迎头痛击等等，都有助于我营造有利的斗争态势。其次，是军事战略层面。军事上的谋势，本质上属于战略威慑的范畴。这种威慑，是以实力为基础的威慑，是与实战相结合的威慑，即"慑战一致"。军事威慑，本身就是一种能力，一种行动，一种态势。海上军事斗争中的谋势即威慑，主要包括十种：一是国家综合实力的威慑；二是军队整体作战力量的威慑；三是核威慑；四是海上作战总体力量的威慑；五是相关海域作战力量和作战准备程度的威慑；六是有关作战部署、行动、手段的威慑；七是有关水下攻防体系的威慑；八是海上战场体系建设的威慑；九是海上军事演训的威慑；十是海上人民战争和国防动员的威慑，等等。这些都是"势"的具体表现。当然，"势"的运用必须坚持慑战一致。所谓"不战而屈人之兵"，其实已经有"战"在之前和之中。对方的"屈"，是以对"战"的后果有亲身感受或真实了解为前提条件的。没有打的真正实力、切实准备和后果印证，就不可能有"慑"的有利结果。这是谋势用势的真谛所在。

六 合战：依靠整体结构与联合作战制胜

围棋行棋的重要特征，也是围棋特有的思维方式，是棋子力量的平等性、结构性和整体性。围棋棋子的能量和价值既不能预先设定，也不能单独体现。这一点，与其他主要棋类有本质的不同。比如，国际象棋、象棋中的每一个棋子，都是预先设定身份和能力；任何一个棋子，都可以依靠自身的力量单独吃掉对方的棋子。而围棋不同，围棋的每一个棋子都是平等的，必须通过子力的集合，即一粒棋子与其他棋子形成一定的结构，形成包围的态势，才能吃掉对方的棋子。也就是说，任何棋子都要在整体中体现其能量和价值，在合战中发挥其作用。即使是最关键的棋子，也只能通过与其他棋子形成特定关系，在一定的棋形结构中才能表现自身的力量。

围棋子力的平等性、结构性、整体性特征，对海洋军事战略博弈有重要启示。最早把围棋推广到欧洲的德国人科歇尔特说过，不同于国际象棋单一争斗、"骑士性抗争"的形象，围棋更像现代化战争，像整个战役或复杂战争的全局，胜败取决于作为整个战略一部分的大规模群众运动，而战略性的大规模运动是胜利的根本决定因素。现代战争必须依靠整体力量与联合作战制胜。在当代基于网络信息系统的海上军事斗争中，不论是与强敌还是与恶邻作战，我们要采用的都是诸军种海上联合作战，依靠的都是海上防卫体系的整体力量结构，采用的都是海、陆、空、天、电、网等多维制海的作战样式和手段。中国拥有全世界最庞大的近海和远洋渔业、运输船队。一旦发生涉及国家、民族生存和发展根本利益的海上军事斗争，在科学的海上动员体制、机制基础上，完全可以做到万船齐发，以各种合理合法的斗争方式和手段，牵制、袭扰、打击侵犯之敌，使敌人葬身于真正的人民战争的汪洋大海之中。

七 做眼：建立海上堡垒与支撑体系

做眼，是围棋对局中脱离己方阵营的棋子存活的基本方式。有两只眼就是活棋，没有就被敌方吃掉。做眼，是围棋"气"的决定性的生动表现，两只眼就是可以连续呼吸的气，这是生存的基本条件。做出了两只眼，就有了与对方作战的坚固堡垒和可靠支撑，就可以在对方的包围中挺然生存。有了做眼求活的手段，就有了打入、治孤、攻击、谋势的各种可能，可以在自己先活的前提下展开各种作战行动。

围棋的做眼，对于在不利于己方生存、作战的条件下，先解决基本前提和条件问题，而后再与对方周旋，具有极为重要的启发作用。毛泽东曾用"做眼"论述建立敌后抗日游击战争根据地的重大战略作用。这与《孙子兵法》中说的"先为不可胜，以待敌之可胜"都是一个道理。在海洋军事战略博弈中，"做眼"即建立坚固的海上堡垒与支撑体系，对于首先保证我方生存、和平开发和进行安全防卫的基本条件，至关重要。以南沙群岛为例，20世纪30年代起，当时的民国政府即已对主要岛礁勘察命名；从日本手中收回主权后，于20世纪40年代勘印地图公布于世。但直至20世纪70年代，除太平岛外，其余岛礁我国虽有主权，但没有实际控制，也没有进行基础建设。20世纪80年代以来，虽然也在少数岛礁上建了一些高脚屋等简陋设施，但还谈不上能够独立生存、开发利用和自身防卫。为了确保中国人在南海的生存、生活、生产，确保国家主权、权益的安全，必须进行有关岛礁的基础建设。这就是"做眼","做眼"才能存活。近些年来,我国正式确立了海南省三沙市的行政区划,建立了三沙市政府和相应的军事机构,按照先解决生存、生活的基本条件;再解决和平开发利用的基本条件;同时解决安全防卫的基础条件的顺序,对南沙驻守岛礁进行了相关建设和设施维护,使我们在南海真正有了立足之地,有助于更好地维护国家领土主权和海洋权益,更好履行海上搜寻与救助、防灾减灾、海洋科研、气象观察、环境保护、航行安全、渔业生产服务等方面的国际责任和义务。有关建设是中方主权范围内的事情,合情、合理、合法,无可非议。

八 均衡:保持局面平衡可控

围棋博弈中的均衡,是指局面中各部分、结构上各要素、行动中各步骤之间的关系,保持在一种相互适应、协调和匹配的状态。包括势与地的均衡,攻与守的均衡,厚与薄的均衡,等等,其中以攻与守的平衡为核心和本质。进攻与防御,是作战行动的基本类型,也是围棋博弈的基本手段,围棋的攻防,集中表现在攻杀与做活、破空与护空、隔断与连络、打入与守地等行动上。恰当地选择、使用攻与防的手段,达到攻守平衡,是围棋获胜的重要原则。攻守平衡,不是在进攻与防守之间走一条中庸的路线,而是使二者有机结合、互为保障。从一定意义上说,进攻是最好的防御,但这并不意味着攻守可以失衡。进攻是主要的、第一位的,但也是有条件的。这里的条件除力量和时机外,还包括自我防护的程度。没有相应防护的进攻不是最好的进攻。有人认为,攻守平衡在现代围棋中已经过时，其实不然。这是由进攻的规律决定的。进攻越过顶点会走下坡，对局中经常出现吃对方大龙"吃炸了"的情况，就是如此。防护意识是防止进攻越过顶点的重要保证。合理的围棋博弈本身就是攻防统一的。比如，打入是进攻，而连络或者做活或者延气对杀，则是防守。防守中制造对方的破绽，积蓄力量适时反击，则又是进攻。

围棋注重协调、均衡的战略思想和作战原则，对当代大国战略博弈有直接的启发意义。尤其是海洋军事战略博弈，准备周期长，行动影响大，关联因素多，进程控制难，更要特别注重协调、均衡。一是要保持军事行动与外交行动的协调、均衡。按照统一的国家意志、战略目标、行动部署、时间节点和方法策略，在不同领域、以不同方式进行协调一致的行动。二是要保持力量运用与建设、准备的协调、均衡。行动的力度，取决于建设、准备的进度和程度。建设、准备必须紧紧跟上战略需求特别是当前急需；而力量运用则必须与物质基础、客观条件相适应，防止失衡。三是要保持各项相关建设之间的协调、均衡。不同海域、不同体系、不同功能的基础建设项目要相互匹配；不同任务、不同领域、不同形态的力量建设也要相互匹配，实现均衡发展。四是要保持各种攻防行动的协调、均衡。海上各个方向的行动要高度协调一致，确保战略平衡。处置海洋、岛屿争端，应对对方可能强加给我们的行动升级，必须坚持攻守兼备、攻防结合，不给其以可乘之机。维护国家海洋国土主权和权益，必须使我驻守岛礁具备必要的安全防卫建设，为有效应对各种挑衅和威胁，提供基础条件和可靠保障。

第七章 战略的运用：围棋战略思维的影响与延伸

九 宽攻：保持一定间隔的威胁与攻击

宽攻，是围棋特有的术语和思维方式。东汉马融《围棋赋》最早提出"宽攻"思想，说要"攻宽击虚"。意思是攻击对方的棋子，可以与之保持一定的距离，不一定非要靠近、紧逼，而是在周围瞰制、钳制、挟制对方，通俗地说就盯着、瞅着、看着对方，使之心理不自在、行动不自由、发展不顺畅，处处感到受威胁、受压迫、受制约。"宽攻"与"势"有相通也有不同之处。"势"主要是指战略态势、趋势与环境所造成的压迫，而"宽攻"是一种特殊的进攻方式与行动，是直接与间接相结合的攻击手段。"宽攻"是介于"势"与直接、抵近攻击之间的作战行动。宽攻可以有效地增加攻击的选择性和灵活性，在必要时进行转身，并避开对方困兽犹斗反咬一口。

"宽攻"作为围棋的一种高级战略战术，给今天的海洋军事战略博弈带来有益的启发，特别是对相对和平环境和战略相持阶段的战略博弈，提供了一种有效、可行的思维方法和行动方案选择。在特定环境里，对方的威胁、挑衅，并不一定都意味着战争，也不一定都要直接用战争的方式应对和解决。在这种情况下，"宽攻"的方式可以增加我们战略选择的主动性、灵活性、多样性、有效性。根据联合国《海洋法》的规定，在公海、专属经济区、毗连区、领海等不同范围内，对有害行为和无害行为，应采取不同的方式来应对，进行相应的维权行动。即使在主权范围内，也要根据对方行动的目的、性质、方式、程度，采取相应的措施和行动，包括警告、监视、跟踪、拦阻、驱离，以至最终的武力手段。也就是说，在和平执法与战争行动之间，还可以有中间形态，包括低强度、非战争的强制与威胁手段。在应对中，是采取初始性、中间性、过渡性还是终极性措施与行动，完全要根据总体战略态势、得失结果判断和行动可行程度作出决择。根据事态发展与实践情况，逐步形成处置规范与原则。

十 算度：先算多算精算者胜

围棋是数算的科学，是靠周密、精确、深远的计算取胜的智力博弈活动。围棋需要构思、筹划、判断、谋略、勇气等战略和精神要素，但关键要看计算准确的程度。无论是布局的优劣、方向的对错、占地的大小、对杀的死活、劫材的多少、转换的得失乃至胜负的预测和判定等等，即从战略、战役到战斗，最终都取决于双方计算的强弱。精确计算，是围棋制胜的法宝。有时算错一步，就可能满盘皆输。围棋计算之难，首先在于超大的计算量。现代围棋平均每局棋的总变化量约为10的808次方，这个数字比整个宇宙中的原子数10的80次方都大得多。而国际象棋每局棋的总变化量为10的201次方，象棋每局棋总变化量为10的200次方，相比围棋都少得多。其次，在于计算中存在模糊性、相对性、不确定性和非逻辑性特征。这使得围棋模拟人脑对弈，成为当今世界计算机智能化发展最具挑战性的课题之一。

围棋强调算度、讲究算路、依靠算力的思维特征，对海洋军事战略博弈有直接的借鉴作用。善算多谋，是中国传统战略文化的重要内容和优长。《孙子兵法》云："多算胜，少算不胜，而况于无算乎。"海洋方向的军事斗争和战略博弈，态势错综复杂、情况瞬息万变、不确定因素众多，更要强调先算多算精算。就是要比对手早算一步，多算几招，算的更准、更精，想的更远、更深，争取在双方博弈的算度上建立优势。这包括：博弈之前的"庙算"，预先分析敌我双方情况，构思、盘算作战的总体方略；布局开始时的"筹算"，根据双方初始构想碰撞的情况，筹划、谋算整个作战的走向和作战部署；力量运用时的"估算"，对不同方向、阶段投入力量的效率进行思考和估量；组织行动时的"测算"，对预想目标、手段步骤、发展变化和关联影响进行推想和测试；战局进程中的"格算"，就是对方的得失进行比较和扩占量；具体战斗中"精算"，对每一个细节、要素、动作进行周密、精确的计算，等等。要根据海上不同方向、不同海域和行动的特点，有针对性地编制参谋业务和指挥决策辅助软件系统，形成和熟练应对套路。在纵向上，实现从定性到定量、从大体到具体、从模糊到清晰、从概略到精确；在横向上，要与对手比预测的程度、准确的程度、周密的程度，力求比对手算得早、算得快、算得多、算得细、算得准，坚决防止出现敌已算到而我未算到，敌已算清而我未算清的局面。

十一 厚薄：形成厚势攻击薄弱

以强击弱，以强压弱，即集中优势兵力，形成强势坚壁，打击薄弱之敌，这是一般军事原则。围棋博弈中的"强"有特殊含义。围棋的强主要指的是厚。厚为强，薄为弱。厚，是由棋子聚集组合而成、具有较强力量的棋形结构。厚按程度分为三种：铁厚，就是活棋，无可撼动；厚势，子力多，棋形好，眼位丰富，连络可靠，不易受对方攻击；厚味，有厚的初步形态和发展趋势，有力量的潜力，但还不够厚。以上也可统称为厚势。善于博弈的人把自己的棋走厚，是为了攻击对方薄弱的棋形。《棋经十三篇》说："凡敌无事而自补者，有侵袭之意也。"厚是为了作战。做厚，是攻击的前奏和准备。有了力量的积蓄，做成了厚势，作战和攻击才有必要的支撑。棋谚说："厚势不成空"。是说厚势不是用来简单围空，而是要用来与对方作战，强迫对方在己方构筑的厚壁下作战，其子力效率会大打折扣，甚至可能丧师于坚城之下。围棋博弈中的所谓"强手"，并不是简单的指行棋的态度强、弈术强，而是指着法蕴含的力量强，是在厚的背景和支撑下，走出攻势凌厉的好棋。做厚，需要投入子力和步骤。厚势形成的过程，是力量积蓄的过程，是拳头攥紧和收缩的过程。而有了厚，就会呈现出对方的薄，为我方以强击弱创造条件与可能。

　　围棋厚的概念与思维方式，包括形成厚势攻击薄弱的作战手段深刻启示我们：在海洋军事战略博弈中，必须着眼根本，全面而有重点地加强海上作战、执法力量建设，把自己"做厚"，形成厚势，为以厚制薄、以强击弱做好充分准备。这是我逐步具备、掌握中国特色海权的重要基础条件。海洋防卫力量体系，主要包括海军、海警和海上民兵。海军是海上军事斗争的主体力量。要把建设强大海军作为国家和民族意志。适应国家总体战略需求，进一步突出海军作为战略军种的地位作用，进一步加大经费、资源向海军建设倾斜的力度，进一步提高海军作战力量在整个军队结构中的比例。按照战略部署，着力加强水面作战舰艇、航母编队、海军航空兵、水下攻防、岸基打击、海军陆战队、海上勤务保障、港口防御等力量建设，着力加强信息化建设，全面提高近海防御、远海防卫，打赢海上信息化战争的能力。要对弱敌形成压倒优势；对当面之敌握有制胜利器；对强敌具有非对称制衡能力。这是最终赢得海上军事战略博弈的必备条件。海警是海上常态化执法的主要力量。要在全面深化改革中进一步理顺海警的指挥领导关系，优化力量结构，提高执法能力，确保对海上执法对象在数量、质量、能量上的领先地位，形成在海上执法领域的厚势、强势、优势。海上民兵是在海上维护国家主权、权益，维护广大渔民切身利益的重要力量，打海上维权的人民战争，海上民兵的作用不可轻视、不可或缺。要坚持海上民兵的人民性特征，从法律上、制度上、训练上、管理上、行动上、保障上采取切实可行的措施，下大力加强建设，形成海上人民群众力量的厚势，挫败对方利用本国民众搅局的阴谋。

十二 复杂：导向交错局面，形成战略牵制

复杂，是围棋固有的特征。而制造复杂、利用复杂、操控复杂，却是现代围棋的最新理念。我国著名"90后"围棋国手、世界冠军时越在回答关于自己行棋风格的提问时，说了一句骇俗的话："我的特点就是制造复杂，同时让对手后悔选择了复杂"。这表现了年轻一代围棋国手在复杂战斗中取胜的高

度自信，也说出了当代围棋发展的一个重要趋势。谁能够更好地发现和把握各个局部战斗中及相互间的复杂关联，或者能够人为地制造和把握这些复杂关联，谁就能成为局势发展的真正主导者。与导向复杂相对应的，是简化局面，二者是辩证的统一。对局中希望简化局面的，往往是优势或主动的一方，目的是减少头绪、排除干扰、防止生变、加快进程；而力图导向复杂的，则有两种情况，一是优势方自信能在复杂局面中战胜对方，二是处于劣势或守势的一方，力求多生头绪、多生事端、多生变数，使局面不能按照对方的意图和原有的轨迹发展，从而实现逆转。制造和导向复杂的手法很多，如攻彼顾我、缠绕攻击、声东击西、围魏救赵等等，但本质上都是使局部战斗相互交错、相互牵制，从彼处着眼，做此处文章；从多方入手，解一方之难。

现代围棋制造和导向复杂的思维方式与作战手法启示我们：要充分认识、把握事物的总体关联性，以更加开阔的视野和灵活的思路，发现和找出影响、制约对手行动的因素，善于实施整体联动，形成对对方部署和行动的战略牵制，从而达成我方的目的。在当前海洋的战略博弈中，对方的一个重要企图，就是利用周边一些声索国与我在海洋主权、权益上的争议，拼凑组成反华遏华联盟网络，对我实施战略包围和压迫。对此，绝不能让对手按照这样的意图和部署来"简化局面"，而要从多方面实施战略联动、形成战略牵制。这里的根本点，就在于我与有关各方利益关系的多重性。国与国之间在某些领域、某些方面存在争议，并不是相互关系的全部，甚至不是双边关系和利益交集的主体。我国与周边一些声索国之间，在很多方面有共同主张、共同利益，有合作共赢的空间和可能；即使在与其他对手之间，也不是没有共同利益与合作需求。利益与纠结同在，合作与争议并存，是现代国际关系的常态。需要从多重利益交集的维度，形成多种利益关联，打破对手企图强化、固化、简化某种单一争议而不及其余的目的，在错综复杂的战略博弈中驾驭局面、以智取胜。

十三 转换：利益的取舍与置换

转换是围棋博弈中双方在战略层次进行对等较量、相互取舍的一种思维方式和作战样式。转换，以布下的棋子或已围成的实空为成本，得到相应的或更大的战果。转换本质上是有代价的获取。转换在理论上应是对等的或基本对等的，完全不对等的不成其为转换。转换分为三种类型：一是主动转换，按照我方的战略意图和行棋思路，或佯顺敌意，迫使或诱使对方接受利益的转换，结果一般于我有利；二是被动转换，当形势不利或行棋受制时，为了求得转机或把损失减到最小，保持相对平衡，不得不实行的交换；三是劫争转换，劫争的表现为要点争夺，实质上是围绕利益转换进行讨价还价的谈判。谈判中实力强（劫材有利）的一方，往往会迫使对方接受不平等条约，即实行不对等的交换。劫争属于强制性转换。转换不仅需要敏锐的眼光、精准的计算和深远的预见，而且需要坚强的意志和很强的魄力。几乎所有的棋类都有子力兑换行为，唯有围棋的取舍转换，堪称战略艺术。

围棋博弈中的转换与战略博弈中的转换，有内在相通之处。在现实的外交斗争和军事斗争中，为了达成战略目的，保护和获取更大的、带根本性的利益，有时不得不付出代价甚至是惨痛的代价。可以说，转换是战略的逻辑；没有取舍就没有战略；而有代价的获取是战略的题中应有之义。第一次世界大战末期，苏维埃俄国于1918年3月3日与德国及其同盟国签订了布列斯特和约。这是以列宁为首的布尔什维克党为保存新生的苏维埃政权而被迫采取的暂时妥协性行动。它以苏俄丧失约100万平方公里领土、赔款60亿马克的代价，换取了苏俄成功退出第一次世界大战，为巩固新生政权、恢复和发展经济、建立红军赢得了喘息时间。1922年，苏俄与德国魏玛政府签署《拉帕洛条约》，后者正式放弃了《布列斯特条约》中的领土和金钱要求。这是当时的苏俄政府以空间换时间的成功外交，也是战略博弈中实现取舍转换的经典范例。在当今海上方向的战略博弈中，仍然需要有足够的战略智慧。现在，中国正处在加速发展、稳步发展的难得历史机遇期，同时面临的外部压力、阻力也越来越大。面对复杂的斗争环境，一方面，必须坚定不移地维护国家主权和安全，维护国家和人民的根本利益；另一方面，在某些时间、地点和问题上，也可有必要的妥协或让步。这实质也是一种转换，即空间和时间的转换，从而赢得更多的时间发展、强大自己。转换是一种高级的策略。转换在付代价时往往是痛苦的，需要坚强的承受能力，但不需要作更多的解释。解释会造成转换不能成交。而当转换得到的更大利益到来时，人们才会从内心感受到战略抉择正确的成功与伟大。

第七章　战略的运用：围棋战略思维的影响与延伸

十四　先手：争取先机，保持战略主动

先手，在围棋博弈中具有特殊的意义。布局中谁先展开，作战中谁先动手，关键点谁先抢占，对跑时谁先出头，等等，谁在先谁就有了主动。中国古代战争也重视先机。《兵经百言》总结百字战争原则，第一个就是"先"："兵有先天，有先机，有先手，有先声。师之所动而使敌谋阻抑，能先声也；居人己之所并争，而每早占一筹，能先手也；不倚薄击决利，而预布其胜谋，能先机也；以无争止争，以不战弭战，当未然而浸消之，是云先天。先为最，先天之用尤为最，能用先者，能运全经矣。"《棋经十三篇》里讲"宁输数子，不失一先"。争取先手，就可以在竞争的起跑线上取得领先地位；就可以在各种利益的选择上取得优先权，抢先占有较大、较多的利益，而把较小、较少的利益留给对方；就可以在对抗斗争中"先下手为强"。有时候，行棋的先后直接关系整块棋的死活，决定全局的胜负。因此，弈棋高手往往孤心苦诣，千方百计在关键处争取先手、抢占先机。先手是比较的概念，相对于全局利益而言。如果对形势、得失判断不准，也会出现以为是先手其实不是，造成我动而敌不应、抢先而未得利的局面。即使是所谓"绝先"，即我动敌必应的着法，如果使用时机不当，也会失去变化、损失劫材。可见"绝先"也并不是绝对的。争取先手还有"先中后"和"后中先"之分。一般情况下，先手主动，后手被动；但由于作用与反作用的原理，有时抢先会留后患，后发可以制人。

围棋争取先手、抢占先机的作战思想具有普遍的借鉴意义。在当前海洋军事战略博弈中，这一概念则有特殊的内涵和表现形式。现在东海特别是南海，总体战略态势相对平衡，但这并不意味着不能争取先机，夺取和保持战略主动。一是在有针对性地应对挑衅、破坏和危害行动上要争取先机，力求料敌在先、侦敌在先、防敌在先，必要时拦敌在先，抗敌在先。二是在控制未控岛礁上要争取先机，对我方应控、能控而未控岛礁，应做好一切准备，确保在对方抢控行动前先敌控制。三是在海底资源的勘探、开发和保护上要争取先机，预先做好充分准备，确保必要时能尽快展开，并进入常态化状态。四是在我方控制岛礁和海域进行各种和平开发利用上要争取先机，力求在多方面尽早具备和发挥国际公益职能。五是在两岸中国人联手维权上要争取先机，力求在南海维权上率先建立不同程度、形式的军事互信，共同维护中华民族的根本利益。

十五 连络：保证交通线、保障线安全畅通

"棋从断处生"，是著名的围棋要诀。这里的"棋"，是指行棋的战机和步调。意思是说，当对方的棋形联系不牢靠，出现破绽、断口时，冲断、割断对方的棋形，战机就来了。这句话，从反面说明了连络在围棋博弈中的重要作用。连络，是在己方相关棋子之间形成有机、可靠的联系，保证战斗队形的完整性、安全性和有效性。棋子之间有了可靠的连络，就如同正在攻伐征战的部队有了安全、畅通的交通线、保障线，联结成一个有机的整体，使对方无机可乘。对连络重要性的认识在

围棋史上早已有之。中国古代围棋实行"还棋头"制度,就是看谁的棋形连络得好,块数少。块数多的一方按每多出一块棋一个子贴还对方。这个制度现代已经废除,但重视棋形的连络,则是始终不变的重要作战思想。

海洋军事战略博弈,更需要强调和具备连络的思想。茫茫大海不比陆地,连络才有保障、才有支撑,连络就是生命。随着国家利益的拓展和"一带一路"战略的实施,我海军力量走向大洋、走向世界将成为常态。舰艇、战机远洋驰骋、跨越长空,需要加强连络,确保形成安全、畅通的保障链条。连络,不仅要强化指挥通信连络、伴随机动保障,更重要的是必须在主要航路沿线,建设一系列补给保障基地和站点,并逐步形成体系。要树立新的国家利益观,适应和把握海外军事存在与外向性军事力量建设、运用的规律,提高支撑国家利益拓展的安全保障能力。

十六 引征:具有远见的战略预置

引征是围棋的重要战术之一,可贵在于它特有的思维方式。引征相对于征子而言。征子,又称"征"、"征吃"、"拐羊头",围棋的基本走法之一。是一种利用对方棋子只有一口气,通过不断扭拐叫"吃"的"吃"子方法。引征则是在对方征子的路线上放一颗子作为接应,迫使对方花一手棋把被征的子"吃"掉,己方可以在引征处再下一子,从而获得利益。但是,高手引征不一定要真正发生在被对方征子以后。在实战中,通过判断预测和精确计算,在征子并没有发生时,便在可以引征处下子，使战斗尽可能按己方预想的方向和预设的战场发展，从而取得主动。

引征所体现的注重预测远见和战略预置的思想方法，在海洋军事战略博弈中有很强的针对性和实用性。海上军事力量走向远海大洋，必须以敏锐的战略头脑、开阔的战略视野、宏大的战略思维，看在前，想在前，做在前，从多层面、多领域、多维度搞好战略预置。要进行海上通道的战略预置，对国家利益和战略全局有重要价值的海上走廊，包括特别重要的海峡、水道、运河等，努力通过海洋合作形成必要的安全畅通机制。要进行海战场的战略预置，搞好相关海洋情况的深度调查，推进数字海洋建设，安排适当的访问航行和兵力演训，掌握、熟悉相关海域情况与行动要领。要进行保障系统的战略预置，根据走向海洋的远景规划和发展步骤，在有关大洋、远海沿岸布设必要的保障站点，逐步积累条件，形成完整、可靠的保障链条。此外，还要在适用装备、专门人才和法律保障等方面展开必要的战略预置，确保在需要时用得上、效果好。

十七 双活：局部共存与全局胜利

双活，又称共活，是围棋双方的棋子在局部共同存活的方式。双活有以下特征：一是双方紧密相依的两块棋，都处于被分割包围的状态，又都不能单独做出两只"眼"而成活，构成了一个相互依存的矛盾统一体。二是双方各有一只"眼"，之间有一个空白的交叉点即一口公气，双方都依靠这口公气形成可以连续呼吸的两口气而共同存活；或是双方都没有眼，之间

第七章　战略的运用：围棋战略思维的影响与延伸

有两个空白的交叉点即两口公气，双方依靠这两口公气而共同存活。三是如有一方违反共同存活的规则和双方已达成的默契，往公气中投一颗棋子想"吃"掉对方，就会立刻因为自己只剩下一口气而被对方吃掉。四是双方之间的空白交叉点即公气，在最后数子时各得一半。双活是围棋特有的思维方法和行棋方式，具有极为丰富、深刻的思想内涵。双活在围棋全局中属于局部手段，是通过在局部达成妥协，取得相对利益，而为进一步取得全局优势和胜利服务的一种策略思想和方法，因此具有战略意义。

在军事战略博弈中，双方形成局部双活，达成全局平衡稳定的事例很多。中俄边境珍宝岛地区划界，中越陆上边境划界和北部湾海域划界，都是经过战争与和平谈判，以局部"双活"为全局稳定服务的实例。"双活"的本质是共存，强调的是双方生存、利益的共同点。能"净吃""全得"固然好，但在双方基本关系不可能打破的前提条件下，双活不失为取得相对利益的策略方法。在当今海洋战略博弈中，海底资源的开发，海洋航道的通行，港口码头的使用，岛礁公益设施的利用等等，都存在各方利益的交集。应以双活、共活的思维方式思考处置一些特殊性问题，善于在错综复杂的利益关系中找到共同点、依存处。要加强和推进海上安全合作，不仅与友好国家开展合作，而且与有竞争关系的国家甚至是战略对手也可以开展某些合作。该斗争的斗争，该合作的合作。在共存与合作中，建立各种海洋"利益共同体""命运共同体""责任共同体"，从而以局部的平衡、稳定为大局利益服务。

十八 棋筋：随时空条件转化而生变的关键点

筋，原是中医概念。《说文解字》云："筋，肉之力也。"解剖生理学上的"筋"主要指肌肉、肌腱、韧带、静脉。围棋术语中的筋首指"棋筋"，包括三种含义：棋形的关键、行棋的急所、正确的要点。棋筋往往是连接棋形各部分的脉络，是双方紧盯和争夺的枢纽。棋筋有失，整个战斗队形就会被割裂，甚至伤筋动骨，走向崩溃。可谓一二子而关生死、胜负。与棋筋相对的是废子，即可留可弃之子，没有什么价值。棋筋和废子外观相同，但价值却有天壤之别，关键在于在全局形势中的位置和作用。究竟是"棋筋"还是废子，全由形势、结构的发展变化而定。一旦局势和棋形有变，原来的"棋筋"地位和价值也会随之而变。由于棋筋地位重要，行棋中必须坚决保卫，也会因此成为负担。聪明的棋手，往往不为所谓的"棋筋"所累，善于操控局势、棋形的变化，造成关注和争夺焦点的转移，使曾经的"棋筋"失去原有的价值，从而甩掉己方的压力和负担，把力量投到可以得到更大利益的地方。

"棋筋"随时空条件变化而变化的特性，对我们如何更好地认识和处置关键点的争夺很有启发作用。在海洋战略博弈中，人们最关心的，往往是岛礁的主权争端。这种争端在一定阶段和形势下，往往带有根本性、标志性和象征性，不会有任何退让和闪失，甚至完全陷入单一、绝对的处置模式。也就是说，成了"棋筋"。但深入分析一下，这种争端为什么在之前的某些阶段和形势下没有达到这种程度，也就是没有成为"棋筋"？关键在于对手的心理状态、利益纠葛和思维方式走向了错误的方向。因此，需要从根本上找到促使对手从错误的状态走回来的路子和办法，其中包括要造成使对手认清自己利益究竟在哪里的态势与局面，促使其发生变化。在这种情况下，人们关注和争夺的焦点会随着利益格局的变化而变化，对原来棋筋的考量与争夺，也可能出现新的变化。

十九 鬼手：不拘定式敢用奇招

定式，是围棋布局和局部战斗中按稳妥的次序、合理的应对、正常的步调，走出双方都能接受的结果，经过反复检验，被公认的行棋套路和着法。围棋定式很多，约有一千多种。定式不是规则，但对正确行棋具有基础性、指导性和参照性作用。学围棋的人，需要记住一些最基本的定式。但定式也有局限性。真正的博弈中，棋局变化无常，没有以不变应万变的可能；真正的高手过招，往往不按定式行棋，而会走出各种复杂的变化。因此，对定式，要懂得但不能照搬，要会用但更要活用。在此基础上，还要敢于创新，走出有自己心得的新招。新招经过检验和完善，也可能成为新的定式。在对弈中，棋手不拘定式，走出石破天惊的妙手，往往成为致胜的关键。其中，达到神出鬼没境界的，被称为"鬼手"。鬼手具有以下特征：隐藏很深，一般不易察觉；位置绝佳，往往一击致命；时机恰好，常常出其不意；个性鲜明，常人难以企及。如古代棋局和当代对弈中都出现过的"镇神头"即"一子解双征"，就是著名的"鬼手"，堪称棋盘上的神来之笔。弈出"鬼手"，不仅效率极高，而且会给对手心理产生严重打击。

"鬼手"是创新思维和超常思维的表现。在海洋军事战略博弈中，是值得提倡和需要防备的招法。日本人在第二次世界大战中偷袭珍珠港，重创美海军太平洋舰队；美国人在朝鲜战争中秘密策划和实施仁川登陆，逆转当时的战局，都属于海上作战中的"鬼手"。海洋战略博弈中，也要在遵循一般军事规律和法则的前提下，善发奇思妙想，敢用绝招险招。例如，既有常规性战法，也有非对称手段；既有常态化装备，也有"撒手锏"武器；既有正常性部署，也有超限战行动，等等。这就是兵法上讲的奇正相倚。该正要正，该奇要奇。既可按常规套路出牌，也可不按常规套路出牌。保持和发扬机动灵活战法的鲜明个性特色，让对手摸不着头脑。

二十 气势：制胜的精神因素

"棋者，奇也"，是指棋行诡道往往会收到奇效。"棋者"，气也，是指围棋竞技中，士气往往成为决定胜负不可忽视的非智力因素。现代围棋，顶尖棋手单纯的技术差距几乎可以忽略不计，在大赛中决定胜负的往往是谁有更强的战斗精神，谁有真正的王者之气。棋盘上的王者之气，本质上讲是舍我其谁的必胜信念，有了这种精神状态，才有可能在高手对决中夺得胜利。

当代海上军事战略博弈，气势包括士气、志气、勇气，仍然是制胜的重要精神因素。抗美援朝战争时，毛泽东主席讲"美军钢多'气'少，我军钢少'气'多。"最终还是"气"

多的打败了"气"少的。信息化条件下的海上局部战争仍然要打"气"。在战略层面，关键是要有以风险博效果的勇气。追求博弈中的利益最大化，必须敢于面对风险。风险对双方是共同的。自己冒风险，也把对手拉入风险；一方不按规则出牌，另一方也要陪着走钢丝；一方看不清，另一方也未必看得清。夺取和维护最大的利益，要敢付风险成本。这不是盲目冒险，而是在客观估量、准确判断、大胆预见基础上的自觉选择。

二十一 收官：清醒定型，精细收局

收官，亦称官子，是围棋博弈三部曲的第三乐章，也是最后的旋律。收官的内涵包括定型、划界、确权和收局。经过布局和中盘战斗，双方利益格局的基本框架已经确定，以什么样的形态和状况进入尾声，需要作出最终明确，这就是定型。通过双方棋子的逐个排列，清晰、准确地标划出双方利益交集的边墙和界线；进行双方权力主张的最后角逐，落实最细微的利益范围，这就是划界和确权；由此进入结局。并不是所有围棋对弈都要收官，有的棋局因战斗过于残酷，中盘就告结束。但多数要进入收官阶段。在这种情况下，收官的水平和质量，往往决定整盘棋的胜负。不论是古代还是现代围棋，都高度重视收官。明代围棋国手过百龄作《官子谱》，是世界上第一部关于收官的专著，至今仍为棋手必读。收官阶段要以细微差别区分胜负，所以战斗仍然激烈。势均力敌时，稍有不慎，就会落败；优势的一方，不经意间便可能被逆转和翻盘；而落后的一方，会因不甘微小差别告负而孤注一掷，掀浪搅局，争取最后的胜机。而此时，双方鏖战已久，精神容易疲惫，精力不易集中，更要努力保持头脑清醒、感觉敏锐、意志强韧、计算准确，夺取最后的胜利。

围棋收官的艺术，对许多领域都有借鉴意义。"进入收官阶段"，成为不少工作的常用词汇。海洋军事战略博弈，因为涉及的因素多，进程复杂，变数大，更要重视"收官"。制订一切作战行动和军事行动预案方案，都要充分考虑如何收局，对可能出现的结果，可能发生的变化，可能生成的复杂因素，都要预料在先，有应对之策；在行动进程中，对已取得的阶段性成果，要清醒、果断定型，力求以最佳效果和形态进入收局阶段；在终结行动时，要周密组织，精细协调，严密防范，防止敌人可能的反弹、反击手段对我造成损失。

这里，我们以围棋博弈比较分析了国家海洋战略博弈问题，对影响国家安全的另一重要方向——西部边境的战略博弈则可另行研究。受不同地理环境和地缘战略影响，部队战斗力的发挥、战役战法的运用、战争规模强度的选择都有很大不同。比如西部高原高寒缺氧地区对部队人员和装备的适应性都有更高要求。围棋在藏区的流传发展似乎也体现出环境适应性特点。有研究者认为，藏式围棋之所以预先放十多个座子，一个重要原因是由于高原空气稀薄缺氧、高强度体力活动受限导致的。从中国面临的安全威胁和挑战看，对海洋维权斗争、渡海登岛、控地夺点、高原地区攻防作战都要预作战略筹划，加强部队针对性训练和备战，全面提高威慑和实战能力。围棋战略思维能够给各方向的战略博弈以有益启发，发挥其军事应用价值。

第八章 战略新形态：围棋人机大战的战略思考

2016年后，以 AlphaGo（阿尔法围棋）为代表的人工智能围棋异军突起，战胜了最高水平的专业棋手，超越了人类的围棋智力水平。这实际上宣告了一个新的围棋智能时代的开启，其对围棋的发展、对棋手的围棋观、对围棋战略素养的提高，具有重大而深远的影响。

第一节　战略视角下的人工智能围棋

2016年3月9日至15日，谷歌旗下 Deepmind（迪普曼公司）研发的人工智能程序 AlphaGo 以4比1战胜韩国九段棋手李世石，据估算全球有3亿人观看了此次比赛，仅中国就达1亿人，其所受到的关注度前所未有。这次围棋人机大战，打破了以往人们认为人工智能围棋至少还要20年才能战胜专业棋手的认知。2016年12月，AlphaGo的升级版在网上化名Master（大师），连续战胜包括中国围棋名将古力、柯洁，韩国围棋冠军朴廷桓在内的顶尖高手，获胜60场无一败绩，显示出比9个月前更为强大的实力，被公认为已经超越了人类的竞赛水平。2017年5月，AlphaGo又与等级分世界排名第一的柯洁九段进行了三番棋较量，取得3比0的完胜，并战胜了由多名中国围棋世界冠军组成的联队，赢得了当之无愧的人机巅峰之战，并在这次人机大战后宣布退役。AlphaGo表现出的高于专业棋手的大局观，引发了围棋界的震撼和思考，推动了围棋战略思维的创新发展。

一 围棋人机大战的实质

AlphaGo与李世石等人类顶尖棋手的人机大战，是人工智能技术发展和实际运用的标志性事件，实现了人工智能的巨大突破。从商业角度看，这是一次宣示性商业炒作行为，给谷歌带来了巨大的广告效益，是成功的超值投入产出案例。从科学角度看，这是一次实验和测试性科学实践，是对基于海量数据形成的深度学习神经网络，及其所具有的感知、判断、决策能力，进行的一次实战检验与测度。从竞技角度看，AlphaGo人机大战具有以下四个特征：一是突然性。2015年10月，谷歌所属迪曼公司研发成功AlphaGo，采用深度学习加树搜索技术解决围棋博弈问题，取得了人工智能围棋核心技术的重大突破，在与欧洲围棋冠军、中国二段棋手樊麾比赛中以5比0取得完胜。这是人工智能围棋第一次战胜人类职业棋手，但谷歌对此实行了新闻保密。另外，2015年11月在北京举行的世界计算机围棋大赛上，韩国的Dolbaram（石子旋风）战胜日本的Zen（禅）取得了冠军（AlphaGo没有参赛），但Dolbaram在被让5子的情况下仍不敌中国职业七段棋手连笑。因此，整个业界普遍认为还需要10至20年计算机围棋才能与职业棋手对垒，即使最乐观的估计也需要5至10年。2016年1月，AlphaGo研发团队在《自然》杂志上发表论文，报告了AlphaGo的核心技术，公布了2015年10月AlphaGo以5比0战胜樊麾的棋谱，并宣布了在3月份挑战围棋世界顶级棋手李世石九段。事实上，AlphaGo研发团队对所有的围棋进展悉数掌握；而除了谷歌那些人之外，人们对AlphaGo底数则是基本不知情。由于这种信息不对称，导致绝大多数人对人工智能围棋的实力在心理和思想准备上的不足，也使AlphaGo对李世石的胜利引起了举世震惊。二是标志性。在计算机智力博弈发展的过程中，深蓝战胜国际象棋大师卡斯帕罗是一个标志性事件。国际象棋的变化量是10的201次方，围棋的变化量是10的808次方。因为围棋的复杂性与其他棋类完全不在一个数量级上，所以这次AlphaGo战胜李世石必然成为一个显著的标志性事件，永久载入人工智能发展史和围棋发展史。三是理论性。此次人机大战不仅是人工智能技术的展示，还有支撑理论的突破。为开发AlphaGo，谷歌公司的技术团队开展了深入的理论研究，并在《自然》杂志上发表了关于通用人工智能的论文，AlphaGo技术就是在这些理论基础上展开的，尤其是关于深度学习、神经网络和搜索树等理论是AlphaGo技术的核心。四是非对称性。严格地讲，此次人机大战不是围棋规则范围内的比赛，恰当地说是谷歌的测试活动，因为人类棋手所面对的机器不是单机版而是分布式结构，其智力的后援支持十分巨大。总体看，AlphaGo 的胜利，标志着人工智能围棋重大难题的解决，开创了人工智能技术应用的广阔前景。但 AlphaGo 仍有局限性，存在复杂、特殊情况下的算法缺陷，尚不具备现场交互认知能力。

二 人工智能围棋发展的战略背景

谷歌对 AlphaGo 的开发不是孤立和偶然的，其背后具有深远的战略根源，与美国正在两个方向推进的国家战略与背景有着密切的关联。

一是与美国正在大力推进的从大数据到决策智能化发展的战略有密切的联系。2012 年，美国总统科技政策办公室发布了第一个大数据政策性文件，其中包括军事决策系统的智能化。同年，美国国防高级研究计划局（DARPA）也发布了一个运用大数据支持决策的报告，明确提出了如何从大数据和复杂图像中得出最佳决策等问题。2015 年 10 月，美国国防部宣布成立了数字防御部门，设立了国防部数字创新顾问委员会，而该委员会的主席正是 AlphaGo 的大老板——谷歌母公司 Alphabet（阿尔法拜特）执行董事长埃里克·施密特。该委员会于同月召开第一次会议并提出了一系列建议，会后，美国国防部长阿什顿·卡特宣布已正式采纳委员会提出的三项建议，其中一项是建立国防部人工智能和机器学习中心。2017 年 1 月，施密特主持该委员会召开第二次会议，又提出了十一项建议，其中一项为促进人工智能和机器学习领域的创新。施密特在会议讲话中说："整个委员会都和我一样，为能以这样的方式为国家效力而高兴不已。"2016年5月，美国国家科技委员会成立机器学习和人工智能分委员会。2016年10月12日，美国总统行政办公室、美国国家科技委员会发布《为人工智能的未来做好准备》政策报告，把发展人工智能提升到了国家战略的高度。2017年7月21日，美知名智库新美国安全中心发布《人工智能与国家安全》报告，分析了人工智能技术对国家安全的潜在影响，提出保持美国的技术领先地位等发展目标和建议。

二是与美国正在大力推进的第三次"抵消战略"有密切的联系。"抵消战略"是第二次世界大战后美国军事战略界创造的独具特色的专有术语，是指用技术优势抵消对手的数量优势，或用突破性技术的新能力抵消对手现有的优势军事能力，是一种战胜或削弱另一方优势的战略。前两次"抵消战略"产生和推行于20世纪50年代至80年代，主要针对苏联，特别是第二次"抵消战略"被认为成功加速了苏联的战略衰退。第三次"抵消战略"始于2014年。随着中俄等国军事实力不断提升，美国认为自身的军事优势正在被逐步削弱。为夺取在新一轮大国军事竞争中的绝对优势地位，2014年8月5日，美国国防部常务副部长罗伯特·沃克在美国国防大学的演讲中，首次提出美国应实施历史上第三次抵消战略。2014年11月5日，时任美国国防部长的查克·哈格尔在里根国防论坛发表演讲，明确提出将《国防创新倡议备忘录》与第三次"抵消战略"相融合，深化了该战略的国防战略指导性，标志着美第三次"抵消战略"出台。这一战略的内核和主旨是：发展颠覆性先进技术武器，抵消主要对手的增长优势，改变未来战局，确保美在大国军事竞争中占据绝对优势地位。2015年12月8日，美国防部常务副部长罗伯特·沃克在向英国伦敦皇家三军研究院（RUSI）的听众发表讲话时，宣布将在2017财年投入120亿～150亿美元支持第三次抵消战略，并透露驱动此轮"抵消战略"的五个关键技术领域是：深度学习系统、人机协作、辅助人类操作、人-机作战编队、网络赋能武器。值得注意的是，这五个关键技术领域都与人工智能相关，可见人工智能是美第三次"抵消战略"的基本支柱，也是美国家和军队发展战略的核心技术领域。沃克提出的第一个关键技术领域"深度学习系统"就是AlphaGo的主要技术支撑，而他的讲话是在谷歌AlphaGo团队正式发布消息之前。

因此，如果从美国正在大力推进的大数据战略和脑科学计划看，谷歌的AlphaGo开发项目与这些战略决策具有非常密切的联系。从某种意义上说，AlphaGo亮相围棋人机大战的目的并非单纯的围棋，而是美国"软实力"的一次亮相，是对深度学习系统能力和智能化决策效果的检验性测度，是美国实施第三次抵消战略的一个技术切入口。

三 人工智能围棋技术上的突破

人们对势、地、大局、效率、次序、尺度、均衡、连络、围空、打劫、优势、胜负、最佳点等这些围棋概念的认知，往往是抽象的、原则的、概略的、模糊的。而AlphaGo能在大量数据累积的基础上，把围棋理念量化、物化、具象化、数字化、精确化，但AlphaGo没有改变人类围棋的思路、超出围棋原有框架，每一步棋也并非不可理解，它只是打破了某些阶段人们习惯的某些围棋思维定式，展示了围棋思维实现的不同模式，展示了围棋理想境界实现的不同途径。从根本上说，AlphaGo是人类发明制造、用以为自己服务的工具；AlphaGo的核心技术突破，包括思维路线、数据支撑和价值体系，仍然是人的思维成果，是人的智慧的延伸。AlphaGo这一"围棋脑"的核心技术突破有以下几个方面：

（一）按照人的思维路线确定新的起点

在此之前，人工智能围棋的早期作品主要采用蒙特卡洛树搜索方法。其主要缺陷在于必须经过"冷启动"，即所有的着法都要从头开始搜索和评估，这不仅大大地降低了效率，而且需要较大数量的采样才有效。

围棋职业棋手的解决方法即人的思维路线是：棋感直觉＋搜索验证。职业棋手经过长时间的学习和对弈积累，具有良好的棋感直觉，不必经过计算就知道什么地方可以落子，知道不同盘面的优劣；同时，职业棋手还可以依靠经验进行预想方案的搜索验证，模拟双方可能的落子过程，从中选择最优的行棋走向。棋感直觉克服了盘面评估的"冷启动"问题。所谓搜索验证是：核实直觉不存在偏差的一个充分条件，是为直觉建立真实性、准确性和可靠性的过程。

AlphaGo的核心技术思想完全类似于围棋职业棋手的解决方法，即在具有落子的棋感直觉与胜负的棋感直觉的基础上，进行更高起点的搜索验证，从中选择行棋走向，找到最佳的落子点。这是对人的思维路线的直接仿真，大大减少了计算量，提高了单位时间的计算效能。

（二）以神经网络加树搜索为核心的技术突破

AlphaGo 的核心技术是，使用深度学习神经网络获得棋感直觉，包括使用增强性学习获得落子棋感直觉和胜负棋感直觉；使用蒙特卡洛树搜索优化计算验证。AlphaGo 研发团队在《自然》杂志上发表的学术文章题目就是《通过神经网络和树搜索解决围棋博弈》。

第一，深度学习神经网络：棋感直觉的获得。棋感直觉，是高水平围棋对弈的核心要素之一，反映职业棋手长期学习、训练、对弈中的经验积累。AlphaGo 主要依靠两个深度学习神经网络算法：一个是"策略网络"，主要用于选择落子的位置，即在任意给定的围棋盘面下，推荐一系列合乎棋理的落子着法，解决的是"落子棋感"问题；另一个是"价值网络"，主要用于判断形势优劣和胜负概率，即在任意给定的围棋盘面下，以胜负价值评判其优劣，解决的是"胜负棋感"问题。深度神经网络所获得的棋感直觉是数据驱动的，需要海量的围棋对弈数据来支持，需要大规模的计算资源配置进行训练。"策略网络"的基础是海量职业棋手和业余高段棋手棋谱中的落子方法（15万份棋谱，3000万个盘面落子方式），其训练方式是深度神经网络上的有监督学习，可以在任意围棋盘面下推荐合乎围棋思想的多种落子方式。"价值网络"的基础是 AlphaGo 的 3000 万个盘面乃至更多自我对局，以及自我对局中盘直到胜负的对应关系，其训练方式是深度神经网络上的增强型学习，可以在任意围棋盘面下给出相对准确的胜率估计。结果证明，AlphaGo 的大局意识那么好，实际上就是价值系统和决策系统综合工作的效果。

AlphaGo 的落子棋感和胜负棋感均来源于以棋谱形式存在的围棋先验知识,来源于人类围棋知识的积累和阐发。无论是 3000 万个盘面胜负结果的学习,还是 3000 万个盘面落子方式的学习,训练 AlphaGo 棋感直觉的数据量远远超出人类棋手的个人学习能力。《吴清源全集》中记载了他一生所下的棋局,不过区区数百张棋谱;当代顶级职业棋手经常进行高强度的网络训练,其对局量也不超过数万盘。而 AlphaGo 不仅汇集学习了海量人类棋谱数据,还通过计算机模拟产生并学习了更多的棋谱数据。

AlphaGo 通过深度学习神经网络,按照视觉的方式进行围棋棋谱的机器学习,获得了围棋的棋感直觉;其训练强度和棋感直觉远远超越了任何职业棋手的个人能力,大大延伸了人的智慧。

第二,蒙特卡洛树搜索:搜索验证的优化。下棋没有直觉不行,完全依赖于直觉,也是无法与职业棋手抗衡的。AlphaGo 的落子棋感和胜负棋感需要通过严格的数学模型和计算方法进行验证。它使用的计算验证方法是传统人工智能围棋中的蒙特卡洛树搜索技术,蒙特卡洛树搜索根据概率统计与机器学习的原理,按照不同盘面胜率的指引,逐渐产生搜索验证所需要的博弈树,再根据双方的应对选取最佳的落子点,把盘面引向最有可能胜利的方向。

①模拟采样:胜负棋感验证。根据蒙特卡洛模拟进行盘面胜负结果的随机采样,根据模拟采样结果计算盘面胜负的数学期望,作为胜负直觉的实证。基于数学期望胜负评估模型的可

靠程度，与采样规模相关；时间越长，采样就越多，评估结果就越可靠。

②最大信息上限搜索：落子棋感验证。使用最大信心上限搜索方法，验证不同落子点的胜率。搜索返回的最优落子点，也是搜索次数最多的落子点，同时也是信心最大的、胜率最高的落子点。

③搜索结果：双方最佳的落子序列。落子过程的最终搜索结果是双方最佳的落子序列，反映了 AlphaGo 对棋局进程的展望。在一般情况下，28 步落子序列展望已经超过围棋职业选手的搜索深度。在特殊复杂情况下（例如围棋中一本道的情况），28 步的搜索深度仍显不足。

在谷歌公司 AlphaGo 的引领下，出现了世界范围内人工智能围棋发展的热潮。中日韩三个传统围棋强国都积极运用深度学习技术研发人工智能围棋。日本的 DeepZeeGo（深禅围棋）于 2016 年 12 月到 2017 年 2 月在韩国一个围棋网站上，与人类专业棋手和业余爱好者练习对弈 1800 余局，其中对人类顶尖棋手取得了 80% 以上的胜率。同一时期，中国研发的人工智能围棋"刑天"胜率与 DeepZeeGo 相仿，都拥有了可匹敌职业棋手的实力。韩国 2017 年职业业余混合联赛，邀请韩国人工智能围棋 Dolbaram 和其他人工智能围棋参赛。人工智能围棋的涌现，使围棋赛事的内容和领域呈现出更加多样、更加广阔的前景，进入了一个新的围棋竞技的时代。

（三）人工智能围棋技术突破的通用意义

AlphaGo 核心技术突破的，实质上是人工智能中的认知智能瓶颈。人工智能主要分为计算智能、感知智能和认知智能三个层次。认知智能包括可理解、会思考、知推理、懂判断、能决策，是人工智能中最难的。AlphaGo恰恰在这一点上实现了突破。它通过自我学习，掌握了人类围棋博弈的基本规律，形成了宝贵的棋感直觉，并自主创新形成了某些超越人类弈法的能力。

AlphaGo的技术突破，对其他指挥决策类人工智能的发展具有普遍意义。以"深蓝"为例，基本上是建立在计算智能基础上的，还达不到认知智能的层次。受"深蓝"启发，于2007年由美国DARPA开发的战术级军用指挥控制系统"深绿"，原计划3年完成，但由于在对复杂莫测、瞬息万变的战场态势的感知、理解、判断、决策、表述、应变、验证等属于认知层次的难题无法解决，早早就停摆了。现在，AlphaGo所具有的认知智能通过深度学习神经网络展现出来，给人们以新的极大的启发。它的通用意义和价值正在于此。

四 人工智能围棋没有改变围棋的战略属性

人工智能围棋仍然遵循人类围棋的认识体系和价值体系，是对人类围棋思维和理念的继承、发展、延伸和创新。AlphaGo及其升级版目前代表了人工智能围棋的最高水平，对此可以用十二个"新"来概括——新的境界、新的角度、新的思路、新的方法、新的模式、新的标准、新的尺度、新的形态、新的高度、新的能力、新的水平、新的阶段。但也要客观地看到，从根本上来说，AlphaGo还没有超出人类围棋思维的范畴，更没有改变围棋的战略属性。

从程序和算法的来源看，是来自于人类实践的先验知识。围棋本身所具有的特质，人类在围棋博弈实践中积累的智慧，是构成人工智能围棋程序的先验知识的来源。智能围棋的产生必来自于先验知识，而这些先验知识，恰恰是人类几千年来积累形成的围棋思维理念和原则的继承、发展、延伸、创新。

从着法和思路的特征看，总体上没有我们完全不可以理解、不可以接受的，也许是我们没有想到，有的感到可能不合理，可以对之做出价值判断，但确实没有完全不可理解和不可接受之处。仔细看AlphaGo人机大战和自战互搏的主要棋谱，并没有超出人类围棋的基本思路，实质上是对于人类理想的弈棋模式的实现。比如在中腹的一些飘忽走法所体现的博弈理念，并不是自它而始。人类棋手包括古人在研究围棋战略思维的时候，实际上就包括这些观念。特别是古人，对围棋天然具有战略思维，已经认识得很清楚了。但是我们对势、地、大局、效率、次序、尺度、均衡、连络、围空、打劫、优势、胜负、最佳点等这些概念，往往是抽象的、原则的、概略的、模糊的。智能围棋可以在积累大量数据和具有超算能力的基础上，把围棋的理念量化、物化、具象化、数字化、精确化，但是它并没有超出人类提出的这些围棋原则的框架。这就是为什么AlphaGo所下的棋，我们现在看来并没有不可理解之处，甚至还有似曾相识之感。智能围棋不是改变了人类围棋的价值体系，而是打破了某些阶段人们所习惯的某些围棋思维定式。在一定阶段上，我们对围棋就是这么理解的。我们认为这就是最经典的围棋，其实不然。智能围棋给我们展示了围棋实现的不同模式，展示了达到围棋理想境界的不同途径。

从围棋本身的特质看，由于围棋是一个封闭式的棋盘游戏，在承载人类智慧和思维容量上，仍然是有限的。就只在围棋这个封闭的游戏上，机器要想走出与人类思维完全不同的路数，缺乏依据。围棋是一种人类制定规则的游戏。人类的规则已经把它限制了，它不可能去做无限度的发挥。比方说，你最后没有走到空，点目点不过对手，那就得输。规则体现规律，规律包含科学。没有人也包括人发明的机器，能够违背规则、规律、科学，如果硬要违背，就要改变规则，而那就不是今天的围棋了。

从其思维能力的现状看，还有极大的发展空间。"AlphaGo之父"——DeepMind创始人哈萨比斯认为，AlphaGo较之人类围棋最大的亮点和优势是战略思维。但要看到，阿尔法围棋本质上仍属于围棋程序，其算法在某些特殊复杂情况下仍存在缺陷。与人相比，它还不是"围棋脑"，也不具备真正意义上的思考能力，更没有情感和个性，不能现场分析对手的心理状态，不具备这方面的交互认知能力等等。阿尔法围棋没有改变围棋的战略价值，作为模仿人的思维模式的高级机器，它实际是人创造的战略工具，对于棋手提高对战略全局的认识、提高战略思维能力，具有重要的学习启发和训练提升作用。人工智能围棋不论达到什么水平，都是人发明的工具。智能围棋仍然是为人类服务的。这种服务，不是主仆之间的关系，而是发明者主体和工具之间的关系。智能围棋并无自主意识，因此也不可能真正具有战略思维。它所走出的符合大局观和战略思维特点的套路、着法，其实是指在博弈中经过人工智能选择的最佳一点。而这个"最佳一点"恰恰是具有战略性质的选点，是符合围棋博弈规律的一点。

　　人们最初关注人工智能围棋，是从对人机对弈胜负悬念的好奇心、神秘感开始的。这导致 AlphaGo 第一次正式亮相围棋人机大战，中国的网上观众高达上亿人次。随着胜负悬念逐渐逝去，人们对围棋的兴趣不但没减，反而更增。这说明，人工智能围棋在博弈技巧上超过人类，并没有削弱围棋的战略游戏魅力。围棋的魅力是客观存在的，是围棋价值的具体体现，通过人的博弈实践（包括观赏）而被认知和感悟。人工智能围棋使人们对围棋魅力的体验更加生动、丰富、深刻，甚至超越原有的、传统的、经典的局限，达到新的境界。

五 人工智能围棋提出的挑战

　　人机围棋大战对人们的思想造成了很大冲击，一些固有观念或许将会改变。一是人工智能不具备思维的观念可能会改变。马克思主义认为，思维是人脑的属性。但现代科技的发展已推动人工智能具备思维的端倪，人工智能不可能具备思维的观念面临挑战，迫切需要哲学界回答和解决。二是人工智能只能起辅助决策的观念可能会改变。人工智能只能起辅助角色作用是现在的主流观点，但人工智能思维成为主角，或者机器与人并行成为主角的可能性已经显现。三是人工智能不可能超过人类思维的观念可能会改变。人的优势固然存在，但机器的优势也很明显，人与智能化机器只能是主辅关系的观念受到挑战。目前人工智能界预言，2045 年人工智能思维能力将达到或者某些方面超过人脑。四是人工智能只能模仿人类，而人类不能向人工智能学习的观念可能会改变。现在人工智能主要是模仿人类,但技术的发展已出现改变现状的端倪,人与机器共同学习提高成为发展趋势。

人工智能围棋发展将对军事领域特别是军事指挥决策产生重要影响。当前世界主要强国把人工智能技术作为21世纪三大尖端技术之一,加紧在各个领域,包括指挥决策、思维博弈领域的应用研究,这已成为一个趋势。从世界军事史看,迄今为止,人类已经历了金属化军事革命、火药化军事革命、机械化军事革命、核能化军事革命和信息化军事革命五次军事革命,每一次都成功地运用技术手段延伸扩展了人类从事战争的自然能力,解决了制约战争发展的重大瓶颈问题,促成了战争形态的巨大飞跃。但总的来看,这些军事革命都没有改变传统的战争认知基本路径,都没有触及和超越大脑这一最复杂器官的核心思维职能,都没有延伸或创造出超越人脑的战争决策智慧,也都没有打破人是战争单一决策者的基本范式。当前,人工智能技术发展掀起了新一轮创新浪潮,机器模拟人脑甚至超越人脑的部分机能已经成为现实,以人工智能为核心的新一代信息技术已开始冲破历次军事革命的"最后保留地",正在迅速引发第六次军事革命——智能化军事革命,并成为其最耀眼的标志。智能化军事革命的典型表现是:无人化作战平台,智能化指挥决策,作战云融合支撑,自主式技术保障,以及机器人作战编队。历史上,由于军事革命发展的不平衡性,带来过三次明显的战争代差:一是冷兵器和热兵器作战的战争代差;二是轻武器和机械化作战的战争作战;三是机械化与信息化作战的战争代差,弱者处于完全被动挨打的境地。未来无人作战系统和智能战争形态高度发展的情况下，领先者可能会形成对落后者的第四个战争代差——信息化与智能化的战争代差，从而在军事竞争中占据绝对优势。

未来战争决策要求更加苛刻，已临近击穿传统人工作业方式的能力上限，靠经验"拍脑门"粗放式的战争决策方式行将过时。在人工智能等技术支持下，建设人机融合的"指挥脑"、实施智能化的战争决策与指挥，已成为不可逆转的发展趋势。所谓"指挥脑"，是智能化战争的概念，指运用于军事指挥决策领域，以深度学习神经网络和树搜索技术为重要支撑，具有自主感知、判断、决策能力的人工智能计算机系统，是指挥决策中人机协作的实现方式，是确保指挥决策及时、高效、正确的重要工具和手段。智能化状况下的大数据处理、超复杂感知、高精度决策、无人机管控、不间断指挥，都要依赖"指挥脑"。

"围棋脑"的技术突破，为"指挥脑"的发展开辟了广阔前景。围棋与军事博弈不同，主要有十个方面差别：一是从完全信息博弈到非完全信息博弈；二是从单一目标博弈到综合目标博弈；三是从明确规则博弈到不明确规则博弈；四是从单一要素博弈到复合要素博弈；五是从封闭空间博弈到开放空间博弈；六是从平面战场博弈到立体战场博弈；七是从固定局面博弈到非固定局面博弈；八是从单级决策博弈到多级决策博弈；九是从充分样本博弈到稀缺样本博弈；十是从智力游戏博弈到国家命运博弈。这些都是人工智能从"围棋脑"到"指挥脑"需要突破的技术难关。目前，"指挥脑"的发展，总体上处于辅助式、嵌入式的弱人工智能向自主式的强人工智能过渡阶段，需要以数据样本为基础，以深度学习为主脉，以超级计算为支撑，以实用项目为抓手，以辅助决策为重点，向具有混合式战场感知、拟人化人机交互、数据化自主决策、作战云指挥集成等功能的"指挥脑"发展，打造智能化战争的指挥中枢。

新的战争决策模式将通过"脑支持"（完成指挥自动化业务处理、提供辅助决策信息服务支持）、"脑增强"（提供特定智能工具、增强人脑具体问题求解能力并参与局部决策）、"脑延伸"（拓展感知认知能力，使人对环境和态势的掌握达到前所未有的广度、精度和速度）"脑融合"（产生较高级类人智慧、与人脑智慧有机融合实施实时决策）、"脑替代"（在特定领域一定程度上对人脑智慧的替代、自主完成具体决策行动）5种基本途径，主要以智能参谋辅助、任务自主规划、智能蓝军模拟、人机协同决策、自主响应决策、集群自主智慧等6种模式，改变战争决策的主体构成、思维方式、认知形态、机制程序、方法手段和效能结果，重塑战争决策体系与机制。总的看，决策指挥主体呈现出"机进人强""人决机辅""人机融合"的趋势；机器认知地位凸显，对强化战场态势理解、形成决策优势和行动优势的影响更为突出；战争决策模式和决策能力发生根本性跃变，效率显著提高、周期显著缩短，决策优势成为真正的战略制高点，必须引起高度重视。

在任何领域，主动、主导、主创的争夺都是战略课题。围棋更是如此。迎接智能时代围棋发展的新高潮，现在已经具备了一定的条件。人工智能的开发已经上升为国家战略。国家部署了智能制造等国家重点研发计划重点专项，印发实施了"互联网+"人工智能行动实施方案，从科技研发、应用推广和产业发展等方面提出了一系列措施。2017年7月20日，国务院颁布《新一代人工智能发展规划》，提出"三步走"战略目标。到2020年，人工智能总体技术和应用与世界先进水平同步，人工智能产业成为新的重要经济增长点；到2025年，人工智能基础理论实现重大突破，部分技术与应用达到世界领先水平；到2030年，总体达到世界领先水平，成为世界主要人工智能创新中心。这是一个宏伟的蓝图，为中国人工智能围棋的发展提供了最为广阔和宏大的背景。目前，中国人工智能围棋的研发者奋起直追，业已取得重要进展。由中国腾讯团队开发的智能围棋"绝艺"，在2017年3月举行的世界智能围棋大赛上，以绝对优势战胜了除未参赛的谷歌机器外的所有当代知名智能围棋，获得冠军。人工智能围棋的迅猛发展，对整个围棋事业已经并将继续产生极大的促进和推动作用。

第二节　围棋博弈与兵棋推演

围棋对人类博弈思维发展的一个突出贡献，是以空间争夺为主的智力博弈形态，成为充满智娱乐趣的思维工具，并且为最直接反映战争进程、体现战略谋划需求的"棋类"——兵棋的出现与发展，提供了重要的思想基础。

兵棋，其实并不是真正意义上的娱乐性棋类，而是在近现代军事实践中产生出来的，主要用于演示、模拟和论证作战进程的一种谋划和指挥工具。它运用形象化的表示战场环境和军事力量的地图和棋子，依据从战争经验、演习训练和研究实验中抽象积累的规则和数据，通过建立行动概率表与取随机数方式体现战场的偶然性和不确定性，运用回合制抽象交战时间和作战决策周期，对博弈双方一系列决策活动进行模拟推演和分析研究。兵棋有多种类型，按形态区分，有手工兵棋和计算机兵棋；按层级区分，有战略兵棋、战役兵棋和战术兵棋；按功能区分，有训练检验兵棋、案例研究兵棋和娱乐游戏兵棋，其中娱乐游戏兵棋属于非专业用兵棋，主要用于军事爱好者体验战场对抗实战。兵棋具有博弈性、模拟性、实战性、随机性、趣味性等基本特征。它在军事上的作用主要表现在：训练作用，是训练指挥人员和指挥机关的有效工具；检验作用，是辅助制定与检验评估作战方案的重要方法；预测作用，可在一定程度上预测作战的进程与结局；创新作用，是创新未来作战理论和战法的基础平台。

兵棋推演的科学性得到大量战例的验证，在现代军事上受到高度重视与广泛运用。许多国家的军队在作战条令中明确把兵棋推演作为定下作战决心的一个关键环节。1938年至1939年12月，德军总参谋部对突破马其诺防线的计划，用兵棋进行了反复推演，寻找到了最佳作战方案，采取绕开了马其诺防线从阿登地区闪击的战法，获得了巨大胜利。1940年，德军运用兵棋反复推演了进攻英国的"海狮计划"，因暴露出诸多问题而放弃实施该计划。1941年9月，日军在兵棋推演的基础上修订了偷袭珍珠港的作战计划，提高了对美太平洋舰队进行毁灭性打击的把握。之后，日海军在中途岛海战前，由联合舰队司令长官山本五十六委派其参谋长组织了连续4天的手工兵棋推演，证明将遭受美军高强度轰炸和伏击，但日军将领按主观意志，人为修改了推演规则的裁决结论回避了所提出的警告。结果实战进程与推演过程出现了惊人的巧合，日军遭受惨重失败。1982年，英阿马岛战争中，英军特混舰队司令在战前对作战方案进行了多次兵棋推演，海上机动过程中还不断推演完善作战计划。由于战争发展与推演在不少方面十分相近，战后他在给国会的作战报告中深有感触地写道："兵棋推演是和平时期不经过流血而有效获得战争经验的最佳途径。"20世纪80至90年代，美军从实战教训中认识到："兵棋推演是通过显现战斗来检验行动方案的最好方法。"为此，美军在《联合作战计划》中规定，"行动方案分析与兵棋推演"为"联合作战计划制定程序"的七步顺序中的第四步，是定下作战决心的关键环节。海湾战争中，美军中央战区司令部使用了3套兵棋，来分析和辅助制定作战计划。1990年8月2日凌晨1时，伊拉克发动了对科威特的入侵。当天清晨，当伊拉克还没有完全占领科威特时，五角大楼便着手寻找一种能够快速推演的兵棋，用来判断正在发生和将要发生的战场事件。结果发现，能够满足要求、最快得到结果的是一套民间手工兵棋，在任何一家兵棋商店都可以买到。这就是一套由马克·赫曼设计，以20世纪80年代中期海湾地区可能爆发的战争为推演背景，名为《海湾打击》的手工兵棋。于是，五角大楼在8月2日上午10点找到了马克，下午14点签好了合同，15点开始了兵棋推演。推演的结论是，伊军入侵科威特的部队只能抵进到科沙边境，没有力量再进攻沙特阿拉伯，而且美国出兵后，伊拉克必定失败。这次兵棋推演的结果，对于美国作出这场战争初期的一些重要决策如"沙漠盾牌"计划等起了重要作用。近年来，美军各军种，各战区以及国防大学等不断进行兵棋推演，预测未来世界各地可能出现的危机过程和结局,为处置危机预作准备。其中比较著名的有海军的"全球兵棋"、空军的"全球打击"、陆军的"后天陆军"等系列兵棋推演等。中国军队的兵棋训练和运用起始于20世纪50年代。朝鲜战争期间,解放军总参谋部有关人员曾用兵棋推演准确预测了美军将在仁川登陆这一重大事件,为中国进行战争准备、把握主动创造了条件。20世纪80年代后,中国军队恢复在训练、研究领域中的兵棋运用。1986年,时任美国国防部长助理的黑格准将访问中国时,将一部美国陆军训练用的手工兵棋赠送给我军事科学院,以表示某种友好态度。随着信息化建设的发展,中国军队的作战模拟水平不断提高,现已具有新型兵棋推演系统,反映了战争谋划、指挥方式上新的拓展。

那么,兵棋和围棋究竟有什么关系,围棋对兵棋的产生与发展到底有什么作用,对此可以从三个方面来看:

一 围棋是兵棋的重要起源

那么,兵棋是从哪里来的?当然是从古代特别是远古时期最初的"兵棋"发源的。美国兵棋大师邓尼根说:"在人类进行第一次有组织的战争之前,很可能就有了某种形式的兵棋。"古代兵棋是人类对战争最原始的模拟。西方人推测,兵棋历史可以溯源到4000年至5000年前的中国。当时的军事首领们经常会用小石块或其他标志物来表示地形和双方的军队,并把作战态势在纵横交错的原始地图上摆放出来,设想敌人可能的行动,以及己方的应对方法,最后推断出交战的可能结果。这是什么？这正是最初的围棋。

1987年7月，全世界的兵棋从业人员齐聚美国巴尔的摩会议中心，召开"兵棋起源"大会，就这一重要问题达成了共识。美国国防部著名兵棋专家彼得·波拉在其名著《兵棋推演艺术》中指出："早在有记录的人类历史之前，这种使用棋子以及各种战斗规则的兵棋游戏就已经存在了。""直到现在仍无法确定兵棋的起源，但大多数人倾向于认同美国海军上校阿比·格林伯格的观点。他认为中国古代军事家孙子是兵棋的鼻祖。孙子是中国古代的著名将领和军事思想家，他的著作《孙子兵法》影响巨大，长盛不衰，在历史的长河中启迪了众多读者。""格林伯格认为，孙子在五千年前发明的围棋（WeiHai）是人类最早的兵棋。人们对这种游戏知之甚少，无法得知其确切的起源。下围棋时，双方使用不同颜色的石子代表各自军队，在一块专门设计的抽象棋盘上对弈。围棋获胜不在力行，而是智取，很好地反映了孙子的军事思想，即战争是最后手段。"

世界兵棋界和美国兵棋专家的认识有正确的因素。首先，肯定了围棋起源于中国；其次，看到了最初的"兵圣"（孙子）、最早的"兵经"（《孙子兵法》）和最古老的兵棋（围棋）之间的某种联系，这些都是很有价值的。他们把孙子看成是围棋和兵棋的发明人，是出于对孙子的尊重。在他们眼中，似乎只有孙子这样伟大的古代军事家，才配得上发明围棋这样高深的智力博弈游戏。但他们顺便把孙子生活的年代提前了2500年，这也许体现了美国人的幽默，但当然是不正确的。

从战略学的角度看，围棋之所以能够成为最初形态的兵棋，是由其自身的特质决定的，这就是具象与抽象的统一。围棋的棋子只有黑、白两色的区分，除此没有任何文字或特殊形态的标示，这就使得它可以代表任何数量、规模的作战力量；围棋的棋盘只有纵横线条和交叉点，除了加重标注的交叉点外，没有任何特殊设定的区域或地形，这就使得它可以标示任何范围、形态的作战空间。这样简单至极的棋具，由于具有了高度的抽象性、概括性和代表性，反而可以表现和演变多样、复杂的战争内容和进程。这样的功用，在当时处于原始状态的战争组织指导上，当然是非常便于掌握和使用的。这说明，围棋最早有可能是应战争的需要而发明的，用于指导战争设计、演示战争进程或预测战争成败的模型。

中国不仅具有悠久的兵棋发展历史，而且在古代战争实践中，已经出现了实际运用的战例。这表明，人们在某种程度上已经意识到：棋盘上的胜利有可能意味着战场上的胜利。远古战争，由于当时还没有文字，目前还难以见到直接的记载。但在其后的战争实践中，却多有表现。《墨子》中记载的"解带为城，以牒为械"的典故，就是以原始兵棋推演的方式预测战争结果的生动一例。战国时期，楚国准备攻打宋国，请鲁班（公输般）制造攻城的云梯等器械。墨子（墨翟）得知消息后去劝阻楚王，并当着楚王的面，解下腰带模拟城墙，以木片表示云梯和各种器械，同鲁班进行守城与攻城的模拟对阵。鲁班组织了多次进攻，结果都被墨子击败。最后，鲁班攻城器械用尽，墨子守城器械还有剩余，楚王被迫放弃了攻打宋国的计划，达到了止楚攻宋的目的。另据记载，东汉光武帝刘秀（前5—57）曾亲自与将领们进行过为期10天的棋子推演。这可能是有正式文字记载的世界上一国之君进行兵棋推演的最早记录。与之相佐证的是"聚米为山"的典故。刘秀在征讨西部作战中，由于汉中、广元一带地形复杂，很难指挥大军作战。刘秀手下的将军马援用稻米堆制成简易的沙盘，以显示当地山川地形，研究各路军马进退的要道和行动，使将领们直观地搞清了各部队的行动要领，为取得征讨胜利奠定了基础。

随着人类文明的进步、科学技术的发展和战争形态的变化，特别是战争专业化程度的提高，原始形态的兵棋逐步退出了军事舞台，而由近现代兵棋所代替。1664 年，在德国出现了"君主棋"，即在国际象棋模型中加入许多战争细节和军队元素，并采用了很大的棋盘。1795 年，法国军事家创造了一种新的棋戏，采用法国、比利时接壤处的实际地图，并划分成 60×60 个方格，模仿战场上的实际交战过程。1811年，真正意义上的现代兵棋在德国诞生。普鲁士的文职宫廷战争顾问冯·莱斯维茨模仿当时的战争，制作了一套棋战，国王腓特烈·威廉三世非常喜欢，取名为"克里格斯贝尔"，意为"战争游戏"，这是世界公认的现代兵棋的直接起源。在古代中国产生的智力博弈的种子，却在近代欧洲结出了智慧之果。

二 围棋博弈与兵棋推演的共同特点

兵棋的原则与围棋的思维方式具有极大的相似性。如果把敌我双方简化为黑白棋子，在一块纵横交错的地盘上进行复杂的攻防作战，这就是围棋。围棋中战略、战役、战术概念与战争中的相应概念十分相似,围棋的战法体系,体现了最基本的战争原理。而兵棋不仅包含着严密的数学语言,而且体现了哲学思维方法。兵棋研究和显示的对象是战争矛盾运动,反映战争固有的辩证关系。战争本身的辩证性,决定了兵棋思维的辩证性。抽象地看,兵棋内容包含着哲学的特殊与一般、整体与局部、质变与量变、原因与结果、必然与偶然等矛盾运动规律。具体地看,兵棋内容包含着奇正、虚实、攻防、存亡、优劣、轻重、缓急、得失等等矛盾关系。这些思维方法与围棋的思维方式有着本质上的一致性。如果说,兵棋在棋子的外形上与象棋、国际象棋等相似的话,那么在本质上,即在思维方式上与围棋更加接近,甚至是高度一致,这就是哲学层面上的共同性。

三 兵棋的发展趋势体现了围棋的本质特征

就现代兵棋的发展阶段而言,第一代兵棋是"思想对思想"的兵棋,主要强调推演者从作战思想和方法上超越和击败对手。第二代兵棋是"兵力对兵力"的兵棋,主要强调从作战力量的对比及其使用上战胜对手。目前开发的兵棋基本上属于第二代兵棋。进入21世纪以来,人们为适应现代战争的特点,提出第三代兵棋的设计构想,即增加三个要素:系统影响、决策周期、人为因素,使兵棋的构成要素和交战规则更贴近当代战争。第三代兵棋以"体系对体系"为根本特征的设计,与当代围棋所崇尚和体现的整体、系统作战的思想与战法,极为接近甚至相似。这种现象,是当代人类思维与实践达到更高层次的系统状态,在不同领域的必然反映,因而有异曲同工之妙。围棋战略思维作为人类智慧之果的延伸功能,由此可略见一斑。

随着数据驱动的人工智能技术的突破,第四代兵棋即智能化兵棋已应运而生。以往的兵棋系统仅仅依赖信息化技术,由于其强烈的敏感性和技术的复杂性,存在着本质上的弱点,已经无法进行最及时、最准确的战场形势判断,无法进行最全面、最客观的战争推演。应用AlphaGo所代表的数据驱动人工通用智能技术,兵棋可以在信息化之上,建立高智能化的指挥决策直觉系统,帮助指挥员及时准确地判断战场形势,协助指挥员做出正确智能战场决策。

高智能化的指挥决策直觉系统将是未来兵棋系统的重要组成部分,其核心技术是深度学习神经网络,其关键基础是兵棋系统在战争推演所积累的海量数据。这些数据可能有多方面的来源,其中最重要的应该是作战团队的实战数据和演习数据。由于成本以及其他原因,实战和演习数据可能有限,无法独立完成指挥决策直觉系统中深度学习神经网络的训练需要。更多的兵棋系统海量数据可以通过计算机模拟的战争推演过程中模拟产生。这些模拟数据是实战和演习数据的重要补充。实际和模拟数据可以训练深度学习神经网络,为兵棋推演建立高智能的指挥决策直觉系统。

第九章 战略素质论：
围棋与战略素质的锻造

　　围棋战略素养，是对弈者应对、处理棋局中战略性问题的素质、修养和能力。战略素养相对于战术素养而言，是围棋艺术和棋手综合素质中更高级的部分。由于思维的相通性，弈者围棋战略素养的提升，也有助于其提高治事理政上的战略素养。战略素养的形成不是一日之功，也不能一蹴而就，需要经过较长时间的历练和积累。通过学，学习各种理论知识和他人经验；练，进行深入、系统、有针对性的训练；战，在实战中反复运用、感受、体验；悟，在内心深处自觉总结、省悟和升华，使之真正融入自己的思想意识、思维方式和行棋习惯中去，成为素质、修养、能力的一部分。

第一节　战略家大都下围棋

中国历史上，可称为战略家的著名君主、重臣、将帅、高士喜爱下围棋者灿若群星。据目前掌握的史料，从汉高祖刘邦开始，历朝历代的开国皇帝基本都下围棋，有作为的皇帝基本都下围棋，所有的成年皇帝基本都下围棋；许多军事家、政治家、思想家也都爱下围棋，史上下围棋的名臣、名将、名士有400余人。这种现象在人类智力博弈史上是罕见的，说明围棋与战略家的素质修养和人生志趣有着内在的深层联系。

一　关于"人主"是否应下围棋的争论

"人主"是掌管全局的人，是履行战略职责的人。在中国古代，关于围棋是否有用和君主大臣好弈当否的疑问和争论时有上演，反映出围棋的功能和价值是经过长时间的实践检验，才得到人们的普遍认识和肯定，居于"国艺"的殿堂。

先秦时孟子曾把"博弈好饮酒，不顾父母之养"当作"五不孝"之一①，为后世的争论埋下了种子。汉代贾谊、史游等指斥围棋活动"失礼迷风"②，"相易轻"③，影响传统的礼节礼制。汉宣帝刘询谓辞赋"贤于倡优、博弈远矣"④，将博弈与倡优并提而贱之。淮南王刘安在其编著的《淮南子》一书中

---
① 《孟子》，中华书局2006年版，第188页。
② 《白孔六帖》卷三十三，文渊阁四库全书本，第21页。
③ 《急就篇》卷三，文渊阁四库全书本，第14页。
④ 《汉书》第二册，中华书局1999年版，第2135页。

说:"以弋猎、博弈之日诵诗读书,闻识必博矣"①,意指弈者浪费时间。可见,西汉时期否定和看低围棋的论调一度甚嚣尘上,原因应与汉初强调严立纲纪、以孝治国有关。

西汉时期也出现了正面肯定、倡导围棋的言论。西汉围棋大国手杜陵、人称杜夫子指出,对于围棋之道,"精其理者,足以大神圣教"②。这是首次对围棋的政治和社会功能进行阐述。西汉末年的学者扬雄说:"围棋击剑,反自眩刑,亦皆自然也。"③指出围棋之道与道家崇尚自然之旨相合,这在当时是对围棋思想的珍贵见解。而到了东汉之初,班固著《弈旨》,桓谭作《新论》,李尤作《围棋铭》,马融作《围棋赋》,以王政、兵道喻棋,突出强调围棋的意义、价值、社会功用和游意功能。这是围棋史上集中论述、倡导围棋的第一个文化高峰,为此后围棋在统治阶层的日益流行扫清了障碍。

到了三国后期,东吴上层好游乐,博弈盛行,士风颓败。赤乌五年(242年),吴太子孙和年少新立,极力反对下围棋,"常言当世士人宜讲修术学,校习射御,以周世务,而但交游博弈以妨事业,非进取之谓。"又说,"夫人情犹不能无嬉娱,嬉娱之好,亦在饮宴琴书射御之间,何必博弈,然后为欢?"认为下围棋妨碍提高修养和建功立业,无实际用处,如果需要娱乐,应是宴饮、弹琴、书法、骑射,围棋不在此列。孙和还命八位臣子著文讨伐围棋(见《三国志·吴书·孙和传》),从中产生了韦曜的《博弈论》。但孙和反对围棋和"八臣矫弈"的举动,实际成效甚微。

---

① 《二十二子》,上海古籍出版社1986年版,第1305页。
② 《西京杂记全译》,贵州人民出版社1993年版,第73页。
③ 《扬子法言》卷三,文渊阁四库藏书本,第12页。

韦曜所作《博弈论》，其立论依据、中心思想、主要论点都完全来自孙和的观点。此文突出强调围棋不属"正道"："技非六艺，用非经国。立身者不阶其术，征选者不由其道。求之于战阵，则非孙吴之论也。考之于道艺，则非孔氏之门也。以变诈为务，则非忠信之事也。以劫杀为名，则非仁者之意也。而空妨日废业，终无补益。"强调下围棋没有实际用处，如果把下围棋的精力用到事业上，则功名利禄可得。"夫一木之枰，孰与方国之封。枯棋三百，孰与万人之将。""假令世士移博弈之力，用之于诗书，是有颜闵之志也；用之于智计，是有良平之思也；用之于资货，是有猗顿之富也；用之于射御，是有将帅之备也。如此，则功名立而鄙贱远矣。"特别强调"方今大吴受命，海内未平，圣朝乾乾，务在得人。""当世之士，宜勉思至道，爱功惜力，以佐明时。"

孙和、韦曜的这些主张不是没有合理的因素，但总体上主观、片面、偏激，采用归谬法写作，缺乏证据和全面、客观的分析，难以服人。比如，文中说如果"移博弈之力"，就可以在各个领域成就功名，但并没有举出这样的例证。倒是后来清人邓元鏸汇辑的《历朝弈事辑略》中列出了一大批围棋、事业两不误，功名成就斐然的有历史名人。从吴国自身来看，孙和的伯父、东吴的开创者孙策，文武兼优，既会打仗、又通围棋；东吴大将陆逊、宰相邵雍都是围棋高手。孙和提出各种"嬉娱"包括饮酒欢宴都可行而下围棋不行，那么其他"嬉娱"就不浪费时间精力？与这种生硬的指责相比，倒是同时代曹魏君臣关于"猎乐孰胜"的讨论里，魏侍中鲍勋的立论要堂皇正大得多。魏文帝曹丕喜欢打猎，鲍勋便讲出了一番同为娱

第九章 战略素质论：围棋与战略素质的锻造

乐，音乐胜于游猎的道理："夫乐上通神明，下和人理，隆治致化，万邦咸乂。移风易俗，莫善于乐。况猎，暴华盖于原野，伤生育之至理，栉风沐雨，不以时隙哉？昔鲁隐观渔于棠，《春秋》讥之。虽陛下以为务，愚臣所不愿也。"①此番言论比之孙、韦，高出太多。更何况鲍勋对于音乐功能和好处的分析，其实对于围棋也完全适用。孙和、韦曜认为下围棋会影响抓大事，特别是在国家面临外敌威胁的情况下，更会误大事。但在《三国志·吴志·孙和传》中，除了记载他反对围棋外，没有其他任何一件值得史书记载的军政业绩或重要的治国之策。孙和攻击围棋不是真正的文韬武略，没有管用的谋略智慧。令人不解的是，孙和在宫廷政治斗争中没有表现出任何高明的政治机谋和智慧。仅仅因为他去拜谒祖庙时顺便去了一趟岳父家，就被政敌在孙权面前一状告倒，失去了孙权的信任直至被废。孙和、韦曜没有抓住当时吴国积弱的要害原因，没有从富国强兵的根本抓起，而是费力反对围棋，可以说是乱下针砭，有政治作秀之嫌。后孙和因政治失败而死，没有当上吴国皇帝。恰恰是在这一时期，魏晋在政治、军事上胜利的同时，弈风炽盛。魏国三曹皆下围棋。晋武帝下围棋时，定下伐吴统一大计，"围棋误国"的罪名，被吴国灭亡的结局彻底否定。历史上也曾经有人相信过《博弈论》而真以为围棋无益于事，后来在实践面前又不相信了。写过《棋诀经》的北宋著名文学家黄庭坚就是一例，他在《书〈博弈论〉后》中写道："偶开韦曜《博弈论》读之，喟然以为真无益于事，诚陶桓公所谓牧猪奴戏耳，因自誓不复弈棋。自今日以来，不信斯言，有如黔

---
① 《三国志》，中华书局1999年版，第290页。

江云。"魏晋时期应玚所写《弈势》,曹摅所写《围棋赋》,都对围棋作出高度评价和充分肯定。

南朝宋明帝好棋无度,而棋艺甚拙,但"物议共欺为第三品",即一致蒙骗他达到了第三品。《南齐书·虞愿传》记载:"(帝)与第一品王抗围棋,依品赌戏,抗每饶借之,曰:'皇帝飞棋,臣抗不能断。'帝终不觉,以为信然,好之益笃。"大臣虞愿大胆进谏说:"尧以此教丹朱,非人主所宜好也。"但宋明帝一点也听不进去。① 虞愿关于弈非人主之所好的观点,当为特指。元文宗是元代最著名的好弈之帝,他曾试探性地问翰林侍读虞集:"昔卿家虞愿尝与宋明帝言:弈非人主之所好。其信然耶?"虞集回答说:"自古圣人制器,精义入神,各以致用,非有无益之习也。故孔子以弈为'为之犹贤乎已',孟子以'弈之为数'为'不专心致志则不得'。且夫经营措置之方,攻守审决之道,犹国家政令出入之机,军师行伍之法。举而习之,亦居安虑危之戒也。"元文宗听后,深纳其言,遂命虞集"铭其弈之器",虞集一挥而就:"圆周天,方画地。握时机,发神智。动制胜,胜保德。勇有功,仁无敌。"② 这是元代弈坛上很有影响的事件,虞集为围棋立正说,打消皇帝的疑虑,推动元代围棋活动在文宗时盛极一时。

南唐后主李煜不仅喜好音律、填词,也爱好围棋。他刚当上皇帝不久,被贬为舒州副使的大臣肖严应召回来。这天后主正与亲信下棋,肖严前来叩见,看到皇帝在下棋,他勃然大怒,挥手将棋盘掀到地上。后主吓了一大跳,十分不满地问

---

① 《二十四史全译·南齐书》,汉语大词典出版社2004年版,第703页至第704页。
② 王汝南:《〈玄玄棋经〉新解》,人民体育出版社1988年版,第1页。

他:"你想学魏徵直谏吗?"肖严朗朗而言:"我非魏徵,陛下亦非唐太宗。"后主一时醒悟,便不再继续下棋。虽然李煜最后成为亡国之君,但他的失败,与围棋没有什么关联。

宋太宗喜好围棋,他对大臣的进谏有自己的说法。宋文莹《湘山野录》中说:"太宗喜弈棋,谏臣有乞编窜棋待诏贾玄于南州者,且言玄每进新图妙势,悦惑明主,而万机听断,大致壅遏,复恐坐驰睿襟,神气郁滞。上谓言者曰:'朕非不知,聊避六宫之惑耳。卿等不须上言。'"听此说词,谏臣恐无话可言。

通过这些论辩和围棋实践活动,人们逐渐认识到,围棋本身具有娱乐、教育、竞技、交际、健身等各方面的功能,某些弈棋活动的负面作用不能归咎于围棋本身,而是人们自己处理不好导致的。一些论者否定围棋的功用,质疑"人主"喜好围棋,这实际上是从一些人耽于围棋荒废时日的表面现象出发,从围棋乃至其他娱乐活动都有的负面作用的细枝末节出发,而得出的结论。更有论者将"人主"的怠政无为归咎于下围棋,以否定围棋为昏庸之主原罪,则完全是无稽之谈。随着历史的发展,围棋的价值地位更为凸显,围棋的态度准绳更加清晰,"人主"是否应下围棋也不再有什么疑问。相反,雄才大略、有所作为的君主往往都爱下围棋,这不是历史的巧合,而恰恰反映了研究棋艺与君主的眼界与思维能力相关联。通过这些君主的亲力倡导,围棋在民族文化中的精髓和瑰宝地位进一步确立,对民族国家精神生活的发展产生了重大的作用和积极的影响。

二 古今帝王、领袖、名将、高士的围棋实践

汉高祖刘邦会下围棋，据晋代葛洪《西京杂记》卷三记载，"戚夫人侍高帝……八月四日，出雕房北户，竹下围棋，胜者终年有福，负者终年疾病。取丝缕就北辰星求长命，乃免。"他们二人围棋行乐竟成宫中习俗，而且出现什么胜者终年有福，负者终年疾病，要取丝缕拜求北辰星才能免疾的神秘传说，可见围棋影响之大。戚夫人多才多艺，擅长鼓瑟击筑，曾击筑伴和刘邦唱《大风歌》，又会弦管歌舞，还会围棋，自然深得刘邦宠爱。为此，刘邦几次想废太子（吕后所生），立戚夫人之子赵王如意为太子，后因吕后阻挠，张良设计请来四皓辅佐太子而未成。吕后对此深深忌恨，刘邦死后，便将戚夫人和赵王如意害死了。戚夫人死后，她身边的宫女都被逐出宫。这些宫女在宫中或耳濡目染，或身体力行，自然都会下围棋，出宫之后将棋艺带至民间，对围棋普及倒不无作用。

汉宣帝刘询也很喜欢下围棋，而且水平还不低。据《汉书·宣帝纪》所载，他"师受《诗》《论语》《孝经》，操行节俭，慈仁爱人"，与刘邦不同，是一位知书识礼的天子。他未做皇帝前，同杜陵人陈遂十分要好，陈遂也是一个围棋爱好者，二人经常在一起下棋。陈遂棋艺略逊一筹，常常输棋，欠刘询不少棋注。刘询当皇帝后，准备擢用陈遂为太原太守，曾赐玺书一封："制诏太原太守，官尊禄厚，可以偿博进矣。"[①] 意思是太原太守官职不小，俸禄丰厚，这下可以

[①] 《汉书》第一册，中华书局1999年版，第167页。

偿还你当年输的棋注了。此事亦算是历史上第一个围棋赐官的例子。汉宣帝还常与王褒等放猎,纵情享乐,辞赋为欢,朝中多有非议,他便借孔夫子的话说:"'不有博弈者乎,为之犹贤乎已。'……辞赋比之,尚有仁义风谕,鸟兽草木多闻之观,贤于倡优博弈远矣。"①

魏太祖曹操擅长弈棋,据西晋张华《博物志》记载,"桓谭、蔡邕善音乐,冯翊山子道、王九真、郭凯等善围棋,太祖皆与埒能。"曹操使用的棋局遗物至晋初尚存。魏文帝曹丕与其弟曹植均是围棋爱好者,曹丕曾作《夏日诗》云:"嘉肴重叠来,珍果在一傍。棋局纵横陈,博弈合双扬。"弈棋在当时已成为宴游中不可缺少的活动,构成了邺下风流的断面。著名的"建安七子"大多诗弈兼擅,其中王粲是有史记载的第一位能够复盘的棋手。②

东吴政权的奠基者孙策善弈,他曾"从容独与范棋",同意吕范请任都督,委以众事。此事见陈寿《三国志·吴书十一·吕范传》裴松之注引《江表传》。宋谱《忘忧清乐集》收录的《孙策诏吕范》局,是现存最早的实战对局谱之一,相传即为孙吕遗局。吴国大都督陆逊有借弈棋安定军心的故事。时在嘉禾五年(245年),陆逊奉命率军攻打襄阳,而军情外泄,情势危急,大臣诸葛谨请退兵,而陆逊"与诸将弈棋射戏如常",镇定自若,安然全师而退。此事见《三国志·吴书·陆逊传》。

蜀魏汉中之战(244年)时,蜀国大臣来敏送大将军费祎

---

① 《汉书》第三册,中华书局1999年版,第2745页。
② 《三国志》,中华书局1999年版,第446页。

出征，抵御魏国大将曹爽进攻，在营中以下围棋观察费祎状况，得出必胜结论。"祎与敏留意对戏，色无厌倦"，来敏见此，推断费祎此去必胜。他对费祎说："向聊观试君耳，君信可人，必能办贼者也。"以后战况果如其言。此事见《三国志·蜀书·费祎传》。

蜀中名相诸葛亮相传颇好围棋。《宝庆府志》记载宝庆府（今湖南邵阳市）城南五里有棋盘崖，有石盘广六尺，棋痕尚存，相传武侯宴兵着棋于此。西藏各地传说围棋由诸葛亮带入云南，又从云南传入西藏，略加改革后成为藏棋。此说虽乏史料佐证，但亦非无稽之谈。诸葛亮西和诸戎、南抚彝越，围棋向南中地区的"西南夷"流播，殊有可能。诸葛亮的《隆中对》对天下形势有精辟的分析，体现着中国传统的"围棋思维"方式——综合领悟式思维，善于把多方面的因素包括天、地、人、经济、政治、军事、物质等诸多因素综合考虑。《三国演义》中写诸葛亮未出茅庐之前，作了一首棋歌："苍天如圆盖，陆地似棋局，世人黑白分，往来争荣辱。"可见，人们总是把诸葛亮这样神机妙算的智慧形象，自然地与围棋联系在一起的。

西晋开国皇帝司马炎喜好围棋，在下棋时确定伐吴统一大计。据《晋书·杜预传》记载，咸宁五年（279年），王浚、杜预皆上表请晋武帝伐吴，"预处分既定，乃启请伐吴之期。帝报待明年方欲大举，预表陈至计。……时帝与中书令张华围棋，而预表适至。华推枰敛手曰：'陛下圣明神武，朝野清晏，国富兵强，号令如一。吴主荒淫骄虐，诛杀贤能，当今讨之，可不劳而定。'帝乃许之。"张华的一番话坚定了武帝的

第九章　战略素质论：围棋与战略素质的锻造

伐吴决心，他遂派王浚、杜预等率兵伐吴，使中国重归一统。晋武帝还常与侍中王济等下棋，李逸民《忘忧清乐集》中就保留了他和王济的一局对局谱。东晋与前秦淝水之战，东晋谢安、谢玄下棋赌墅，成为大捷前奏；而当时作战的另一方前秦皇帝苻坚和重臣彭超等也都下围棋，彭超用围棋的"劫"比喻作战方向的选择向苻坚献策。

两晋时期，在士族人士和文人中围棋更受青睐。蔡洪、曹摅、殷仲堪、羊陶、裴遐、祖纳、王坦之、支遁及"竹林七贤"可为代表。王坦之，太原晋阳（今山西太原南）人，累官中书令，领北中郎将，徐、兖二州刺史。支遁，字道林，河内林虑（今河南林县）人，本姓关，少而任性独往，风期高亮，25岁入道。二人都嗜好围棋，而且对棋情棋趣都别有会心。《世说新语·巧艺》说："王中郎以围棋是坐隐，支公以围棋为手谈。"刘孝标注引《语林》说："王以围棋为手谈，故其在哀制中，祥后客来，方幅会戏。"与前说稍异。方幅，指事物之正当者。也可能指用布帛等围成幅障。因围棋是"手谈"不必出声，与一般娱乐不同，所以王坦之哀制中照下不误。

"竹林七贤"是魏晋文人中很有代表性的人物，他们崇尚老庄虚无之学，优游于竹间林下，放旷不羁，大多喜爱围棋，而且有许多惊世骇俗之举。比如阮籍（210—263），陈留尉氏人，曾作魏国的步兵校尉，是著名的文学家。他为逃避司马氏集团的迫害，常醉酒佯狂，不拘礼教，傲然独得，喜怒不形于色。《晋书·阮籍传》说他极孝顺，他母亲死时，他正与人下围棋。消息传来，对局者请求罢棋，而阮籍却还要留对手决赌胜负。及至一局终了，他才"饮酒二斗，举声一号，吐血数升。"竟将这种给人乐趣的活动变成了掩饰悲戚之情的凭藉！

南朝宋文帝躬勤政事，雅重文儒，使整个社会呈现出自东晋以来未曾有过的繁荣气象，史称"元嘉之治"。他博涉经史，爱好围棋，曾以宣城太守的官爵与三品棋士羊玄保作赌，结果羊玄保胜棋获得这个职位，这就是弈史上有名的"赌郡戏"。据《宋书·羊玄保传》载："羊玄保，太山南城人也。……善弈棋，棋品第三。太祖与赌郡，戏胜，以补宣城太守。……又徙吴郡太守，加秩中二千石。太祖以玄保廉素寡欲，故频授名郡。为政虽无干绩，而去后常见思。不营财利，为家俭薄。太祖尝曰：'人仕宦非唯须才，然亦须运命。每有好官缺，我未尝不先忆羊玄保。'"唐陆龟蒙有诗云："满目山川似势棋，况当秋雁正南飞。金门若召羊玄保，赌取江东太守归。"①即咏此事。

宋明帝时大臣王彧，对弈中收到皇上赐死的诏书，神色不变弈棋完毕后才饮下毒酒，体现了很高的精神境界。据《南史·王彧传》："王彧字景文，名与明帝讳同，故以字行。上遣使送药赐景文死。敕至之夜，景文政与客棋，扣函看后，还封置局下，神色怡然不变。方与客棋，思行争劫竟，敛子内奁毕，徐谓客曰：'奉敕见赐以死。'方以敕示客。酌谓客曰：'此酒不可相劝。'自仰而饮之。"苏轼评价说："死生亦大矣，而景文安之，岂贪权窃国者乎？明帝可谓不知人者矣。"②

南齐开国皇帝萧道成（427—482）棋艺为当时第二品，

---

① 《全唐诗》第十八册，中华书局1960年版，第7217页。
② 《东坡全集》卷九十二，文渊阁四库全书本，第35页。

著有《齐高棋图》二卷，是有史记载的第一位有弈著问世的皇帝。《南史·高帝本纪》记载，"上少有大量，喜怒不形无色，深沉静默，常有四海之心。博学，善属文，七草隶书，弈棋第二品。……尝与直阁将军周覆、给事中褚思庄共棋，累局不倦，覆乃抑上手，不许易行。其弘厚如此。"萧道成对周覆不许他悔棋的"无礼"行为并不动怒，这种平等竞技意识在历代帝王中是颇为难得的。

南齐武陵王萧晔，是萧道成第五子，不仅棋艺甚高，在棋史上也留下了执拗无违之名。《南史·齐武陵王晔传》记载，"高帝虽为方伯，而居处甚贫，诸子学书无纸笔，晔常以指画空中及画掌学字，遂工篆法。少时又无棋局，乃破荻为片，纵横以为棋局，指点行势，遂至名品。……尝于武帝前与竟陵王子良围棋，子良大北。及退，豫章文献王谓晔曰：'汝与司徒手谈，故当小相推让。'答曰：'晔立身以来，未尝一口妄语。'执心疏婞，偏不知悔。"萧晔这种顺心而为的棋品，实际是符合棋道本源的。

梁武帝萧衍"六艺备闲，棋登逸品，阴阳纬候，卜筮占决，并悉称善"（《梁书·武帝本纪下》），他酷好围棋、棋艺非凡，有时碰上了对手，能从早下到晚，再挑灯夜战，毫无倦容。陪他下棋的大臣个个累得瞌睡连连，可他却精神抖擞，一会儿戏谑边下棋边打瞌睡的吏部尚书刘溉"状似丧家狗，又似悬风槌"，一会儿又提醒睡着的仪曹郎陆云公"烛烧卿貂"。梁武帝因痴迷围棋，还曾误杀高僧。唐张鷟《朝野佥载》记载：梁有榼头师者，极精进，梁武帝甚敬信之。后敕使唤榼头师，帝方与人棋，欲声曰："杀却！"使遽出而斩之。

帝棋罢，曰："唤师。"使答曰："向者陛下令已杀讫。"帝叹曰："师临死之时有何言？"使曰："师云：'贫道无罪。前劫为锹划地，误断一曲蟮。帝时为蟮，今此报也'。"帝流泪悔恨，亦无及焉。

据《梁书·陈庆之传》记载，梁朝大将陈庆之从小就跟随梁武帝，陪武帝通宵下棋不困，很受武帝宠信。陈庆之不仅棋艺高超，后来领兵作战也攻无不克，功勋卓著。梁武帝不仅喜欢下棋、著书立说，还主持棋事。他曾令国手柳恽和陆云公办了一次全国性的围棋大赛，规模宏大，轰动一时。这是有据可查的最早一次全国性围棋比赛。502—519 年，梁武帝命柳恽"品定棋谱"，当时有 278 人有资格列入品级，分别为一至九品。柳恽本人为第二品，萧衍则被列为"逸品"。

北魏太武帝拓跋焘是著名的军事统帅，武力征伐统一了北方。宋司马光《资治通鉴》中记载了古弼在魏太武帝下棋时直言举谏的故事："帝方与给事中刘树围棋，志不在弼。弼侍坐良久，不获陈闻。忽起，捽树头，掣下床，搏其耳，殴其背，曰：'朝廷不治，实尔之罪！'帝失容，舍棋曰：'不听奏事，朕之过也，树何罪？置之。'弼具以状闻，帝皆可其奏。弼曰：'为人臣无礼至此，其罪大矣。'出诣公车，免冠徒跣请罪。帝召入，谓曰：'吾闻筑社之役，蹇蹶而筑之，端冕而事之，神降之福。然则卿有何罪？其冠履就职。苟有可以利社稷、便百姓者，竭力为之，勿顾虑也。'"拓跋焘虚心纳谏的开阔胸襟可见一斑。

唐高祖李渊、太宗李世民都喜好围棋。李渊为了满足宫廷棋弈活动需要，下诏"敦煌郡贡棋子二十具"[1]。李世民即位后励精图治，勤于政事，但对围棋的爱好有增无减，为政之余经常对弈，曾写下两首《五言咏棋》（本书在前文围棋诗一节中已有引述），抒发了他高雅的围棋情趣。他还令弘文馆学士许敬宗、刘子翼等唱和，反映出君臣相得、以棋怡情的景象。

唐张鷟《朝野佥载》记载了吏部尚书唐俭争棋触怒唐太宗之事，所幸尉迟敬德从中周旋，否则棋史上将留下臣子因争道无礼而受戮的悲剧。书中讲道：唐俭与太宗棋，争道。上大怒，出为潭州。蓄怒未泄，谓尉迟敬德曰："唐俭轻，我欲杀之，卿为我证验有怨言指斥。"敬德唯唯。明日对仗云，敬德顿首曰："臣实不闻。"频问，确定不移。上怒，碎玉珽于地，奋衣入。良久索食，引三品以上皆入宴，上曰："敬德今日利益者各有三：唐俭免枉死，朕免枉杀，敬德免曲从，三利也；朕有怒过之美，俭有再生之幸，敬德有忠直之誉，三益也。"赏敬德一千段，群臣皆称"万岁"。看来，即使是一代名君如唐太宗者，也不易接受臣下不守棋规之行。

宋太宗赵光义棋艺超群，不同凡响。他能自制棋势，著名的有对面千里、独飞天鹅、海底取明珠等，构思精妙、轰动朝野。宋吴曾《能改斋漫录》记载了此事："太宗万几之暇，留心弈棋，自制三势。一曰对面千里势，二曰天鹅独飞势，三曰海底取明珠势。一时近臣，例以棋图颁赐。故王元之诗云：'太宗多才复多艺，万几余暇翻棋势。对面千里为第一，独飞天鹅为第二。第三海底取明珠，三阵堂堂皆御制。中使宣来赐近臣，天机秘密通鬼神。'所以纪其事也。"宋谱《忘忧清乐

---

[1] 《通典》第一册，中华书局1988年版，第119页。

集》尚保存有其中前两图。在皇帝的带动下，宋代棋坛涌现出一大批围棋高手，特别是士大夫阶层普遍把围棋作为一种适意休闲的方式，士弈之风盛行。

北宋名将曹玮在真宗时期镇守西北边防，胜西夏、征吐蕃，足智多谋，战功赫赫。据《宋史》记载："渭州有告戍卒叛入夏国者，玮方对客弈棋，遽曰：'吾使之行也。'夏人闻之，即斩叛者，投其首境上。"曹玮在对弈时从容使出反间计，显示出过人的智慧。

北宋名臣范仲淹很爱下棋，他曾作《赠棋者》诗一首："何处逢神仙，传此棋上旨。静持生杀权，密照安危理。接胜如云舒，御敌如山止。突围秦师震，广土众民皆披靡。入险汉将危，奇兵翻背水。势应不可隳，关河常表里。南轩春日长，国手相得喜。泰山不碍目，疾雷不经耳。一子贵千金，一路重千里。精思入于神，变化胡能拟。成败系之人，吾当著棋史。"[1] 范仲淹以兵喻棋，可以说是他丰富的军事经验在弈艺上的自然发露。

北宋文学家欧阳修，晚号"六一居士"，谓有藏书一万卷，有金石遗文一千卷，有琴一张，有棋一局，有酒一壶，再加自己一老翁，可见围棋是其一大爱好。欧阳修曾作文用弈棋比喻治国："呜呼！作器者，无良材而有良匠。治国者，无能臣而有能君。盖材待匠而成，臣待君而用。故曰：治国譬之于弈，知其用而置得其处者胜，不知其用而置非其处者败。败者临棋注目，终日而劳心，使善弈者视焉，为之易置其处则胜

---

[1] 《范文正集》卷一，文渊阁四库全书本，第18页至第19页。

矣。胜者所用，败者之棋也。兴国所用，亡国之臣也。"①

一代文豪苏轼自称"素不解棋"，却又执迷不悟地爱棋，他在一首《观棋》诗中所云"胜固欣然，败亦可喜"②，表达了一种放旷超逸，不以得失为怀，善待胜负，随心自适的积极人生态度，在棋史上留下了为人乐道的一笔。

宋代著名科学家沈括（1030—1094）在所著《梦溪笔谈》中，最早计算了围棋的局变化量。他说："其法初一路可变三局，自后不以横直，但增一子，即三因之，凡三百六十一增，皆三因之，即是都局数。"③沈括的计算，是运用数学的排列组合理论和指数运算法则进行的，因棋盘上每个交叉点有三种行棋可能：黑、白、空，那么棋 361 个点就有 3^{361} 种变化。可算得 $3^{361}=1.74\times 10^{172}$，即棋局数是一个 173 位数的天文数字。这种方法在当时是最先进的。

抗金名将宗泽在金人离汴京不远时，仍在和客人下棋。当时京城人都很惊恐，宗泽部下来问他怎么迎敌，宗泽笑着说："何必如此张皇，有刘衍等大将在外，一定能抵抗住敌人。"说完，继续下棋。然后，他挑了数千名精锐战士，埋伏在敌后，金人正与刘衍大战，忽然伏兵杀出，前后夹击，金人大败而逃。此事见《宋史·宗泽传》。著名爱国诗人陆游自幼酷爱围棋，一生中写了许多吟咏围棋的诗篇。民族英雄文天祥也是下棋好手，《宋史·刘沐传》记载他与刘沐对弈，经常"穷思忘日夜"。文天祥身后，遗留下近二十首描写棋弈的诗篇。

明太祖朱元璋虽然出身卑微，没念过什么书，然而在他叱

---

① 《二十四史全译·新五代史》，汉语大词典出版社 2004 年版，第 273 页。
② 《东坡全集》卷二十四，文渊阁四库全书本，第 10 页。
③ 《梦溪笔谈全译》，贵州人民出版社 1990 年版，第 569 页至第 570 页。

咤风云的军事、政治生涯中，却养成了爱下棋的习惯。传说朱元璋常与徐达在南京莫愁湖边下棋，一次朱元璋连吃徐达两子，自以为胜局已定，徐达却说："请陛下仔细观局。"朱元璋一看，原来徐达的棋子隐约连成"万岁"二字，不禁心花怒放。于是将湖边的一栋楼赐给徐达，后人称此楼为"胜棋楼"。楼外两侧槛柱上的楹联云："粉黛江山留得半湖烟雨，王侯事业都如一局棋枰。"棋子摆出"万岁"字样估计是后人杜撰，但徐达弈棋得楼之事当有所由。

《西游记》作者吴承恩爱好围棋，他与著名棋手鲍一中、李冲交谊甚深。在《西游记》中，他多次利用围棋来表现人物和烘托环境气氛，收到了很好效果。如第九、第十回，写唐太宗与魏徵对弈，君臣相得，后来魏徵俯伏案边睡着了，唐太宗认为他是匡扶社稷之心劳，创立江山之力倦，便任他睡着也不唤醒。魏徵醒后请罪，唐太宗宽慰他道："卿有何慢罪？且起来，拂退残棋，与卿重新更着。"表现出君臣和睦，也为下文魏徵自述梦中"斩龙"的神奇之举作出铺垫。又如第二十六回写着："那行者看不尽仙境，径入蓬莱，见白云洞外，松阴之下，有三个老人围棋，观局者寿星，对局者福星、禄星。"围棋自古就有仙家养性的传说，此处描写，更突出了蓬莱仙境的神秘和仙家们的悠闲，更烘托出孙悟空的着急心情。

明代中期名臣谢迁，是成化十一年（1475年）状元，弘治八年（1495年）入阁辅政。据《明史》记载，"迁见事明敏，善持论"，"天下称贤相"。武宗嗣位后，重用宦官刘瑾，朝政败坏。谢迁向皇上要求诛杀刘瑾的建议未被采纳，就辞官回家了。刘瑾对谢迁怨恨不已。时人都对谢迁的安危感到担忧，然而谢迁依然每日与客人下棋赋诗，镇定自若。他说："天佑皇明，我当无他，不见刘元城之事乎？"刘元城为北宋后期谏臣，以刚正直言闻名，被贬至梅州兴办书院、泽被一方，为后世所称颂。由此可见谢迁的为人和胸襟气度。

明嘉靖四十一年（1562年），管辖浙、闽等四省军务的总督加太子太保胡宗宪，率大军从杭州南下，驻扎在衢州烂柯山，以指挥、接应正激烈进行中的福建平倭战事。捷报传来，胡宗宪正在悠然弈棋。烂柯山因"仙人弈棋"神话成为中国围棋名山，胡宗宪在这里弈棋平倭又成佳话。诗人徐渭为此赋诗道："万山松柏绕旌旗，太保南征暂驻师。接得羽书知贼破，烂柯山上正围棋。"刻有这首百字长诗的《平倭庆捷纪念诗碑》，至今仍保存在衢州烂柯山，成为中国围棋史和中国人民战胜日本贼寇的生动见证。

清康熙帝少年时，为诛权臣鳌拜，以下棋为由召索额图密谋，声色不动而除巨慝。据清小横香室主人《清朝野史大观》："（鳌拜）因正白旗圈地事，直隶总督朱公（昌祚）、巡抚王公（登联）、户部尚书苏公（纳海）与之龃龉，乃悉加诛夷，圣祖不预知也。尝托病不朝，要亲往问疾，圣祖幸其第，入其寝，御前侍卫和公（托）见其色变，急趋至榻前，揭席刀见，圣祖笑曰：'刀不离身，满洲故俗，不足异也。'即返驾。以弈棋召索相国（额图）入谋。数日后，鳌拜入见，召羽林士卒立擒之。"

康熙年间任福建总督、在收复台湾战役中功勋卓著的姚启圣，既喜欢下围棋，也喜爱读《易经》，他在《不古编·序》中说："予喜读《易》，性亦爱棋，即军中不废。尝玩

《师》卦，有悟于经世圣贤以教全生之义。于是知棋又通于《易》。……吴生瑞徵，有得于棋者也，……生使能进而学《易》，推广弈之道焉，予知生以之治民而民常静，用兵而兵莫测矣。"① 姚启圣认为围棋和《易经》相通，建议当时的围棋国手吴瑞徵学习一下《易经》，把围棋大道与天地大道联系起来，把下围棋中的体悟运用到棋盘之外，这样去治民就能让百姓安居乐业，去带兵就能做到用兵如神。姚启圣是足智多谋的军事家，此番见解当是自己的切身体会。

在我党我军斗争历史上，也有许多典型事例。老一辈革命家、军事家和军政领导骨干中，不少人都喜爱围棋。即使是在充满了艰难困苦、危险严酷的环境下，只要条件允许，也要利用间隙时间下下围棋。围棋不仅是他们精神生活中的情趣和爱好，而且还进入了战略思考、统战工作和战友交往，成为这支以农民为基础的新型人民军队文化素养、文化追求、文化生活的特殊写照。

在井冈山斗争时期，毛泽东、朱德、陈毅等红军创建者和领导人喜爱下围棋的故事早有传扬，而且至今尚有实物为证。在延安，党中央和军队领导机关中的围棋活动更为普遍。毛泽东写于1938年关于抗日战争战略指导的两篇最重要的文献，即《论持久战》和《抗日游击战争的战略问题》里，都集中引用了围棋的战略理念，这不会是偶然的，应与当时延安文化生活中的围棋氛围有自然联系。那时下围棋的人主要有三种情况，一是原来就有这样的文化素养和爱好，如毛泽东、董必武、林伯渠、张闻天、李立三等领导人；二是从全国各地汇集

---

① 《围棋古谱大全》，上海古籍出版社1994年版，第399页。

第九章 战略素质论：围棋与战略素质的锻造

到延安的有文化的干部和青年人，他们中的一些爱好者，在开展和普及围棋中起到了骨干作用，如聂卫平的父亲聂春荣等；三是在特殊的工作经历中接触和学会了围棋，如时任八路军总政治部组织部长的胡耀邦等，在与日本反战同盟的人员交往中学会了下围棋。当时边区政府建立的文化俱乐部里已经有围棋活动，时任俱乐部工作人员曾有与毛泽东下围棋并得到指教的回忆记载。

当时党和军队领导人中最喜爱围棋而又富有传奇色彩的当属陈毅。1919年6月初，不满18岁的陈毅等60名四川成都赴法国勤工俭学的学子，沿长江到达上海。在上海逗留的2个月中，不仅开启了陈毅向共产主义思想转变的人生新起点，而且生平第一次看到了围棋，并"一见钟情"，成为伴随他一生的好友，后来还居然成为了他的一个事业和一份责任。1928年8月，陈毅已是红军高级指挥员，他以"朱毛红四军"代表的身份参加了党中央在上海召开的秘密军事会议。会后陈毅与中央领导人李立三、周恩来在英租界的一个旅店套间的里间进行了几天秘密会谈，专门总结红四军的经验，讨论红四军的发展，由此产生了推动古田会议胜利召开的中央"九月来信"。在套间的外间，陈毅的堂兄陈修和大哥陈孟熙摆了一副围棋，以对弈作为掩护。里间的会谈结束后，李立三走出来看见围棋，忍不住对陈毅说："革命成功了，我还要和你大战一百盘。"陈毅回答说："必须定个规矩，不准输了就把棋子扔到大海里。"原来，当年陈毅和李立三共赴法国勤工俭学途中，两人在轮船上下围棋，李立三输棋后生气把棋子扔进了大海，遂成一段笑谈。抗日战争中，陈毅曾单身跨江北上，二赴泰州，团结抗日爱国的地方武装。陈毅以他独特的人格魅力，用诗词、围棋等特殊的文化武器，与各方士绅、商人、宗教人士广交朋友，共同商讨抗日救国大计，为抗日反顽斗争胜利打下了重要的民心基础。新四军在江南地区坚持抗战的艰苦岁月里，部队中开展了丰富多样的文化活动。由于代军长陈毅等一批领导骨干喜爱和提倡，围棋活动十分普及，特别是一些中上层干部尤其青睐围棋。据当时部队文化干部的亲身回忆，新四军中除陈毅以外的领导干部喜欢围棋的，主要有：张云逸、邓子恢、谭震林、粟裕、黄克诚、叶飞、王必成、陶勇、方毅、张劲夫、朱克靖、宋季文、夏征农、严佑民、赵行志、姚力、唐克、胡立教、金明、汪道涵、张凯帆、卢胜、梅嘉生等，共有30多人。他们有的后来成为了党和国家领导人，有的成为开国将军，有的成为省部级领导，也有的牺牲于战争年代，为党和人民的事业作出了突出贡献。

革命战争年代党和军队中不同层次、不同形式的围棋活动，为新中国围棋事业的起步、发展打下了重要的基础。一是这种在任何艰难苦困中都追求健康向上文化生活的革命乐观主义精神，为新中国围棋留下了宝贵的精神财富和强大的思想动力；二是小小围棋承载了对祖国文化瑰宝的珍重，为自觉传承和发扬中华民族优秀传统文化树立了榜样；三是一大批在革命斗争中成长起来而又喜爱围棋的领导骨干，新中国成立后走上党政军领导岗位，对在各个领域和地方形成有利于围棋发展的氛围，带动和促进围棋事业的振兴起到了不可替代的重要作用。

第二节　围棋是战略思维的训练场

人们早就发现，人的思维是相通的，儿童在成长过程中喜欢玩各种各样的游戏，实际是在潜移默化培养思维能力和动手能力。下棋时锻炼的思考思维能力，同样能够体现到工作和生活中，这也是下棋被称为"智慧的体操"的原因所在。围棋是最富战略特质的游戏，因此也是最好的战略思维的训练工具。习近平同志要求军队领导干部"大兴学习之风，提高战略素养、军事素养、科技素养、创新素养"[①]，把战略素养摆在领导素养的突出位置。通过下围棋提高战略思维和战略素养，在军队乃至全社会正成为共识。南京陆军指挥学院的文化广场上，有一副巨大的摆着中国流布局的围棋盘，近旁是伟人们军事战略思想著作的雕塑，形象地阐释了围棋和战略思维的关系。南京陆军指挥学院注重运用围棋来训练指挥军官的战略素养，还为来院进修的外军学员开设围棋课，引起了外国军官们的极大兴趣，一名进修学员评价说："刚刚尝试着去下围棋，看上去很简单的，需要通过去观察，去仔细思考，非常神奇，非常让人惊艳的一项技术和棋艺。"[②] 可见，围棋的魅力和功能是无国界的。

[①] 引自《习近平在视察战略支援部队机关时强调，担负历史重任、瞄准世界一流、勇于创新超越，努力建设一支强大的现代化战略支援部队》，载《人民日报》2016年8月30日第1版。

[②]《谁是棋王中国围棋民间争霸赛纪实》，经济科学出版社2017年版，第34页至第35页。

一 培养洞察力

洞察力就是透过现象看本质、通过现状看趋势的能力。其中，不仅包括对事物细致的观察力，还包括观察后缜密分析、得出结论。我们经常说的"一叶知秋"，即看到树林里一片飘落的树叶，便知秋之寒意。这里的"知"，就是通过运用观察分析、逻辑推理洞察先机和预知未来，其实质是善于认识和把握规律、从而预知事物的发展走向。具有良好的洞察力，是战略思维的重要基础。

下棋中决定自己如何下，首先要从对方的落子位置、顺序和棋形的构造推测对方的意图，由现象看背后的逻辑。观察、分析构成的洞察力在其中起决定性作用。围棋战略思维中的洞察力要有全面性，既要看对方行棋的局部构思，分析其战术意图；又要看对方棋子与各方向的关联、在整个棋局中的作用，分析其战略意图。要有针对性，了解掌握对手的行棋风格、特点、常用下法、心理状态，把握其每一手棋的目的。要有比较性，熟悉近来的流行布局、新定式和创新下法。掌握得越多，观察、分析所依据的素材就越多，就越能得出正确的结论。

二 优化判断力

所谓判断力，按照康德的说法，就是将特殊包含在普遍之下来思考的能力。如果普遍物（规则、规范、法则）给定了，则将特殊物归纳于其下的判断力也就确定了。围棋思维中的判断力是在洞察力之上的进一步深化,是在看清表象下的深层次逻辑关系、暗含的真实意图之后,判断其轻重、缓急、大小、厚薄,并思考决定自己的应手。这种判断,是对盘面上各个局部联贯起来的思索,是对对方落子由此及彼、由表及里的思索,然后将自己思考的应对之法的情况加上去,研究双方的对比和相互的关系,从而构成判断,为作出决定提供依据。

棋手常说的形势判断,就是判断力的一个重要体现。形势判断,既包括对全局双方可能成空多少的数量比较,也包括未来的发展趋势、先后手、主动权等,综合考量得到优劣判断结论,从而决定自己的下法。

三 提升抉择力

局部关联生死、优劣明显的着法选择不难,难的是关乎全局和长远的战略性抉择。了解了对手的意图,思考了自己可选择的应对之策,但现实中往往会遇到几种下法优劣难分的情况,到底选哪一种,考验的是棋手的抉择力。对棋之优劣,不同人常常会有不同评价,主要在于每个人对棋的理解不同,关键是要符合棋局、对手和自身的实际,不能犹豫不决、当断不断、丧失先机。

首届日本名人战,藤泽秀行以一着"凌空卡眼"将坂田荣男的"巨龙"围而歼之。他说:"本来可以不杀,但对手是坂田就要杀"。或许有人会说,那一手我也能想到。姑且这么认为,但想到和敢为根本就是两回事。在平时训练中有一半的人敢下,正式比赛中或许十分之一敢下,大胜负中未必有百分一敢下，藤泽在大赛中敢对治孤天下第一的坂田狠下杀着，那可不是一般的勇气和抉择力。这么多年过去了，人们还对这手棋感叹不已，就是因为它所具有的非同寻常的震撼力。藤泽九段高居"棋圣"宝座期间，在别的比赛中表现平平，唯独在棋圣战中，却接连击败了加藤正夫、林海峰、大竹英雄等猛将，创造出六次蝉联"棋圣"的奇迹。据藤泽自己说，他之所以能如此，是靠着"卫冕失败，就不如去死在荒野"的精神的激励，因此在棋圣赛上竭尽所能，精神高度集中，关键之着上敢于抉择，最终战胜对手。

四 强化执行力

在战略管理中，执行力是指贯彻落实决策意图的能力，是实现组织目标的保证。围棋博弈中的执行力，是指将战略转化为战术、技术的能力，是与战略筹划紧密相连的计算力、战斗力和实现力。战略能力建立在战术技术能力基础之上，实战中有好的战略构思，但因战术技术出现纰漏或因对方的反制而无法实现的例子很多，可见细节决定成败。执行力是战略能力不可分割的组成部分，没有执行力的战略构想是镜花水月、空中楼阁。围棋战略构思的执行更有其特点：不是上级制定，下级执行；也不是别人制定，我来执行；而是自己制定，自己执行。这就对执行力提出了特殊要求，主要包括：统一，就是前后、左右、大小的基本思路要一致和连贯，有统一的逻辑，从而得到坚决的贯彻；精确，就是把相对概略的构想具体化、清晰化、精确化，通过有效的具体战斗来实现；变通，就是善于根据情况的变化及时作出必要的调整，创造性地实现原有构想。

五 锤炼意志力

良好的心理素质和意志品质，是战略素养的重要组成部分和精神支撑。很难想象，一个意志脆弱、心浮气躁、情绪波动、犹豫不决或心理疲劳的人，能有很高的战略造诣，有很深的战略筹划。实践证明，战略上的胜者，往往是意志上的强者。

现代围棋，顶尖棋手单纯的技术差距基本上可以忽略不计，在大赛中决定胜负的往往是谁有更强的战斗精神，谁有真正的王者之气。项羽有王者之气，以至于他战死后，刘邦还惧怕三分。王者之气，本质上讲是舍我其谁的必胜信念，有了这种精神状态，才有可能真正夺得棋盘上的优势。

要学习围棋史上以意志搏胜的著名范例。中国、日本古代都有许多典型的以意志拼搏求胜的例子。比如，日本围棋史上著名的井上幻庵"吐血之局"。1840年，井上幻庵为争夺名人棋所，与本因坊迹目秀和展开了激烈的争棋较量。两人从布局起，频频长考，落子极为谨慎，第一天弈31手，第二天弈至45手，第三天弈至71手，第四天弈至91手，速度如龟兔赛跑。弈至第五天，最初几手尚还平稳，可当黑棋弈出99手时，幻庵忽觉喉头一热，一股咸腥的热血涌入嘴里，幻庵此时已杀红了眼，硬将血水咽回肚内，众人见幻庵嘴角渗出血丝，便立刻建议封盘，将幻庵扶回家去。幻庵虽知局面不利，又已吐血，但只休五日，便要求续战，结果第一天弈至105手，次日弈至117手时，幻庵在焦心苦虑中再次吐血，弈战不得不再次暂停。人们以为，以幻庵目前的劣势，加之两次吐血，完成可以将此局永久"打挂"，以保住面子，但令人惊讶的是，幻庵以坚强的毅力，仅休一天便又要求续战，出战后居然夜以继日，苦撑至翌日凌晨将棋下完，终以4目败北。此局弈九天一夜，精彩绝伦，被称为"吐血之局"，幻庵虽败犹荣，他光明磊落的棋品和惊人的毅力，尤为后人所称道。学习这些事迹，有助于我们真正理解围棋，在复杂、激烈、残酷的围棋竞技中，自觉锻造坚强的意志力，着力培养镇静淡定、处变不惊的气度，强韧统一、坚韧不拔的品质，当机立断、决战决胜的魄力，保证竞技能力最大限度的发挥。要逐步达到这样的境界：既胸有大志，腹有良谋，心有成算，谋人而不被人谋，致人而不致于人；又能坚忍不拔，遇挫不乱，在顽强的坚持中等待和争取时机，在强与韧的统一中成为真正的强者。棋手们有了大气魄，才能从容面对大胜负，也才能取得大成就。

第三节　围棋战略素质的培养与提高

围棋的大局观，与战略意识、战略素养相通。由于全局的东西很多并不直观，靠简单的打谱、传授很难迅速掌握，更多地要靠棋手的用心体悟和反思。毛泽东在《中国革命战争的战略问题》一文中指出："学习战争全局的指导规律，是要用心去想一想才行的。因为这种全局性的东西，眼睛看不见，只能用心思去想一想才能懂得，不用心思去想，就不会懂得。但是全局是由局部构成的，有局部经验的人，有战役战术经验的人，如肯用心去想一想，就能够明白那些更高级的东西。"[①]
专业棋手都经过扎实的基本功训练，对围棋局部的变换可以说是研之精深，培养大局观，关键就是要"肯用心去想一想"，理解和把握围棋战略理念的精髓。全局的东西有三个特征：一是超越性特征，就是超越眼前的、具体的现象，而趋向于整体和发展。掌握全局，必须善于从局部范围跳出来，从眼前事物看出去。二是层次性特征，就是局部与全局的关系逐层递进。相对于组成战斗的各个棋子，战斗是全局；相对于组成战役的各个战斗，战役是全局；相对于组成整个棋局即战略的各个战役而言，战略是全局。要站在最高层次的全局把握和处理各种关系。三是统驭性特征，就是全局对局部有统驭的权力，局部服从全局带有强制性。这方面的典型事例，在战争史上比比皆是，在围棋经典战例中也俯拾皆是，从中可以体会深刻的规律。大局观来自于科学的思维方式。要与当代人类思维方式的发展趋势相适应，由要素性思维转向一体化思维，由直线式思维转向矩阵式思维，由直观性思维转向本质性思维，由延伸性思维转向原创性思维。掌握了先进的哲学思想和思维方式，就能在错综复杂的棋局中找到战略思维运行的轨迹，从根本上提高把握大局的能力。

一 学习

从围棋教科书和高手对局棋谱中，学习围棋对弈中与全局思考有关的知识、技能和方法。比如，学定式选择，重点是学

[①] 《毛泽东选集》第一卷，人民出版社1991年版，第177页。

如何根据情势选择合适的定式下法，还要学高手如何根据各局部的关联下出推陈出新的局面。学大场选取，在局面较空旷的情况下如何抢占"天王山"，其中蕴含着怎样的对方向选择、落子跨度、瞰制对手、态势比较的战略考量。学形势判断，就是要学会对盘面优劣状况的分析研究方法，不仅要看清眼前的形势，而且要看到形势发展的趋向；不仅要计算已定型的局部的利益，而且要善于变未定型为定型、变未知为已知，使判断计算符合实际。学厚势运用，如何利用自己棋的厚形、厚味从另一侧压迫攻击对方，最大可能发挥厚棋的效率。学打入时机，既要发现攻击的要点所在，又要掌握外围棋子接应的奥妙，条件成熟即可施出凌厉的一手。学缠绕攻击，这是战略进攻的大思维大手笔，要学声东击西、"一石二鸟"、因势利导等谋略和下法，通过攻击或杀棋或取实地。学掌握先机，如何不囿小利而在全局重要处先着手，如何弃子争先，如何选择作战时机一举掌握主动等。

二 研究

战略研究，是具有探索性、创新性的思维活动，就是在学习中思考，把感性知识上升为理性认识，举一反三，推陈出新，掌握围棋战略运用中更高层面的东西。研究包括个人研究和团体研究。个人研究需要专心致志、深专细研，才能有自己独到的见解。团体研究能够集中众人智慧，达到博采众长、共同进步的效果。一代棋宗吴清源一生执着棋艺，心无旁骛。他的导师濑越宪作回忆："世人只简单把他看作天才，而我却对他了解颇多。现在的年轻人兴趣太多,而吴清源的世界里只有围棋……我家的私人医生波多野每月要来出诊数次。有一天,波多野医生对我说,不管他什么时候去,总看见吴先生不是坐在棋盘前摆弄围棋,就是在看棋书。"吴清源先生晚年也一直专心研究"21世纪的围棋",并召开年轻棋手参加的围棋研究会,亲自组织研究和指导。

三 训练

包括基础性技术训练、针对性模拟训练、支撑性体能训练等。训练要形成制度,采用先进手段,以多种方式进行。既严格规范,又充分调动棋手的积极性;既注重棋手个人训练,又注重团队集体训练;既注重普通对抗训练,又注重通过超快棋训练提高短时、瞬时谋断能力;既强调传承,又强调研究新战法新变化,不断提高研究和训练的科学性、有效性。中国国家围棋队素有集体训练的传统,将内部对抗赛、集体研究、教练对局指导等多种方式相结合,并与国际大赛接轨,对年轻棋手实力提高帮助很大。

四 实战

在比赛特别是在大赛中实际运用战略思维方法,是棋手提高战略素养的根本途径。因为实战中双方都全力以赴、竭尽所能,思考的强度大,棋手承担的压力大,在这种情况下能不能保持战略清醒和定力、作出正确的战略选择,对棋手是真正的考验，也是最有效的提高。有些棋手在训练和内部比赛时成绩很好，但到正式比赛时却往往发挥不尽人意；而有的棋手越是大赛精神越旺盛，成绩越出色，越能下出精彩绝伦的好棋，这其中的道理引人深思。棋手要在实战中不断创新运用、总结检讨，增强实际本领。

五 体悟

战略思维的提高，个人的体悟是非常重要的方面。这种悟性既来源于平时的学习、研究、演练，也来源于棋手的生活经历、思维视野和精神状态。宋代诗人陆游对学诗的年轻人说，"我初学诗日，但欲工藻绘，中年始少悟，渐若窥宏大。怪厅亦间出，如石漱湍濑。数仞李杜墙，常恨欠领会。元白才倚门，温李真自郐。正令笔扛鼎，亦未造三味。诗为六艺一，岂用资狡狯？汝欲果学诗，功夫在诗外"[①]。这其中的道理不仅对学诗，对学棋也同样如此。功夫在棋外，棋里棋外相通。棋手聂卫平"文革"时期作为下乡知青到黑龙江农场6年，虽然干的都是体力活，可以支配的时间和下棋的机会很少，但聂卫平认为是北大荒磨练了自己围棋之道的"境界"。近三年时间的知青生活让聂卫平开阔了视野，丰富了阅历，积累了很多人生经验，对他提高棋艺很有帮助。一名棋手战略素质的好坏高下，是其经历、其阅历、其见解、其识悟所决定的。平时就有开阔的视野、有灵活调和的理念、有不囿于一时一利的人生态度，有助于更好地领悟围棋战略和大局观的各种原则、理念，

---

① 《宋诗钞》卷六十九，文渊阁四库全书本，第34页。

将它们深刻烙印在的脑海里，关键时候就能作出准确的判断、采取正确的举措。